徐幸捷　唐燕能 * 主编

绝代风华

言慧珠

费三金◎著

上海人民出版社

青年时期的言慧珠

青年时期的言慧珠

言慧珠和老师梅兰芳

梅兰芳和弟子们在一起。前排左起：顾景梅、沈小梅、梅兰芳、陈正薇、童芷苓、王熙春；后排左起：梅葆玥、言慧珠

青年时期的言慧珠

人到中年的言慧珠

　　1960年，上海京剧界的三位主要女演员与中央领导合影。左起：罗瑞卿、言慧珠、陈毅、李玉茹、周恩来、童芷苓

　　俞振飞（左）、言慧珠和著名书法家马公愚（右）

京剧《宇宙锋》，言慧珠饰赵艳蓉

京剧《西施》，言慧珠饰西施

京剧《花木兰》，言慧珠饰花木兰

电影《游园惊梦》，梅兰芳饰杜丽娘，言慧珠饰春香

梅兰芳(左六)、俞振飞(左四)、言慧珠(左八)合演《游园惊梦》后，与沈雁冰(左五)、夏衍(左三)、田汉(左二)等合影(1960年)

电影《墙头马上》，俞振飞饰裴少俊，言慧珠饰李倩君，梁谷音饰梅香

丛书总序一

刘厚生

京剧是中国流行最广的全国性大剧种。百余年来，著名演员人才辈出，从程长庚到尚长荣，一代又一代，如同明亮光辉的星球闪烁在祖国上空。他们创造了、丰富了京剧艺术，为民族文化建设作出了不同风格不同程度的贡献。但是在旧社会，他们却是经常被侮辱和被损害、被歧视的"戏子"、"贱民"。除了少数人曾被人写过观点态度常常成问题的简略小传外，几乎没有什么正规的、像样的传记或自传作品出版，应该说这是旧社会的耻辱。

新中国成立后，这种缺失很快引起文化界的重视。20世纪50年代中，梅兰芳口述，许姬传、许源来、朱家溍记录整理的《舞台生活四十年》，和盖叫天口述，何慢、龚义江记录整理的《粉墨春秋》两部大作先后出版，引起了全国的惊喜，受到包括海外华人和研究中国京剧的外国学者在内的广泛赞扬。其后，为名家写传风气渐起，尤其是粉碎"四人帮"之后，国家进入改革开放新时期，人们思想解放，眼界开阔，为京剧、昆剧以至多种地方戏著名演员写的传记或口述自传，不说是风起云涌，也可以说是遍地开花。我没有具体统计数字，就见闻所及，说已有百种上下当不是过高的估计。为各剧种著名演员写传，已顺理成章成为戏曲史论著作的一个有成果的分支。

现在上海戏曲学校和上海人民出版社准备有计划地系统地出版一套《菊坛名家丛书》，我以为是一个有价值的设想。京剧名家众多，应写可写但还没有被写传记的还大有人在；即使为已有传记的传主重新再写，也是常见甚至必要之事。作者写作角度不同，资料研析不同，作者同传主关系不同，特别是现在写跟多年前写环

境不同，都会影响传记内容。本丛书的第一批传记中有言慧珠传、童芷苓传、李玉茹传、孟小冬传、赵燕侠传、小王桂卿传六种，其中初次写传和再次写传的都有。

丛书的价值，一般说来应体现于所收各书的写作成就上。读者们当然希望一套丛书所收每一本书都能达到既真实准确又有文采的高水平，但同时还要能展示出一套丛书的共性。因此，从根本上说，丛书的总的意图取向，大的框架范围，整体风格的要求是十分必要和应当明确的。《菊坛名家丛书》在这一点上显示了鲜明的特点。那就是，收入丛书的传主都是同上海这个城市有密切的关系，也要求写传者多从这个角度落笔。这些传主，或是北方出身成名，后以上海为家的，或是上海出身成名后去北方又常来上海的，或者上海土生土长，又常去外地巡演的，等等。第一批六位传主都在此框架之内，其后二批三批当也不会例外。我以为这个意图——或用现今流行词：创意，很有意思，值得探讨一番。

1949年上海解放时，帝国主义分子曾诅咒说，上海是一个大染缸，共产党红的进来，必将黑的出去。事实早已证明这是胡说。但说上海是染缸，倒也有几分意思，只是不是黑的，而是一种复杂而红亮的"上海特色"。百多年来，上海在经济文化社会多方面的发展，曾受到国内各地和世界多国或多或少的影响，形成上海海纳百川的开阔吸纳性；同时，上海的特殊发展所凝聚或提炼成的上海特色也形成了具有巨大放射作用的对外影响力。这种情况在京剧界无论是艺术还是艺人，都折射得非常明显。在艺术方面，上海接纳了北京名家送来的以欣赏个人演唱为主的传统折子戏，并且尊为正统；同时上海也创造了故事情节比较完整的单本戏和连台本戏，

也在一定程度上影响了北方。梅兰芳青年时到上海演出，受到盛大欢迎，而他在看了一些"新剧"（欧阳予倩等从日本"新派"戏仿学引入的早期话剧）后，受到启示，回北京就试演京剧时装戏，更是显例。在艺人方面，如李桂春（小达子）从北方到上海演连台本戏成名，却又将儿子李少春在上海练了幼功后送回北方演折子戏。周信芳生于南方，青年成名后常去北方演出，老戏新戏全能，南人而扬名北方。盖叫天少年从北方到上海落户终身，以北人而成为南派武生大家。特别是抗日战争时期前后，由北方移居上海的艺人和上海本地培养的人都日益增多，他们之间同班共事同台献艺越发密切。为其中有代表性的名家写传，真实地写出他们在京剧表演艺术上如何交流，如何互学互补相互融合（甚至不必忌讳也有某些互伤之时），共同从多方面多层次提高京剧艺术，是极为必要的。我以为20世纪三四十年代是京剧发展的一个重要历史时期；特别是从上海的角度说，艺术的交流、名家的密集和市场的发达为新中国成立后京剧的发展提高提供了重要的准备。

我们还可以进一步注意到，上海京剧的本体精神是尊重传统而强调创新，而这种精神的形成又是同上海这个大城市给予京剧的生态环境分不开的。无论是京剧艺术还是京剧事业的繁荣发展，同上海经济、文化、社会各方面息息相关，互为表里，互成因果。京剧著名演员在上海生活期间，大都是交游广阔，上下左右，士农工商，官绅百姓，甚至白道黑道，都各有各的联系面。联系的程度有深有浅，有善有恶，而种种社会力量对上海京剧事业的发展甚至京剧艺术的雅俗成败，著名演员个人的教养、命运都是有不同程度的影响力甚至控制力的。这在个人传记中都会或

多或少有真实的描绘叙述，决不能把这样的内容当作一种趣味故事或者内幕秘闻看待，这一方面有艺术学的意义，另一方面更有社会学的意义。如果这套丛书所收的是分散的许多地方的人物，各地情况各不相同，较难概括，如今所收名家都在上海大框架之内，又大都生活在20世纪中后期，都经历过从旧中国到新中国的巨大变化，共同性很强，因而如能从多种传记中进行综合排比、分类研究，其艺术学和社会学——或者简单地说，艺术社会学的意义与作用当会有深刻而具体的显现。

现在《菊坛名家丛书》第一批即将陆续出版，这是上海菊坛盛事，应当祝贺！希望主编者在出书后多多听取读者意见，更希望第二批第三批的书及早组织，连续出版，形成系统。我对传记作品唯一的也是最衷心的祝愿就是：真实。

2009年10月

丛书总序二

王家熙

　　这是一套为菊坛名家立传的丛书。第一辑六册，记述了六位京剧名家的艺术生平。

　　京剧，是我国近二百年来最具代表性、最有影响力的民族戏曲剧种。其写意型、综合性等艺术特征构成的表演体系，在世界艺坛享有盛誉，成就之高举世公认。京剧表演艺术的建设，是全面的、体系化的，达到了十分成熟的境地。行内称为"四功五法"的"唱念做打""手眼身法步"，形成了戏曲审美的有机统一体。在我国，京剧素有"国剧"之誉。之所以能成为国剧，主要出于两个方面的原因：第一，它全方位地传承了我国几千年的戏剧传统；第二，在20世纪20年代，奇迹般地出现了一个以四大名旦、杨小楼、余叔岩、马连良、金少山等为中心的大师群体，使这种代表我国民族戏曲特征的表演艺术达到了巅峰状态。正是因为它所积累的艺术资源实在太丰富、太宝贵了，也才值得我们认真保护、全力弘扬。不过，与表演艺术的成熟很不相称的是，京剧的理论建设与文字总结始终处于相当滞后的状态。做好中国戏曲表演理论体系的建设，是我们戏曲工作者和戏曲爱好者长年以来的愿望与追求。但由于种种原因，这一工作始终进行得不甚顺利、不甚迅速。那一直并未真正弄懂的"斯坦尼体系"，竟长期被作为指导一切戏曲工作的理论基础，甚至用以改造我们的舞台呈现方式。

　　十年动乱之后，欣逢盛世，治史修志工程在全国有计划地开展，已经取得了显著成果。就京剧研究来说，不仅史材的发掘和积累更为广泛，而且观念的变化更具科学性了。特别是突破了数十年来干扰理论建设的左倾思潮，使我们的工作进入了

比较健康的发展道路。《菊坛名家丛书》的组编和出版，正是在这种形势下应运而生的。戏曲表演理论体系的整体建设，很需要以每一位艺术家个体经验的总结来奠定基础。如"四大名旦"的艺术观，从总体而论，当均属写意范畴。但梅兰芳、荀慧生对写意戏剧观就有着不同的理解，在实践中也有着不同的体现。梅、杨、余之后，到20世纪四五十年代，京剧界继续着人才辈出的辉煌局面。本丛书第一辑的六位传主均属于这一时期涌现出的名家。他们的成就和各自走出的路数，也有记录和研讨的必要，这对我们理论体系的建设都是不可或缺的。近三十年来，我们初步做了为大师级表演艺术家立传的工作，出版了有关的系列专辑（虽然还很少、很不够），这当然都属于理论建设的基础工程。而本丛书开始为又一辈表演艺术家立传，迈出这一步是十分有意义的，因为这象征着理论建设基础工程向更广阔的外延发展了。

这六位传主都是深受各界观众欢迎、能经受住演出市场长期考验的。他们都经过艰苦奋斗，闯出了自己的路，形成了个人的风格，并为行内外所认可和推重。在六位名家中，除孟小冬外，我都很熟识，与他们都有较多的过往。近年来，上海戏剧学院附属戏曲学校连续举办童芷苓、言慧珠等艺术家的纪念活动，研讨他们的舞台艺术，从中引出了许多对于表演和教学很有价值的话题。记得1963年，我随童芷苓领衔的上海京剧院二团赴安徽、江西、湖南、湖北等地巡回演出，一路上协助她整理各种文稿，对于那期间演出剧目过少的问题，她就发表过很多有益的意见；20世纪80年代以来，我又在各种场合听她说过"让台不是个办法"的问题。从今天的现状来看，她当时提出的建议对我们仍然很有启示作用。她一直认为，她与言

慧珠、李玉茹、赵燕侠不是四大名旦让台让出来的，她们那时都尽量争取多向四大名旦学习，在前辈的传、帮、带之下，通过艺术竞赛相互激励，共同提高。这套丛书中，就详细记载了童芷苓、言慧珠40年代初在上海打对台那种激烈竞争的盛况。她们的多才多艺、剧目的丰富多彩，如今青年演员可能已无法想象了吧！看了这几本书，回顾那些场景，足以使我们认识到，当年童芷苓、言慧珠、李玉茹和今天还健在的赵燕侠、小王桂卿这些艺术家，能够在那样剧烈的舞台竞争中建立起自己的艺术威信，是何等地难能可贵！值得指出的是，他们成名成家所经历的时代，与他们的师辈相比，"西学东渐"的势头似乎更为强劲，这对他们艺术风格的形成当然会有所影响。但即使在这样的环境下，他们也没有背离民族化和"京剧姓京"的大格局。

丛书的作者们都尽心尽意，力图用精准的表达方式，展现这六位京剧名家的人生阅历和艺术理念。我相信，这套丛书一定会引起广大读者的阅读兴趣，也相信，面对当今京剧创作演出和人才培养的现状，几位传主的成功经验是会给予我们不少启迪的。

2009年11月

目录

9

绝代风

华

引　子

写言慧珠，真不知从哪里说起。

我在她担任校长的上海市戏曲学校完成了七年学业，见惯了她迷人的笑容和妩媚的风情，却至今没有读懂她笑容背后的全部情感和复杂的内心。我尤其不解的是：一个千娇百媚的女人，何以获得"狼主"的雅号？

在梨园界，富有传奇色彩的女性比比皆是，但像她那样穷生命之能源企图把美推向极致的"乱世佳人"，也许寥若晨星。她没有立下"关书"把自己卖给戏班；也不是为稻粱谋而粉墨登台。从一个蒙古王族的千金小姐到社会地位低下的"戏子"，她义无反顾地选择了这条不归之路。她虽然登上了"平剧皇后"的宝座，却很少有人知道她毁誉参半的一生承载了多少祸福。

有戏唱，她眉飞色舞；没戏唱，她怨天尤人，唱红了，她恣情狂放；舞台不属于她了，她毋宁赴死。她用生命创造了美，也用生命毁灭了美；她耗尽平生心血追求艺术，但也在五分钟里带走了她的全部艺术。1966年9月11日，一根白绫把她的生命之树定格在第四十七个年轮。这是她一生中的第四次自杀。

神秘的言慧珠留下了太多的谜团。

历史的烟云常常要抹平人的怀旧心理。她生前红极一时，身后寂寞四十余年。是章诒和先生的一册《伶人往事》，打开了人们尘封的记忆。今天当我们试图破译她的人生密码时，蓦然发现，原来在一千个人的眼里有着一千个言慧珠。

第一篇　言家有女
初长成

一、没落贵族的抉择

言慧珠本不姓言。其中原委，还得从她父亲说起。

在中国历史上，定鼎中原一统天下的非汉族君主，只有满、蒙二族。但若论治国方略，铁木真的后人显然不如努尔哈赤的子孙高明。蒙古族建立元朝，不过短短百余年，匆匆谢世。清朝一统天下三百年，却出现过康乾盛世，可谓显赫一时。究其缘由，满族人在保持自己武功传统的同时，十分注意与汉族的文化习俗融为一体。从顺治到晚清，这种努力都不曾懈怠。清朝的几位皇帝（包括慈禧）无一不尊重华夏传统文化，热衷戏曲艺术。尤其是风流天子乾隆，对戏曲的热情简直到了白热化的程度，一手促成了中国历史上的第一次戏剧文化大汇合。正是在这个大气候下，四大徽班进京，京剧应运而生。至光绪年间、西太后时期，京剧的大气场已然覆盖京城，几乎把整个社会的各个阶层全部网罗在内。人们对京剧和京剧名伶的追逐和亢奋，绝不亚于时下的"球迷"和"追星族"，形成了一道带有时尚和流行意味的文化景观。

清朝统治者的作为，值得我们玩味。

清末民初，京城里经常可以见到一位痴迷京剧的蒙古族世家子弟，三天两头地出现在戏园、"票房"和"堂会"上。此公子看上去不过十七八岁，长得一表人才。虽然家道中落，蒙古王族的富庶不再，但由于他的祖先立过战功，曾敕赐建造牌楼；父亲是科举出身，中过一榜举人；家族几代世袭武职，伯叔辈多三四品京卿；故他依然享受着旗人的政治待遇，就读于贵族子弟出入的京师陆军学堂，举止谈吐，清王朝贵族的气韵犹存。此公子就是言慧珠的父亲，姓咸名锡（1890—1942）。中国历来有"避讳"的讲究。皇帝的名字，自家祖先的名字，或是孔圣关圣等一些重要人物的名字，都要小心

言慧珠的父亲言菊朋

翼翼地绕过。咸家从哪一代改姓了"言"，无从查考。都说咸锡为避咸丰皇帝的讳，才改姓言，取名菊朋。又有一说，菊朋本姓玛拉特，名延寿，字锡其，号仰山。延、言谐音，遂取以为汉姓。顾名思义，"菊朋"就是"菊坛之友"的意思，俗称"票友"。由于昆仲间排行第三，熟人叫他"言三"，场面上称他"三爷"。

言菊朋迷的是"谭腔"，也就是"同光十三绝"之一、人称"伶界大王"的谭鑫培创造的谭派艺术。所谓"同光十三绝"，指的是清末同治、光绪年间的十三位京剧代表人物，如当时的京剧须生泰斗程长庚，武生泰斗杨月楼，梅兰芳的祖父梅巧玲等等，其中包括谭鑫培。谭是湖北江夏（今武昌）人，本名金福，字鑫培。其父谭志道，先学楚调，后改京剧，应工老旦。因其嗓音尖哨高亢如"叫天子"，人称"谭叫天"，故谭鑫培艺名叫"小叫天"。"同光十三绝"个个身怀绝技，在皇宫内唱过戏，所以又叫"内廷供奉"。唱武生的杨小楼（"十三绝"杨月楼之子）和先唱武生后以老生应工的谭鑫培最受慈禧青睐。

从同治到光绪年间，京剧老生的声腔艺术已从平直古朴的"气势派"逐渐演变为婉约多姿的"韵味派"，艺术的美感日趋成熟。京城里人气最旺的角儿，要数开"婉约派"风气之先的谭鑫培。从帝王、贵族、士人、富商，直到贩夫走卒、引车卖浆者，十有八九都会哼几句谭腔，真所谓"满城争说叫天儿"。好比宋代"士大夫不能诵坡词，自觉气索"。宋人和清人都挺会玩儿。他们玩的是文化。传统文化的基因注入血液，便有了一种本能性的审美冲动。而时下流行的一切快餐性的泛娱乐化的东西，恐怕很难对人们产生多少文化素质性的渗透。

言氏名门望族，一心盼望他报效朝廷、光宗耀祖，做一个子承父业的戎马英雄，哪能容菊朋整天和伶人、"戏子"为伍？哪里知道，言三虽然进了"陆军贵胄学校"，却不是一块舞枪弄棒的料，平日里连穿军装、挂领章、打绑腿的事也不会打理。久而久之，在同学中得了个"邋遢兵"的雅号。倒是因为溜出学堂的高墙重楼，甚至身穿军人制服出入娱乐场所，还被学堂记大过一次。言三的父亲看到他这副模样，总是骂他："好没出息的畜生！"但言三报以一笑，一转身就哼他的西皮二黄去了。

这位言三可真算是老谭的"铁杆粉丝"，老谭唱到哪里，他就跟到哪里。即使刮风下雨，他也脚踏钉鞋，手拿一把油布大伞，上戏院子买张最便宜的票子，靠着大墙坐下，去过他的戏瘾。后来他结识了谭鑫培的左右手——唱花脸的钱

言菊朋在家里练功

金福和唱武丑的王长林，从他们口中抄录了谭氏的剧本和表演身段。又和熟谙谭派唱腔的著名琴票陈彦衡结为莫逆，深入讨教。加上他幼受庭训，熟读诗书，精通音韵，对委婉清丽、韵味隽永的"谭腔"，可说是听一句，学一句；学一句，像一句；天长日久，把老谭的一字一腔、一招一式竟也学得十分地道了。在当时京城的"票界"，若提起言三爷的"老谭派"，人们无不翘起大拇指称道："言三爷的风头可不在伶人之下。"

言慧珠出生前后，正是言菊朋在"票房"最走红的时节。据说他第一次"亮相"，是在"聚寿堂"的清音桌，唱的是谭派名剧《御碑亭》。

"清音桌"的叫法来自昆曲。昆曲历史上有"清工"和"戏工"之分。"清工"相当于票友，以达官绅商、文人雅士居多。"戏工"就是优伶。"清工"唱曲，宛若一种庄严的仪式。演唱的曲台，一般用两张红木的八仙桌子拼在一起而成，如果场合宽展，则在前面加一半桌，成为两张半桌子的直条。曲台前面缚有桌围，或用书画，或用锦绣，标出这个曲会、曲社之名。桌上前排设列五至七个古铜或古瓷花瓶，内插时令花卉，增添许多雅韵。花瓶之前，有一个紫檀或红木小插屏，屏用大理石，以备缮写当天演唱的剧目，使来宾一看便知。大理石的小插屏后面，桌上相向设置茶盘，内有古色古香的陶瓷、紫砂的茶壶、茶杯，提供演唱者饮用。曲台两方，各设靠背椅四至五只，成为两溜坐椅，这就是演唱者的座位。以左面为上首，右面为下首，相当于京剧舞台上的"大边"、"小边"。曲台尾梢，是乐队的座位，所以称作"后场"。清末民初，昆曲虽已衰落，但崇尚含蓄、唯美、蕴藉的贵族式审美观，在一部分士人中间依然保存，京剧票房也沿用了"清音桌"的名称。

言菊朋在"聚寿堂"清音桌上清歌一曲，四座击节，满堂掌声。后来，他又在"同和堂"票房粉墨登场，一出谭派《宝莲灯·二堂舍子》，声哀情真，曲尽其妙，听者无不动容。言三经此一红，立即成了京华名票、谭派正宗，京中大小堂会及义务戏都少不了他的身影。当时京城有人赠诗一首："余味醰醰独菊朋，十年隔坐得师承。叶官粉墨惊时辈，垂老悲呻类病僧。"

十年学谭，成绩斐然。言菊朋春风得意。

1919年，汉口合记舞台到北京邀角儿以壮声势，言菊朋以"票友"身份厕身于郝寿臣、筱翠花、贯大元、王又荃、郭仲衡、姜妙香、王慧芳等梨园界的大师级人物中间，二十天得包银两千元，足见他的谭派艺术已臻上乘。通天教主王瑶卿听了也不禁感慨："呦，这赚得可够瞧的了！"

这一年，言慧珠出世。

1923年12月，京剧界的又一位"伶界大王"梅兰芳也以异乎寻常的热情相邀言菊朋同赴上海献艺，并特邀在戏曲音乐上有深厚造诣的"琴圣"陈彦衡为他操琴。言菊朋尝到了汉口之行的甜头，于是，以"谭派须生，著名票友"的身份又当了一回"弄潮儿"。

这一年，言慧珠四岁。

言菊朋偕夫人及一双儿女和梅兰芳一行乘同一列车南下上海。梅兰芳一见这个扎着羊角辫、一身红袄的"红孩儿"，就十分疼爱，一路上逗笑不止。小

京剧《武昭关》，言菊朋饰伍子胥，言慧珠饰马昭仪

慧珠也不怯生，乖乖地偎依在梅兰芳的身边，又说又笑。梅兰芳对言菊朋直夸言慧珠机灵可爱，长大了学戏，准是个好角儿。言菊朋听了虽然高兴，却只是莞尔一笑，未置可否。这爷儿仨可能谁也不会想到，二十年后这个小女孩果然拜在大师名下，成为梅门弟子中的领军人物。

言菊朋初闯上海，谁知上海成了"下海"，他的人生从此发生了戏剧性的转折。

京剧发端于北京，后来却走红于当时远东第一大城市上海。京剧界的角儿在北京唱红了不算红，只有在上海唱红了才算是红遍全国。梅兰芳第一次挂头牌就是在上海。这次是他第六次来上海。鉴于上一年上海亦舞台邀的是老生泰斗余叔岩，梅兰芳自然对身边的须生也不敢轻视，除了老搭档王凤卿之外，特地挽聘享誉京城的"著名票友、谭派须生言菊朋"和"音乐大家陈君彦衡"以壮声威。法租界共舞台门前的大幅海报上，言君菊朋和陈君彦衡的名字与梅兰芳、王凤卿等人一样夺人眼球。

言菊朋初闯上海，自然也不敢怠慢。头三天"打炮"，他除了和梅兰芳合演了《南天门》、《珠帘寨》外，还主演了《空城计》、《八义图》。而《珠帘寨》是老生的重头戏，梅兰芳饰的二皇娘怎么说也是配角。可见当时梅已有捧言的打算。言菊朋不负众望，一出《空城计》初次亮相，一炮而红。《珠帘寨》文武兼备，尽显功力；观者溢美之词，不绝于耳。此后他又陆续贴出了《卖马》、《打棍出箱》、《奇冤报》、《托兆碰碑》、《定军山》、《桑园寄子》、《洪羊洞》、《举鼎观画》等标准谭派戏，有些剧目还一再翻头重贴，足见上海观众对这位谭派名票的认同和厚爱。喜得梅兰芳握着他的手说："三哥，你红了。正式下海吧！"

上海的一些捧角的名士缙绅，对言菊朋的正宗谭派和"琴圣"的抑扬清音，也无不倾倒。最有意思的是一家戏剧报为菊朋刊出了一副对联：

> 上海即下海，
>
> 无君实有君。

上联对应梅兰芳力劝言菊朋"下海"的意思。下联则妙语双关，奉劝言菊朋把"君"字去掉，不必死要面子了。

"辛亥"以前，旗人"玩票"；"辛亥"以后，旗人"下海"。其中既有平民子弟，如程砚秋、李玉茹、关肃霜等；也有没落贵族的后裔，如言菊朋、奚啸伯等。金素琴和金素雯姐妹还是正黄旗王爷府的格格呢！它昭示了一个时代的结束和社会文化现象的嬗变。

这时候的言菊朋，已经成为菊坛内外众望所归的人物。不但轰动京沪，满城争颂，而且"高亭公司"还先后重金录制了他的谭派经典唱段计十一张半共十三段并很快在大江南北行销一空。

艺苑撷英，怎不令言菊朋志得意满？而更叫他欣喜不已的是，上帝把一颗光彩夺目的明珠降落在他的手掌心中。

二、天上掉下来的尤物

古往今来，人们都把美艳动人的女子称作尤物。而把尤物的概念阐述得最为精到的，要数清代的戏曲理论家李渔。李渔的《闲情偶寄·声容部》里，专设一个章节，名曰《态度》。李渔说的"态度"，与我们现在的态度一词的用法和

青少年时期的言慧珠

含义相去甚远,是指审美意义上的形神关系,特指女人的仪表、气质、风情和风韵,甚至包括风骚。李渔认为:尤物之所以动人,全在于"态度"。试让六七分姿色但没有媚态的妇女,与三四分姿色但有媚态的妇女站在一起,人们只会爱三四分姿色的妇女,因为她有"态度"。李渔说:"媚态之在人身,犹火之有焰,灯之有光,珠贝金银之有宝色。"媚态既是一种韵致,也是一种精致。靠教是教不会的。当然,如果一个女子既有十分姿色,又有十分媚态,那一定是尤物中的尤物了。

言慧珠是上帝赐给人间的尤物吗?

在古都北京宣武门外校场,有一条安静绝尘的胡同,叫小六胡同。胡同里大多住的是有身份的人家。言家的四合院就坐落在这里。

言菊朋的花烛太太早已离世。留下一个女儿,名慧英,字伯明。年纪虽小,却是极懂事的。后来续弦监察委员高友唐的堂妹高洁(字逸安)。

高逸安过门不久,翌年就给言家带来弄璋之喜,为菊朋生了一个儿子,起名义方,"少朋"是他后来的艺名。这是1915年10月的事。

到了1919年8月12日,言家的四合院里一派喜气,女主人又为言家添了一个粉妆玉琢的千金。这孩子一落地就讨人爱怜,有的说她轮廓线条像父亲,有的说她眉眼灵动像母亲,总之是活脱脱的一个美人坯子。言菊朋给女儿取名义莱,学名仲明,又名吾生。长大后改名慧珠,人称"言二小姐"。其实,言家的后人算上前面提到的慧英,怎么说慧珠也是排老三。也许是安分守己的慧英没有投身"梨园",少有名气的缘故罢,所以鲜为人知。难怪胡适和张爱玲都说"成名要早"。

到了孩子满月那天,亲朋好友都来贺喜。言菊朋高兴得不要乳娘插手,亲自捧着掌上明珠和客人们一一见面。都说婴儿要满三月才会笑,谁知刚满月的小慧珠见人就笑,而且腮边有一个浅浅的酒窝,笑靥如花,引得宾朋啧啧称奇。几个梨园界的朋友甚至打起赌来,这孩子长大了学戏,准保是花中魁首。

言菊朋的心头却像阳春三月蒙上了一层晚霜,他可不希望自己的掌上明珠走这条路。但是,老艺人的眼力往往是很准的。长大后的言慧珠果然成为影剧双栖、红遍大江南北的绝代佳人。

小慧珠长到五六岁,已经是一个水灵得像小葱似的姑娘了。她整天生活在皮黄高奏、笙歌嘹亮的气氛中,经常看到父亲和戏友们在院子里,扎了大靠、挂

青少年时期的言慧珠

上髾口练功串戏；有时深夜两点多钟，她还常被一阵急风骤雨般的鼓声惊醒，原来父亲在练《击鼓骂曹》中的"渔阳三挝"；再加上她四岁那年就随父亲和梅兰芳到上海见过世面，一种爱戏、迷戏、痴戏的情结，犹如花栽籽植入心田，就等着破土、拔节、开花、结果了。

女儿身上的变化，哪能瞒得过父亲的眼睛。言菊朋见六岁的小慧珠整天咿咿呀呀，竟也是开口不离皮黄；指指戳戳，学的都是戏台上的做表；一股隐忧不时地萦绕在脑间。他深知社会上对唱戏的伶人是那么鄙视，怎么忍心让孩子将来受人白眼呢！更不敢想象自己的掌上明珠去当那低三下四的坤伶。他沉着脸呵斥道："小孩子家，马上要上学了，哼什么戏？"

一旁传来妻子冷冷的声音："有你这老爷子，不哼戏，哼什么？"

"我绝不让义方（少朋）和义莱（慧珠）唱戏。怎么能让孩子吃这碗饭？你这做妈的倒是管管！"

没想到妻子又是一声冷笑，没好气地说："你倒大烟抽抽，诗文做做，好自在呀！你来管他们呀！"

菊朋喟然长叹，不再做声。原来他和高逸安结合不久，夫妇之间就产生了性格冲突。高逸安毕业于湖北武昌女子中学，颇受新思想影响，十分看不惯菊朋的遗老遗少生活作风。对女儿慧珠身上的变化，她不以为然。而言菊朋心头却另有一番苦涩。

据说高氏原有姐妹两人，言菊朋看中的是妹妹，但后来娶的却是姐姐。其中缘故，谁也不知其详。久而久之，倒成了一段野史。但言慧珠成人后确实对闺中好友说过："我父亲喜欢的是我姨，谁知道唱了一出《凤还巢》。"

《凤还巢》是梅派名剧。说的是明兵部侍郎程浦，生有两女。长女雪雁，性憨貌丑；次女雪娥，聪慧秀丽，系已故侧室所生。程浦欲将雪娥许配给故友之子穆居易为妻，不想其妻决意先嫁亲生女雪雁，两人争吵不休。明宗室朱镐京来程府祝寿，窥见雪娥貌美，暗起垂涎之心，趁程浦离家赴任，冒穆居易之名迎娶雪娥。哪知程妻亦趁机将亲生女雪雁顶替雪娥出嫁，于是构成了一出啼笑皆非的喜剧冲突。

学生时期的言慧珠

平心而论，高逸安长得颇有姿色。言慧珠的天生丽质，完全继承了父母的优长。言菊朋和高逸安不合，恐怕更多地在于生活方式的不合和性格上不能互补，再加上各有心病，这才造成两人婚后摩擦多于和谐，不过几年就丧失了共同生活的空间。但有一点是不容置疑的，言氏夫妇都把女儿视若掌上明珠，以致后来两人一度离异，为了这颗"慧珠"还差点打官司呢！这是后话，暂按不表。

言菊朋不满妻子对儿女的"无为而治"，更担心她的"另类"影响儿女的前程，于是亲自承担起教儿育女的责任。他觉得光是呵斥不是办法，必须动之以情，晓之以理。他经常把少朋和慧珠带到什刹海一带去玩，把言家的家史从祖上当过宰相说起，一直说到自己还进过"陆军贵胄学校"的光荣历史。他不无感慨地说："孩子，你们还小，如何懂得唱戏这碗饭的苦处！你们要好好念书，将来出人头地，光耀门楣，做爹的就心满意足了。"

那时少朋已十岁，正在读小学，加上他素来讷于言而敏于行，对父亲的话只是连连点头。慧珠生性好动，从小就学会鉴貌辨色，已经懂得如何安慰父亲了："爸，你别担心，我以后不唱就是了！我到学校念书去。"

言菊朋见一双儿女聪明懂事，善解人意，不觉心头释然。不料眼高手低、自以为一身傲骨的妻子却在儿女跟前冷言冷语："言家簪缨世家，大户门第，你老爷子怎么放着蒙藏院的官职不当，去当'戏子'？"

菊朋闻言，心头一片怅然。福兮？祸兮？唯自己心知肚明。

原来言菊朋随梅兰芳到上海演出，回到北京后遭遇的第一件事，便是被他当时供职的蒙藏院明令革职，理由是"屡屡请假唱戏，殊属不成事体"。言菊朋起先倒也并不在意。此次上海之行，得款三千五百，消费所余，也近他数年的收入。然而，钱总有用尽的时候。菊朋夫妇带着三个孩子，还有老母在堂。三代六口，坐吃山空毕竟不是长久之计。能走的路只有一条：下海。恰在此时，"东北王"张作霖派人来邀言菊朋赴奉天演出。这是1924年的事。

却说张作霖因1922年直奉一战败绩，退居关外。1924年是他五十正寿，乘机以做寿为由联络各方势力，以图东山再起。"东北王"在沈阳大摆筵席，遍邀京、津名角、名票，言菊朋自然也是他罗致的对象，并许愿赠现大洋三千元。此时的菊朋正在为一家生计烦恼，面对这笔丰厚的报酬，怎能不怦然心动？但他心动容不动，表面上故作进退两难的神色。"东北王"派来的副官何等机灵，他转达了张大帅的旨意：三千元大洋暗中馈赠，决不公开；戏单上写明"言君菊朋"，唱的都是大轴或压轴。"东北王"可算给足了面子，言三爷则面子夹里统统要。经与陈彦衡商量，二人一拍即合，不再犹豫，同赴奉天。正寿当晚，演了全部《失·空·斩》；第二天演的是《雁门关》。和他同台的都是菊坛名宿，重量级人物。"菊朋虽杂诸名伶之间，却不能掩其光华"。

东北之行，名利双收。言菊朋经不住陈彦衡等人在旁砥砺，终于决定回到北京正式"下海"。

然而，世家子弟一旦"下海"，其身份就起了"质"的变化。用老伶工王长林的话来说："过去是给言三爷说戏，从今而后，可就是给言三说戏了。"从"言三爷"到"言三"，一语道尽了言菊朋下海充当伶人的甜酸苦辣。清末民初"四大公子"溥侗、袁寒云、张伯驹、张学良，个个痴迷京昆，造诣深厚，但都保持了他们"清客"大爷的身份。言菊朋每念及此，都要发出一声如夜风掠过树梢似的叹息。而最使他痛心疾首的是，他的一双儿女都迷上了京剧。

莫非历史总是简单地呈现为世俗的因果循环和轮回。

光阴荏苒，日月如梭，言慧珠也在不知不觉间长到了十岁，入北平正相胡同小学读书。言菊朋特别钟爱这个宝贝千金，上学下学都有包车接送。但他只看到女儿背着书包蹦蹦跳跳地上学去，哪里知道只要自己不在跟前，女儿就偷着学京戏。青衣、花旦、老生、小生，慧珠无一不唱，而她最迷的是程砚秋的唱腔，经常憋细了嗓音去模仿幽咽婉转的"程腔"。只要父亲一出现，一波三折的"程腔"转眼又变成了琅琅书声。少朋也早已迷上京剧。他迷的不是父亲钟情的"谭派"，也不是言菊朋中年以后独创的"言派"，而是当时风头正健的马连良先生的"马派"。言菊朋初始还蒙在鼓里，后来干脆睁一眼、闭一眼。至20世纪40年代，社会风气开通，言菊朋见膝下子女无一不迷京剧，也就顺水推舟，允许孩子学戏了。于是形成了后来的言家三代、一门名伶的格局。言菊朋是京剧言派艺术的创始人。高逸安从事电影兼演话剧。长子少朋和长媳张少楼，艺兼言（菊朋）、余（叔岩）、马（连良）三个流派，日后享誉菊坛；次子小朋和儿媳王晓棠，一个工武生，一个工花旦，后来都是"八一"电影制片厂的主要演员；小女慧兰是个评剧演员，女婿陈永玲却是京剧后"四小名旦"之一；而言慧珠从艺后京昆两跨，影剧双栖，红遍大江南北，人称"平剧皇后"、"女梅兰芳"。她在1959年纪念父亲逝世十六周年时说：

> 莫怪人家开玩笑，光算我们一家，就有五个剧种，看到百花齐放了。

遗憾的是，芳年不永的言慧珠未能看到她的侄子言兴朋为振兴言派艺术作出的努力和贡献。

艺术是一种美感。美感是一种能源。这种能源是压抑不住的。也许一切艺术都不能例外。历史应该感谢这位"言三爷"，他毕竟为我们缔造了一个艺术家群体。

言慧珠十岁那年，积压在言家的地火终于井喷了。言菊朋和妻子在生活方式、子女教育等方面原本就有分歧，这年言菊朋误听人言，参与公债投机白白地损失了好几万块钱，情急之下，嗓音也出了问题。言菊朋是个情绪化的人，此时心情不佳，言语间难免有失分寸。而高逸安恰恰也是一个非常神经质的人。尽管家道富裕，温饱不愁，但这个能书善画、自视甚高的女人，倒不为金钱所动。

青年时期的言慧珠

她早就看不惯言菊朋的大烟、邋遢，以及自以为是的名士派头。总之，一切不入眼。夫妻之间在性格上不能互补，必然就针尖对麦芒。天长日久，小隙而裂痕，裂痕变鸿沟。1929年底，她抛下少朋、小朋兄弟，携着十岁的慧珠和尚在襁褓中的慧兰离家出走。作为一个现代女性，十里洋场自然是她最理想的选择。据言慧珠后来回忆，在她的童年和青少年时期，言家几乎很少有安宁。她是在父母的日争夜吵中长大的。言慧珠在50年代写的"自传"里也提到：

> 母亲高逸安，电影演员，现年老多病，神经方面略不正常，由外祖母系遗传。

对于这段史料，笔者提醒读者不要轻易放过，仔细观照言慧珠的家庭背景和她身边特定的氛围，包括她此后的人生经历，有助于我们探寻她不同寻常的心路轨迹。

青年时期的言慧珠

三、欧风美雨的熏染

这是一片光怪陆离的热土。它的上空飘拂着万国国旗；它的地面上居住着"地球村"的各色人等。长袍马褂和西装革履可以同时"亮相"；丝竹琴弦和铜管摇滚可以"和平共处"。比起凝聚了千年燕云皇气的帝都，这里更多了一份洋气和"叛逆"。言慧珠一踏入上海，就被十里洋场的欧风美雨包围。她喜欢这一片花花世界。冥冥中仿佛有一种天意，言慧珠生命中的流金岁月将会在这块土地上度过。这时候的言慧珠已经十岁出头，身材修长直逼其母。乍一看，谁都认为她是个二八佳人。

在少年言慧珠的心目中，妈妈是个无与伦比的奇女子。虽然她还不能从更深层面理解父母离异的根由，但妈妈甘愿放弃足够温饱的舒适生活，一手挽着她、一手抱着尚在襁褓中的妹妹来闯上海滩，这样的人生抉择岂是一个平凡女子所能作为？在中国几千年的男权遮天的社会里，女性无不以陪衬和依附而存在。京戏舞台上虽然也有穆桂英、樊梨花、花木兰、十三妹等巾帼英雄形象，但和皓若繁星的男性豪杰相比，她们显得是那样孤单和苍白。眼前的妈妈是不是存了心要与男人一争高下呢？

这一年，高逸安三十有六，半老徐娘。由于她生长在北方，有一口"京片子"，加上进过洋学堂，接受过新思想，自然选择话剧和电影作为自己谋生的职业。我们从她1940年6月发表在《立言画刊》上的名为《话剧的看法》一文中，可以略窥其精神世界之一斑。她认为："话剧是有深刻意义的高尚艺术，是补助教育教化人民的，是揭破社会中黑暗的，是有益社会家庭以及男女老幼人生的，是青年男女们的宝鉴，不是供人游戏的娱乐品……"从这段文字中，我们可以看到，高逸安的艺术见解和追求显然是受到五四新文化运动的影响，在当时来说是很"前卫"的。她对话剧的艺术性也有独到的见解："其所命名为话剧者，乃是全仗对白（就是剧中的说话）把全剧中已往今来一切事述清，使观众在数小时内明了整个剧情，剧中人个性不同，环境不同，立场不同，要由语气声浪中表示出来各种气派，话剧没有鼓板胡琴锣钹附和音调，然而她的语气声浪无形中也有板眼调门……"由此可见，高逸安在新文艺方面，有自己独到的见解，她对话剧科白乃至舞台表演是拒绝"自然主义"的。

高氏母女来到上海，寄居何处，言氏家族没有留下翔实材料。言慧珠仅在后来的"自传"中提到一笔：

> 一九二九年，我实足九岁，入北京正相胡同小学读书。因父母离婚，被母亲带到姨外婆家（外祖的侧室），因而辍学。父母涉讼，拖延了两年之久。

由于高逸安来上海后投身于电影事业，故言慧珠在上海的绝大部分光阴是在电影圈里度过的。

中国电影萌芽于北京。第一个尝试拍电影的是曾经留学日本学过照相技术的北京丰泰照相馆老板任庆泰。1905年，谭鑫培六十寿辰之际，他们合作拍摄了一部记录中国京剧舞台表演片断的《定军山》，引起了巨大的轰动。据报章记载，影片"曾映于吉祥戏院等处，有万人空巷来观之势"。但中国电影的繁荣和发展却是在地处开埠前沿的大上海，几乎所有重要的电影制作机构都聚集在这里。因为上海汲纳百川得世界潮流之先，而当时流行的平民文化和海派文化，正好是中国早期电影取之不竭的艺术营养。

在中国电影草创阶段的电影制作公司中，明星公司是公认的佼佼者。1922年，"明星"三巨头张石川、郑正秋、周剑云和郑鹧鸪、任矜苹等人（号称"五虎将"），创办了这家中国资格最老的老牌影片公司，捧出了王汉伦、杨耐梅、张织云、宣景琳"四大名旦"。1927年趁天一影片公司改组之际，明星公司又把天一公司的"台柱"胡蝶挖了过来。"明星"人才济济，星光灿烂，极一时之盛。高逸安离家出走来到上海后，即以高洁的名字加入该公司，当了一名专演中老年妇人的二三流影星。言慧珠则改名高慧珠，进了上海一所小学附读，过了两年自由自在无拘无束的生活。

言慧珠来到上海以后，除了上学之外，几乎整天在明星公司的摄影棚里转。她生性灵巧，嘴巴又甜，不用多少时日，便和一班明星混得火热，俨然成了一个时尚的小明星。明星公司附属有一个俱乐部性质的"明星歌咏社"，社里有京戏、唱歌、跳舞等多种娱乐活动，还特聘了京剧教师、琴师，把东西方时尚熔于一炉，许多明星以及与明星公司有关系的人都出入其间。言慧珠天性表现欲极强，何况父亲不在身边，"天高皇帝远"，在京时只敢低声哼哼的唱段，在这里终于有了一展歌喉的机会。高逸安则为言慧珠请了一位京剧教师，名叫穆植田，为她练功说戏。另有一说，言慧珠的蒙师为律佩芳的哥哥律喜云，曾给她说了一出《宇宙锋》。律先生教戏相当认真，连唱腔带身段，整整教了两个来月，以后又说了好几出。言慧珠在"自传"里没有提到这位律喜云，仅写到：

> 一九三一年，由母亲主张，拜穆植田学戏，学了几个月，因为母亲受不了穆植田流氓手段的迫害，我学戏也就中辍。

穆植田何许人也？他对谁耍了流氓？言慧珠三言两语，笔者难究其详。据坊间传言,高逸安在上海的生活作风也颇"浪漫",不可能对童年的言慧珠乃至她今后的人生道路没有影响。

由于有母亲的助威,言慧珠还上台彩唱过一回。虽然稚嫩,倒也像模像样。明星们都很喜欢这个"小天使",无不夸她聪明伶俐又活泼可爱。胡蝶的老搭档郑小秋还给她拉过胡琴,许多人鼓励高逸安让言慧珠从事电影,称其将来准是个大红大紫的电影明星。郑小秋是"明星"三巨头之一郑正秋的长子,广东潮阳人,1922年随父来上海投入中国早期电影拓荒者的行列。他一生拍摄和执导的影片不下数十部。其中最有影响的是他和胡蝶合作的电影武侠片《火烧红莲寺》。1943年,二十四岁的言慧珠和硬派小生舒适联袂拍摄的电影故事片《逃婚》,就是郑小秋导演的。

笔者以为,少年言慧珠的这段经历,对于她今后数十年的艺术人生有着至关重要的影响。艺术家创作个性的形成,包括他的审美取向,涉及艺术家审美心理结构形式及其艺术上的综合素质,包括时代风气之熏染、社会习俗之影响、地理环境文化之教育、师友交游之感染,等等。青年时期是一个人生理和心理的发育成长期。明星电影公司两年的耳濡目染,无疑对言慧珠今后的人生产生了很大的影响。

在南边,小慧珠又唱又跳不亦乐乎;在北边,言菊朋长吁短叹日坐愁城。慧珠为言家最宠。失去女儿的日子令菊朋生趣索然。为了找回女儿,他决定再次来到上海。恰好这一年开春,上海荣记大舞台到北京约角,言菊朋不惜给荀慧生"挎刀",第四次来到上海。这是1931年5月的事。

言菊朋一到上海,在忙于拜客酬酢之际,第一要紧的是打听女儿的消息。他听说女儿在上海拜师学戏,不正正经经念书,急得双脚直跺。对于妻子的绝情,他已然心灰意冷;对于女儿,他决不放弃,尤其不能让慧珠跟着母亲混迹于十里洋场。言菊朋在上海有各方面的朋友,其中不乏出名的律师。他决定和高逸安对簿公堂。

精通法律的律师朋友阻止了言菊朋的念头:"言老板你唱戏内行,到底不懂法律啊!你告她什么呢?你们尚未经合法手续离婚,虽然分居,仍是合法夫妻。法律规定子女属父母双方,逸安带走女儿,留下儿子,于法无有不合;她走时慧珠尚年幼,慧兰还在襁褓,理当由母亲照顾,于情无有不宜;再说逸安并未向你隐瞒去向,于理无有不适。"

言菊朋坐在那里,目瞪口呆。

朋友接着说:"此事还要在'钱'和'磨'字上下功夫。你可以先听听她的条件,然后再商量嘛!"

"钱?要多少,我出!"为了女儿,言菊朋不惜倾家荡产。

商量了半天,大家一致认为,还是先请明星公司三巨头之一的张石川出面斡旋为上,来个先礼后兵。

这厢暂且按兵不动,那厢却热闹了起来。先是大导演张石川找高逸安谈话,劝说她和菊朋言归于好。接着有人拿着黄金荣的名片找上门来,声称言老板是黄老板邀来的角儿,有事可以商量,不要搞得太僵。高逸安知道这是双管齐下,软硬兼施。虽然心里不免有些着慌,嘴里却寸步不让:

"儿子归父亲,女儿归母亲,天公地道,有啥好商量的!"

节骨眼上,律师出场了:"言大嫂是个明白人。你和言老板并未离婚,法律规定子女属父母双方。言老板思女心切,你就放慧珠姑娘回父亲身边,以后仍是你的女儿嘛!"

"那可不行,慧珠也是我最喜欢的,他要带走,必须讲讲明白。"

"言大嫂说的'讲讲明白',是指什么?倒要请大嫂'讲讲明白'了。"

高逸安一时倒答不上话来了。她知道自己和菊朋"挂名夫妻"的名分还在,凡事不可做得太绝。再说自己一个女人家,要在上海滩上站住脚谈何容易,必须凡事小心,步步为营。但想到菊朋把"麻皮金荣"和律师都请出场了,心中的怨恨更添了几分。她高逸安虽是个女子,可也不是面捏的。要是让菊朋顺顺当当地就把慧珠带走了,谁知道自己将来怎么任人摆布呢!她一方面要难难菊朋,一方面也给自己找个台阶下。于是来个狮子大开口:

"叫你们言老板拿五千块大洋来,我把慧珠暂时借给他。"

"菊朋要见自己的女儿,竟要用钱来借,这不成了堂子里赎身了吗?言大嫂是个知书达理的乖巧人,这个理,你摆得上台面?"

高逸安这回不让步了,她要争这口气:

"大律师不是说我们夫妻名分还在吗?我带着慧珠、慧兰一大一小这两年容易吗?他做父亲的就没有抚养子女的责任吗?"

律师知道目的已经达到,笑呵呵地起身告退。

言菊朋没想到妻子来个漫天要价。他知道不破点财,慧珠是回不来的。可虽说自己每月包银有三千,但每天的应酬开支,加上大烟、麻将,月花费也要一两千,一下子怎么凑得起五千块大洋呢?朋友们出主意:"你可以学学苏州人'杀半价'嘛!"于是言菊朋只答应给两千五百块。最终由张石川调停,言菊朋付给高逸安银洋三千,与之协议离婚并带走女儿,待演期一满便带女儿回京。

母女分手那天,高逸安不禁滚出两滴眼泪。言慧珠却一蹦跳得老高,双手勾着妈妈的脖子,格格地笑着说:

"妈!我怎么会忘了您呢?我到北平去住一阵子,再来看您。我喜欢上海,喜欢这里的叔叔阿姨们。"

在整理行装北返时,言菊朋突然看到女儿手里拿着一件亮晶晶、明晃晃的东西横看竖看,看个不停。菊朋拿过来一看,竟是只一克拉的金刚钻戒指,价值起码在千元以上。

父亲惊问:"这么贵重的东西,你从哪儿来的?"

"妈给我的呗!"

言菊朋长叹一声,不再说话。十多年的夫妻,谁也没有走进对方的心里。

言慧珠在上海居住两年之后,随父亲又回到古都北平。她的一生老是在转身、上路,就像她的思维永远不会拴在同一个缆桩上。从凝聚着皇家紫气的帝都,到弥漫着欧风美雨的上海;从传统的父亲,到时尚的母亲,她总是在两极跳跃。2007年笔者参加编辑言慧珠纪念画册时,曾经收集到这样两张照片:一张是言菊朋在言家的四合院前练习《击鼓骂曹》里的"鼓点子",一袭长袍,面容清癯,眉宇间透着一股古典

言慧珠和母亲高逸安合影

31

的神韵。另一张是言慧珠和母亲的合影，高逸安矜持端坐，不失庄重，言慧珠紧偎母亲坐在椅子的扶手上，一袭旗袍，袖口祖到肩部，"甜姐儿"似的笑容里活脱脱一副明星相，母女俩身后的背景是贴着印花墙布的墙面，墙上挂着一幅电影明星的肖像，同样是袒露臂膀，神态妖冶。一个家庭，两种氛围；一双父母，两种传统。多元的社会，多元的家庭，使得言慧珠从小就游走于古典和时尚的边缘。

四、全北平的名媛就数她"野"

20世纪初叶，中国的政局发生了一系列重大的变革和动荡：继辛亥革命、五四运动以后，紧接着又爆发了妇女解放运动。新旧交替的时代变迁和剧烈的社会动荡，在教育界引起的显著变化是：1919年，也就是言慧珠出生的那年，北京大学招收了有史以来的第一批女学生，实现了男女学生可以一起接受教育的教学构想。在戏曲文化界引起的醒目变动是：京剧的观众成分和演员组合发生了历史性的演变，主要表现为女性的参与和介入改变了京剧的性别结构，打破了百余年来由男性一统天下的世袭领地。我们如果把北京戏园内性别结构的变化，放在社会学和性别研究的角度来审辨，就会发现这是一个十分有趣的社会文化现象。

清王朝自乾隆下旨禁止女子出入戏园开始，在长达170余年的时间里，女性基本上被剥夺了看戏的权利。1900年，八国联军占领北京，慈禧和光绪御驾出逃，京城成了没有"王法"的所在，妇女这才有了进戏园看戏的机会，过了一年多的戏瘾，但男女必须分座。看戏的也大多是平常人家的妇女，门第高贵的女眷，还是不会抛头露面的。1901年（光绪二十七年，辛丑年）9月7日，清政府与英、美、俄、德、日、奥、法、意、西、荷、比十一个国家签订了丧权辱国的《辛丑条约》，"老佛爷"回銮北京，紫禁城的"王法"回来了，戏园子又成了清一色的男性。1911年爆发的辛亥革命，虽然推翻了清王朝，女性获得了涉足戏园的权利，但男女观众依然分座。直至1914年，戏园允许男女合座，却也限于包厢。至于男女在包厢以外自由就座，则是在进入30年代之后。同样，京剧女演员的异军突起，以及男女合演的发展过程，也走过了一个"之"字形的路程。直至三四十年代,坤旦一行才取得了突破性的进展,基本奠定了乾坤同台平分天下的格局。

这是个似乎失了章法、然而又显得特别沉闷的时代。旧的社会结构和观

青年时期的言慧珠

念形态正在解体，但它巨大的阴影又无孔不入地包裹着社会的每一个角落；新的社会结构和意识形态正处在酝酿和重建的状态，但它在彰显自己生命力的同时，显得又是那样的无序和软弱。这是中国近代史上出现的第一个多元化的社会文化结构。

人是环境的产物。解读言慧珠，对于她身处的社会大背景是万万不可忽视的。

1931年7月，言菊朋带女儿离开上海。此次应大舞台之聘，所得包银六千，付与高逸安三千，再扣除律师费用等一应开销，等于白唱。好在他在沪期间，恰逢海上闻人杜月笙为庆祝在浦东高桥建成杜氏宗祠，于6月9日至11日举办盛大堂会，连唱三天三夜，南北名伶除余叔岩之外，全部集聚海上，盛况空前。言菊朋晚上在大舞台应卯，白天在杜祠演了《金榜乐》、《红鬃烈马》中的《回窑》、《大登殿》和《琼林宴》等剧，所得不菲，才算不虚此行。

言菊朋带着女儿回到北平，立即把她安排在北平汇文学校高小读书。这时候的言菊朋已经走到了人生的十字路口。中年过后，他的嗓音变得又细又窄，每况愈下，再也唱不出谭腔的韵味。搭班的、操琴的、场面的、跑腿的，都一个个离他而去。曾经和他有璧合之誉的陈彦衡，也为了包银和言菊朋不欢而散。偶尔上台，听戏的也是稀稀拉拉。大有"冠盖满京华，斯人独憔悴"的味道。中年以后的言菊朋，除了在人生历程上偶尔溅起几朵细小的浪花之外，他生命的主旋律正在一步步地走向不可改变的落寞。

言慧珠却是不知深浅，仍然缠着父亲要学戏。言菊朋看着已是大姑娘模样的女儿，若再严加呵斥，他也于心不忍，总是长长叹口气说：

"慧儿真是不知好歹啊！男的唱戏，都苦到如此田地。你一个女孩儿家，能唱出什么名堂！将来还不是……"言菊朋鼻子一酸，再也讲不下去了。

看见父亲有些伤感，言慧珠忙乖巧地说："爸，您别难过，我不唱戏，我读书。"

其实，言菊朋何尝没有发现女儿身上闪现的艺术灵光？他也深知唯有女儿最大程度地继承了自己的遗传；他也相信女儿一旦从艺，必将光华四射，艺冠群芳。但一部戏剧史告诉他，中国自有"乐户"开始出现，优伶与娼妓、"梨园"与"青楼"，一直存在复杂暧昧的关系。女演员从一开始就约定俗成地身兼了

"艺"、"妓"两任。一个坤伶，尤其是一个天生丽质的坤伶，最终有几个是好收场的？他绝不能让自己的掌上明珠走这条路。

言慧珠十四岁那年小学毕业，言菊朋便把女儿送到北平春明女子中学读书。"春明"一词起源于唐代。唐朝首都长安的正门（东门）名为春明门。古人认为东方主春，于是以"春明"命名的人与事就多了起来。"春明女中"是老北京的一所私立学校，小有名气。1931年，女作家林海音入校就读。1932年，邓小平的夫人卓琳（当时名叫浦琼英）也曾入校附读。余叔岩的两位千金慧文和慧清，都曾经就读于该校。据一位和言慧珠相交甚厚的学友李惠荣记载："慧珠读书用功，绝顶聪明，特别是语文、数学，老师非常喜欢。开始大家不知道慧珠会京剧，一次校庆，慧珠演了《女起解》，轰动学校。后来我住到她家，才晓得她天天利用晚上时间偷偷学戏。""春明女中"那一次登台，据说是言慧珠在北京的第一次彩唱。言慧珠年轻靓丽，一扮上就有"角儿相"，脸蛋是那么圆润，双眼更美，一忽一闪能夺人魂魄，再加上清脆的嗓音和委婉动听的唱腔，使台下的师生员工看得如痴如醉，掌声和喝彩声此起彼伏。扮演崇公道的演员借机插科打诨，逗趣"苏三"说："都怪你老爷子死脑筋，如果让你当演员，准能一下子轰动北京城。"逗得台下哄堂大笑。言慧珠在"自传"里这样写道：

> 入北京春明女子中学继续读书，与同学李惠荣经常看戏，对于戏剧发生了浓厚的兴趣。

这位李惠荣无疑是言慧珠的闺中知己，后来也成了小有名气的交际花。

人的潜在能源，就像涌动在地壳下的岩浆，总要寻找突破的口子喷薄而出。言慧珠的生命向度构建在中国女性从性别压抑到性别凸显的时代，勃发的生命意识使她不可能漠视外面的精彩世界，她也不可能强行压制流淌在自己血液里的那一种不安分的戏迷情结。她要宣泄，她要呐喊。宣泄的途径之一，就是看戏、"捧角儿"，几乎天天如此。

当时北平科班除富连成外，还有程砚秋创办于1930年的"中华戏曲学校"。中华戏校是一个新型的科班，有一套较现代的教育制度和教学规则，设有文化课。学生们穿有统一校服，女生穿月白色上衣，黑裙，留短发，活像五四青年。该校学生经过五六年的培养，此时已崭露头角，其中如挑梁武生王和霖、王金璐，"四小名旦"之一的宋德珠，以及号称"四玉"的侯玉兰、白玉薇、李玉芝、李玉茹等，都已经小有名气，经常在吉祥戏院献艺。言慧珠此时正在迷"程"，偷偷学唱《贺后骂殿》，便想通过看戏偷点关子。没想到舞台上一班和自己年龄相仿的"小角儿"，个个青春靓丽，身手不凡。正值青春躁动时期的言慧珠找到了知音，找到了希望，找到了日思夜想梦寐以求、却又可望而不可即的东西。

看戏"捧角"，古来有之。这是观众和演员之间的一种复杂而又微妙的互动关系，它有正负两方面的社会效果。一方面，戏曲具有的"教化"和"娱人"的职能，能够潜移默化地作用于观众。同时，观众的心理情趣也可以反过来影响戏曲艺术的审美走向和演员的舞台表演风格。捧角者出于对演员艺术造诣的崇拜和爱才之情，看戏时鼓掌叫好，兴之所至写点捧场文字，那也是极正常的。"四大名旦"中声势最大的捧角集团，如专捧梅兰芳的"梅党"，捧程砚秋的"程党"，以及捧荀慧生的"白党"，看起来似乎颇有些"拉帮结派"的味道，其实都是对京剧艺术起到很大推进作用的文人团体。但是，捧角的负面影响也是显而易见的。无论是在晚清时期，还是在20世纪三四十年代，放荡不羁和为所欲为的捧角行为，在一部分人中间几乎成为一种时尚。捧角者的心理情趣和审美取向也是很复杂的。那种男捧女，女捧男，以及极少数男捧男现象，往往被局外人嗤之以鼻。好事者便把这些男客和女客分别称为"捧角家"和"捧角嫁"。不过，当年的"捧角家"和"捧角嫁"，若和今天娱乐圈的"粉丝"相比，简直是小巫见大巫了。

言慧珠就是从一名"超级粉丝"而升级为文武昆乱不挡的艺术家的。我们解读任何一位艺术家的成才经历，都可以发现，他（她）们在艺术上的每一分辉煌，无不源于他（她）们对艺术的痴迷和执着。

言慧珠长到十五六岁，已经出落得身长玉立，婀娜娉婷，明眸皓齿，顾盼生姿，仿佛天地间的灵气一齐汇集到了她的身上。这才是："北方有佳人，绝世而独立。一顾倾人城，再顾倾人国。宁不知倾城与倾国，佳人恐难得。"绝对是叫人看一眼就能记住一辈子的女人。有趣的是，这样一位艳冠群芳的绝代佳人，"腾格里"（蒙古语，"天"和"上帝"的意思）却给了她一股异于平常女子的燕赵侠气。

那时北平青年女子的穿着，大多仍以裙袄为主。言慧珠却已是笔挺的西裤，骑马、溜冰、游泳，蹬着自行车在大街上呼啸往来，把十里洋场的摩登风尚带到了古都。当时北平的风气虽不比上海，却也渐渐变得开放起来。据清廷宗室后裔、珍妃的侄孙、后来终老于台湾的唐鲁孙在《故园情·舞屑》中介绍："当年中央公园夕阳漫步、真光听梅兰芳唱平剧、北京饭店跳交际舞，三者都是高级绅商、名门闺秀荟萃的场合。"这就使我们知道了作为名门闺秀的言慧珠是当时北京城里"时髦"的消费者。

不过，言慧珠最痴迷的依然是京戏。打着父亲的旗号，四下里寻师访友。每天一放学，书包一扔，便跑到戏院看戏。她去戏院必纠集一批同学，三五成群，包了固定座位，专捧自己心仪的青春偶像。特别是她钟情的"小武生"，如王金璐、王和霖登台，她便高声吆喝，拼命鼓掌，旁若无人。前台看完戏，还要奔到后台去看演员，俨然成了一个"千金捧角家"。一时间，北平

青年时期的言慧珠

的小报上不断出现"言二小姐如痴如狂"、"言二小姐狂捧xxx"的花边新闻。闹得北京城里都知道言菊朋有个"言二小姐"，二八佳人，如花似玉，大胆泼辣，颇有男风。慧珠对于外界的议论，一笑置之，满不在乎："言慧珠就是言慧珠。谁吃饱了撑着，就让他们嚼舌头吧！"

北京的名媛，就数她"野"。两千年的封建桎梏，拴不住一个女人的手脚。

令言慧珠始料不及的是，被她狂捧的那个武生演员，非但没有把她这位言二小姐放在眼里，而且在若干年后，他的夫人还在报刊上发表了一篇长长的声

讨文章,数落她的不是,警告她不要破坏他们的家庭幸福。气得言慧珠发下誓言:"将来总有一天,我让他给我唱'开锣'!"斗转星移,春秋代序。后来言慧珠正式"下海",挑班唱戏,这位武生演员果然在言剧团里挂三牌。每谈及此事,这位武生演员总要满斟绿蚁,谦恭执礼:"我是一辈子道不完的歉。"历史的戏剧性元素,常常比文学家刻意制作的还要精彩。

言慧珠的荒唐传到父亲耳朵里,使言菊朋既疾首蹙额又无计可施。女儿在上海,他鞭长莫及;女儿在身边,他徒唤奈何。言菊朋也许从未往深处想过,女儿骨子里的那一分"叛逆",分明就承继了父亲血液里的那一分"基因"。父亲爱女儿,偏偏不容她唱戏;女儿像父亲,恰恰又因为唱戏而受父亲的责备。父女俩都沦入了无可逆转的生命怪圈。

这是一种反刺激。反刺激是压抑不住的。言慧珠禀性难移,言菊朋再禁也禁不了。与其让女儿闹到社会上去,还不如由着她在四合院里哼哼。言菊朋哪里知道,慧珠十一岁时在上海,已经能唱整出《宇宙锋》了,如今岂是小声哼哼能聊以自慰的。她干脆穿上水袖,载歌载舞。时而唱的是《贺后骂殿》,时而舞的是《春闺梦》。虽然是憋着嗓子刻意模仿,倒也像涓涓泉水一般。但声音是像了,却哪里有程砚秋的神韵?言菊朋听着听着,再也忍耐不住,推门而出,朝着院子里呵斥道:"别唱啦!不知轻重的东西!你那腔调像程老板吗?这都是跟谁学的?"

言慧珠从未见父亲动过这么大火气,胸口似小鹿乱撞,战战兢兢地吐出三个字:"程玉菁。"

程玉菁,原名程玉美。早先是南方"红生"名家林树森的徒弟,是通天教主王瑶卿慧眼识珠,把他带到北平,列入王氏门墙。瑶卿原叫瑶青。"玉菁"的名字是李释戡先生取的。"菁"字上边是梅兰芳的"芳草",下边是师傅"瑶青"的"青"字,以期盼玉菁承继乃师衣钵,青出于蓝而胜于蓝。当年瑶青收徒,正是和言菊朋一起在上海演出,菊朋当然在场。玉菁成才以后,瑶青为他组班"又兴社",邀言菊朋加盟,一老一少合作甚为融洽。玉菁满师之后,自行组班,仍请菊朋合作,达数年之久。言慧珠请玉菁指教,自然是近水楼台先得月。对于女儿的这股子钻劲,言菊朋也不得不在心里暗暗佩服。于是,父女间有了生平第一次关于艺术方面的心平气和的对话。

"慧儿,你知道'四大名旦'是怎么红的?"

"是唱红的呗！"言慧珠不假思索地回答。

"不错，是唱红的。可你知道'四大名旦'是怎么唱红的，他们各自的特点在哪里？"

言慧珠傻眼了。这个问题她可从来没有考虑过。

言菊朋侃侃而谈：唱戏讲究个"唱"，听戏讲究个"听"。大凡一个角儿开宗立派，声腔是第一位的，其他表演手段都是从这个根上衍生出来的。而一个角儿要形成自己的声腔特色，首要的是当明白自己的嗓音条件，懂得扬长避短。音，是原材料，字和腔就是产品。所谓"味儿"，既来自演员戏曲化的发声和用嗓，也来自戏曲化的咬字和行腔，演唱者的技巧贯串其中。

对父亲的言论，言慧珠似懂非懂，却又像在心灵上打开了一扇窗户，虽然这扇窗仅开启了一道缝隙，但已经使她接受到了父亲的第一缕艺术阳光。

言菊朋继续说道：程老板"倒仓"（青少年变声期）时败嗓，后来的嗓音不如年轻时宽亮，却有了一种"鬼音"。程老板就是程老板。他把这种"鬼音"经过艺术加工，成为一种别具特色的"脑后音"，外显柔和，内敛锋芒。他的嗓音决定了他的声腔特点：深沉刚毅，幽怨婉转，以声传神，以情定音。慧儿天赋佳嗓，清脆亮堂，却故意憋细了嗓音学程，这不是"歧路亡羊"吗？慧儿正在求学，该读过这个典故吧？慧儿属羊，也正在找路，可千万别出"歧路亡羊"的错哟！

"歧路亡羊"的典故源于《列子·说符》。原意是说：大路岔道多，岔道中还有岔道。如果不知道迷失的羊走入哪条岔道，是无法找回的。后来人们都以此比喻事理复杂、事绪纷繁，最容易犯迷途失路的错误。言慧珠是春明女中的女才子，"歧路亡羊"的典故她怎么能不知道呢！陆龟蒙的《幽居赋》还用过这个典故呢！

言慧珠心灵上的窗户被父亲打开了，她摇着言菊朋的肩膀连声问道："爸，您老倒是说呀，慧儿该学谁，该唱哪一派？"

"你要宗梅，学梅先生。日后不唱便罢，一唱准能走红。"

言菊朋的一番话，与其说是对女儿艺术上的启蒙，不如说是对自己前半生艺术上的总结。身处十字路口的菊朋，知道自己已经到了独辟蹊径的关头了。哪知道恣情任性的女儿听了父亲这番宏论，茅塞顿开，欣喜难抑，顾不得青春二八，拍着手叫道："爸，你真神！慧儿要当'女梅兰芳'！"

五、偷"梅"止渴

人生在关键的时候都需要调整,唯有经过一番调整之后,才能迸发出新一轮的热能。言菊朋为女儿描绘了一幅崭新的画卷,言慧珠俨然就是画中人了。

其实,言慧珠能得到父亲点头允许她学戏,还得归功于老艺术家赵桐珊。

赵桐珊(1901—1966),名久林(一作九龄),字桐珊,号醉秋,艺名"芙蓉草"。幼入北京三乐社(后改正乐社)科班,学梆子花旦,后改皮簧,与尚小云、荀慧生并称"正乐三杰"。此人腹笥极宽,能戏甚多,文武昆乱不挡,人称"戏篓子"。演戏以刻画人物细腻入微,小中见大取胜,善于通过爽利的白口、洒脱的做派,把各种不同的人物演活。后来虽然长期担任硬二路(主要配角)角色,拿的包银却不少于头路角儿。京剧界的大腕儿,包括"四大须生"、"四大名旦",都爱和他同台。任何角色到了他的手里,准能唱出一朵花儿来。这是一棵和芙蓉一般名贵的小草。

1933年,言菊朋应上海天蟾舞台之约,与杨小楼一同南下。言菊朋不放心把女儿独自留在北平,决定带她同行。但校方对言慧珠在社会上的行为原就十分头痛,决意不允请假。言菊朋无奈之下,只得让言慧珠辍学。言慧珠在"自传"中提到:

> 一九三三年[①],父亲到上海来演戏。我因感到跟着母亲既无力供我读书,又无力供我学戏,光阴虚度,决定随父亲北上。后因父亲的职业,要各处走码头,家里又没人照顾,我只得废学。一九三四到一九三六年,先后随父亲到过汉口、长沙、开封、郑州及东北、哈尔滨、长春等地。

和众多梨园子弟一样,言慧珠也是在侧幕条边、锣鼓声中成长起来的。

言菊朋在上海遇到了"芙蓉草"赵桐栅,谈起女儿慧珠,大叹苦经。"芙蓉草"却对言慧珠唱戏的天赋赞不绝口,劝言菊朋不要把女儿箍得死死的,与其这样看着慧珠在外面胡闹,不如就此让她静下心来学戏,日后能闯出一条路来,亦未可知。有了"芙蓉草"的一番话,回北平以后,言菊朋经过再三思考,终于决定让女儿学戏,这才有了前面那段"父女对话"。

---

① 言菊朋随荀慧生来沪演出,带言慧珠北归,应是1931年5月的事。1933年言菊朋随杨小楼来沪,此时言慧珠已在父亲身边。

从此，言家的四合院里，父女俩出现了截然相反的走向：言菊朋鉴于嗓音变化，自创"言腔"，从高亢归于低回；女儿听从父亲教诲，易程学梅，从低沉趋向高亢。各取所长，尽情发挥。

前文提到，言菊朋幼受庭训，精于音律。那时候的世家子弟，四书五经和古诗词是必修课程。而在诗词上下过功夫的读书人，多少都懂一些诗韵音律。言菊朋则精于此道，对四声、五音、阳阴、平仄、尖团、反切等，无一不精。他吐字准确，咬字清晰，被人称为"嚼出一遍宫商"。故他在创造新腔时，决不犯"因腔而失字"的毛病。加上他满腹文才，锦绣文章，不但自编、自导、自演了《吞吴恨》、《鼎盛春秋》等新戏，而且把舞台上少有人唱的《卧龙吊孝》、《让徐州》做了更新。

20世纪50年代，言慧珠在回忆父亲时说道：

> 我父亲在文化生活方面的兴趣也是很广泛的。他喜欢唐诗，他的那出《吞吴恨》就是根据杜甫《八阵图》中的"江流石不转，遗恨失吞吴"的诗意改写的；他受古文学的熏染很深，喜欢在报上写点剧评；在《卧龙吊孝》中，那篇诸葛亮的祭文就是他自己执笔的。他喜欢种花，特别喜欢梅、兰、竹、菊，这种爱好，使他的唱腔敷上了一层雅致素淡的色彩……（见1959年6月24日《新民晚报》载《言慧珠谈言派戏》）

遗憾的是，对于言菊朋"腔儿花，味儿浓"的"言派"，言人人殊。欢喜者争相购买他灌的《让徐州》等唱片；不欢喜者则说他是"怪腔怪调"。就连他的亲生儿子少朋当初也不愿承继父亲的衣钵，坚持要向马连良磕头。直到新中国成立以后，"言派"才得到振兴。1959年6月，言慧珠为纪念父亲逝世十六周年撰写的《家祭毋忘告乃翁》一文，发表在《新民晚报》上，其中写道："在党和政府的提倡下，我大哥（少朋）大嫂（张少楼）在北京演出大量'言派'戏，得到了各方面的重视，首都戏剧界人士专门为此座谈，《人民日报》和新华社也专文介绍，有关方面还发出了抢救'言派'的具体意见……"及至20世纪80年代，一出《曹操与杨修》红遍全国，言菊朋独创的"言派"新腔，在他的长孙言兴朋的身上得到完美的体现。它犹如第一只报春的燕子飞入寻常百姓家。这才是生前寂寞，身后哀荣。经得住推敲的艺术才叫真艺术。

言慧珠转轨，可不比父亲顺当。那年月各个"流派"的私淑弟子，除了靠在剧场里"偷"些玩意儿之外，就是向大师身边所谓"傍角儿"的艺人问道。言慧珠早期学梅，凭的是家里那台留声机。她买了大量梅兰芳灌的唱片，一字一腔地模仿。用她自己的话来说："我是'留学生'。"

言菊朋当然知道这种学习方法是很难得到梅氏三昧的。但他也不想过早地把女儿引荐给梅兰芳。在梨园界，蒙师未必是"名人"。因为名人忙于演戏和各种应酬，哪有工夫为弟子一一亲授。但蒙师必须是"明人"，也就是明白人，才不至于有"师傅开错了蒙，犹如引火烧身"之误。想到这里，言菊朋眼睛一亮，有两个人的身影走进了他的大脑。

第一位是长期辅佐梅兰芳的琴师徐兰沅。他的一生除了给梅先生操琴外，早年还曾给另一位"伶界大王"谭鑫培操过琴。此人幼年学戏，后来改的"场面"。谙熟戏路，精通音乐，梨园界称他是吹、打、拉、弹、唱、武"六场通透"的琴圣。梅兰芳的《西施》、《洛神》、《红线盗盒》、《太真外传》、《生死恨》等，这些戏的唱腔和曲牌穿插都是徐兰沅和王少卿及梅兰芳共同研究创造的。他还和梅兰芳反复试验，在京胡伴奏过于单调的情况下，加入京二胡，利用京胡和二胡相差八度的关系，在繁简单双的交错配合方面进行了有效的改革，设计了不同的伴奏和曲谱，这样的合声伴奏效果更为理想。这一革新很快得到广大观众认同。说徐是京剧音乐家，恐怕决不为过。对于梅派唱腔，徐氏烂熟于胸。

另一位也是梅剧团的艺术骨干，名叫朱桂芳。此人早年在"长春班"坐科，先唱青衣后工武旦，讲求武戏文唱，勇猛中蕴着气度。参加梅剧团以后，除了登台演出之外，主要协助梅氏编排新戏、设计舞蹈身段。对梅氏的身段动作和把子功等，可谓如数家珍。有此二人为言慧珠传授梅派艺术，何愁大功不成？

言慧珠在"自传"里也写道：

> 拜朱桂芳、徐兰沅为师，使我学戏走上正确的道路，是我学习梅派艺术的开端。

父女俩商量停当，便具名下帖，在西来顺宴请徐、朱二位，行拜师大礼。

京剧音乐家、琴师徐兰沅

第二天，言慧珠备了礼品到徐家学戏，进门先恭恭敬敬地冲徐夫人叫了声："师娘"，那模样和声音着实讨师娘欢喜。但是，徐兰沅却在里屋蒙头睡觉，压根儿没照面。言慧珠也不着急，二话没说，立马挽起袖子帮着师娘忙开了，活儿干得有条有理，没有半点千金小姐的架子，倒叫师娘有点不好意思了。

三五天过去了，徐兰沅不是忙着应酬，就是赶着演出，或到电台讲课，回家总是很晚，第二天一睡就到中午。接连一个星期，言慧珠没和师傅照过面。但她就像没事人一样，照样帮着师娘忙里忙外，粗活细活抢着干，倒弄得这位师娘愈加不好意思了。晚上对丈夫说：

"人家孩子天天来，你也得给人家说点儿。学得怎么样，就看她自己的造化了。"

徐兰沅何尝想驳言菊朋的面子。只是这位言二小姐，名声在外，谁知道能不能吃得起这份苦？眉头一皱，计上心来。不妨先教她两句，难难她；难倒了，她也就死了这条心。

这一天，言慧珠照例早早来到徐家，冷不丁和师傅打了个照面，慌得她不知如何是好。一拜以后，讷讷地说：

"师傅咋起这么早？"

"你不是想学梅派戏吗？今儿我先教你两句《凤还巢》里的慢板。但有个条件，明天你来，要一字不差地唱给我听。"

言慧珠大喜过望。就这两句慢板，学得全神贯注。师傅讲的梅派唱腔的特点和要领，也默默地记在心里。走路哼，吃饭哼，睡觉也哼。孔夫子闻韶乐，三月不知肉味。言菊朋寻思：这孩子敢莫是闻"梅"而不知肉味吗？

第二天，言慧珠唱给师傅听，居然字正腔圆，颇有梅先生的韵味。徐不禁抚掌叫好：这孩子有灵气，是块戏料，祖师爷赏饭吃。

梨园界供奉的祖师爷是谁？至今没有统一说法。过去梨园界拜师仪式，堂上正中供祖师爷神主牌位，用黄纸写"翼宿星君"四字。翼宿乃二十八宿之一，朱鸟七宿第六宿，梨园界为何奉其为祖师，不得而知。不过这一星宿有星二十二颗，是二十八宿星数最多的一宿，也许是因此象征桃李遍天下和兴旺发达吧。但后来普遍流行的说法，都说这位"翼宿星君"是唐明皇李隆基。因为李隆基精通音律，设置"梨园"，支持艺术，故梨园界把他供奉为祖师爷。过去梨园行里，师傅如果说一句："这孩子是块戏料。"只要没有发生什么意外，这孩子将来十有八九准红。如果再加上一句："这孩子，祖师爷赏饭吃。"那就是百里挑一、万里挑一的天才了。徐兰沅把这两句话都用到了言慧珠身上，足见他对这个梅派后起之秀的赏识。

古人论"才"，其道有三：一曰天赋；二曰勤奋；三曰通窍。言慧珠三者齐全，学戏的速度岂有不惊人的。不出一年，就把徐兰沅肚子里的"库存"榨去了大半。有一天，徐对言慧珠说：

"梅先生的唱腔，我都一一教你了。你学得这么好，出乎我的意料，真要变成小梅兰芳、女梅兰芳啦！"

"先生不也是个不上场的梅兰芳吗！"

言慧珠乖巧伶俐，一句话说得师傅身心通泰。徐兰沅告诫慧珠，我教你的

京剧《廉锦枫》，梅兰芳饰廉锦枫，朱桂芳饰蚌精

都是梅派的声腔，至于梅先生的身段做表，特别是梅派独有《霸王别姬》的剑舞、《天女散花》的绸舞、《西施》的侑舞，等等，你就得认认真真地向"小四十"爷学了。徐兰沅还特意叮嘱言慧珠要向"九阵风"学一出《扈家庄》，一个演员没有武戏底子是不行的。当年梅先生第一次到上海唱"大轴"，就是文武兼备的刀马戏《穆柯寨》。

言慧珠连连点头称是："我爸也这么说。我如今已经在跟这二位师傅学了。"

其实，言慧珠经过几位高人的调教，早已明白了其中的道理。要学会梅先生双眸流星的神采，轻歌曼舞的做表，岂是一蹴而就、轻易可得的？有多少人学梅，只学会几段或几出唱功戏，最后落得个半瓶子醋的结果。她言慧珠可不是这般心胸。她发誓要当一个文武昆乱不挡的大角儿。

京剧《西施》侑舞，言慧珠（左，饰西施）和乃师朱桂芳

中国的一切古典艺术，包括戏曲艺术，不外于讲求技、艺、道三个层次。技，是具体的表现手段、形式和技巧；艺，是寓内在情感于外部形式的意象；道，是营造戏曲艺术内涵意境之美的灵魂。戏曲艺术一方面讲求"技进乎道"，另一方面讲求"道"对"艺"的统摄。言慧珠家学渊源，见多识广。她常听父亲说，眼下自己所追求的不过是戏曲艺术的"技"的层面而已。经过几代人积累和琢磨的京剧传统，首要任务就是规规矩矩地继承，只有经过几番"脱壳"的痛苦，才能破茧化蝶。言慧珠有清醒的头脑，她此刻的主攻方向非常明确：除了继承，还是继承。如若不然，日后也就不会有大红大紫的言慧珠了。

言慧珠何时拜的朱桂芳？何时向"九阵风"学的《扈家庄》？笔者见过多种资料，说法不一。在言慧珠亲笔书写的"自传"里，则一概说成是她十七岁前后的事。

一九三八年，拜九阵风习武旦，在京偶然以票友身份客串几场。

在此之前，言慧珠虽然曾经向程玉菁、赵绮霞等学过戏，恐怕并非系统化的学习。因为，在言菊朋的干预反对下，正在求学攻书的言慧珠是不可能进行规范化的训练的。故我们有理由把言慧珠向"九阵风"学习《扈家庄》和向朱桂芳学习梅派舞蹈身段的时间，定为1937年前后。慧珠芳龄十七八。

按照"科班"培养人才的经验，一个孩子如果过了十三四岁再学武戏，那就是盖叫天老先生说的"过了这个村，没有这个店"了。因为一个戏曲演员若不是从小经过刻苦训练，一旦骨骼关节僵硬，是很难拿得起繁重吃功的武戏的。当年十七岁的言慧珠向"九阵风"学习《扈家庄》时所经历过的磨练，虽然没有与她同时代的人为我们叙述详情，但是，仅凭着我们对《扈家庄》这出戏的了解，是可以想见言慧珠当年勤学苦练的劲头的。即使在言慧珠成名成家以后，她每天早晨的练功内容之一，仍然是在踢腿、下腰、跑"圆场"之后，戴上头盔穿上"行头"（戏装）拉一遍《扈家庄》。数十年如一日，雷打不动。

"九阵风"，真名阎岚秋，有天下第一武旦之称，数十年来无人望其项背。他戏路极宽，除武旦、刀马旦之外，兼演花旦和刺杀旦，跷功尤其了得，堪称旦行中的全才。他在台上帅、溜、媚、脆，刚柔相济。身段舒展大方，把子疾徐有节。在急风暴雨般的开打之后，踩着双跷腾地一个180度反蹦子"亮相"，犹如铁板钉钉，老僧入定，纹丝不动。这时候，屏气凝息的观众会情不自禁地一个"好"字冲口而出，犹如炸雷一般。演员把"相"亮足，然后风摆杨柳似地扭动身姿，飘飘忽忽，由慢到快，在观众的掌声中如旋风似地飘进了下场门。这才是动若脱兔，静若处子。其美感和难度恐怕要超过时下的芭蕾。芭蕾演员在快速旋转后骤然停住，是允许演员双脚分开站立的；而京剧武旦"亮相"，两只"小脚"必须紧贴在一起，所以对演员保持平衡的能力有极高的要求。"四小名旦"之一的宋德珠，就出自"九阵风"的门下。宋的跷功也十分了得。据说他在台上和师兄傅德威（工武生）常演对刀的戏。一个（宋德珠）跑了，一个（傅德威）追不上，两人就吵架。真是名师出高徒，强将手下无弱兵。阎对学生极其严格，一招一式，决不含糊。学生有一个动作不符合他的要求，他就不往下教，非练到他点头为止。可惜现在舞台上，像"九阵风"、宋德珠这样的武旦很难看见了。

《扈家庄》这出戏可不好演，演员没有扎实的基本功是拿不起这出戏的。过去"科班"都拿这出戏给孩子开蒙。《扈家庄》有两难。第一，载歌载舞，十分吃功。扈三娘出场的"边卦子"，不仅要求演员身上"边式"、漂亮，而且要在 [醉花荫]、[喜迁莺] 这两支曲子里，合着音乐节奏和锣鼓点子完成一系列高难度的动作。凡演员都有这个体会，不怕在台上开口，也不怕在台上舞蹈，就怕既唱又舞，功力稍有不济，就会上气不接下气，一切艺术的美感都无从谈起了。所以京剧界有男怕《夜奔》、女怕《思凡》的说法。其实《扈家庄》对演员功力的考验，要远远超过《思凡》，非常人所能企及。第二，扈三娘身上的穿戴十分复杂：头上有翎子，胸前佩穗子，腰部挂宝剑穗子。在京剧舞台上，角色身上的每一件穿戴，几乎都有一功。演员必须具备全方位的基本功，做到心到、眼到、手到、步到、身到，才能得心应手地驾驭一切装饰物，并运用它们表现出各种技艺，给观众以赏心悦目的享受。尤其是后面的一曲 [水仙子]，扈三娘的手里又多了一杆长戟，边舞边唱，节奏感强，动作幅度大，只要稍有懈怠，便会出一步跟不上、步步跟不上的"洋相"。一般来说，一个女演员只要有了《扈家庄》的底子，对其他一般刀马戏和花衫戏，就能轻车熟路了。十七岁的言慧珠以惊人的毅力和吃苦精神向"九阵风"学习这出戏，后来并以此戏在上海舞台上一炮而红。莫怪菊坛内外有此评论：言慧珠的功底甚至超过了科班。

言慧珠的另一位蒙师朱桂芳，在言慧珠身上倾注的心血更是非同寻常。朱长期和梅兰芳合作，是梅剧团不可或缺的人物。早先他还上台演出，后来脱离舞台，专门辅佐梅兰芳创排新戏，帮助梅设计舞蹈动作。梅兰芳轻逸灵动、飘然若仙的表演身段，无不包含着朱桂芳的智慧和心血。他为言慧珠开蒙的第一出戏，就是歌舞并重的《廉锦枫》。言慧珠有徐、朱二位耳提面命，再加上一个"九阵风"，允文允武，学梅的条件可谓得天独厚。言慧珠和朱的关系相处得非常好。抗战期间，梅先生息影舞台，隐居香港，朱桂芳为言慧珠组班，把梅先生的"班底"如姜妙香、萧长华、刘连荣等，一并用来提携言慧珠。朱自己也重新粉墨登台，为言慧珠配戏。如《西施》中"侑舞"，其中就有朱桂芳的帮衬。想当年朱桂芳可是陪着梅先生跳"侑舞"的。朱桂芳后来为言慧珠排演全部《貂蝉》时，还把这段"侑舞"移植到《貂蝉》的舞蹈中。貂蝉舞羽，慧珠首创。可以说，朱桂芳对言慧珠，做到了鞠躬尽瘁，死而后已。言慧珠对朱桂芳，也是敬爱有加，"情谊超出师友"。据说北京言家那座四合院，后来也给朱住了。又有一说，是言慧珠出资为朱在北京买了一所住宅，并非是小六胡同的言家老宅。不过我想，如真有此事，那也一定是1942年言菊朋魂归道山以后的事。圈内人都知道，晚年的言菊朋有三大憾事，为此经常仰天长叹。一憾妻子和他同床异梦；二憾儿子弃"言"学"马"；三憾他的掌上明珠终究还是当了一名坤伶。言慧珠虽然向朱桂芳学到了艺术，但她和朱的关系也一度受到圈内人的非议，有人甚至在"文革"中把它作为射向言慧珠的子弹。

笔者以为，彼时言慧珠芳龄十七，追究一个青少年的责任，似乎有失偏颇。但言慧珠在自传中多次流露的对朱桂芳的感恩之情，也跃然纸上。她常对春明女中的同学李惠荣讲："朱对我好极了。他对梅（兰芳）很了解，把梅的艺术都教给我。后来拜梅为师，更受益不浅。"看来不分青红皂白地把板子打在朱桂芳的身上，好像也不公平。言和朱的关系，倒有点像琼瑶笔下的师生恋呢！

第二篇　出水风荷
分外红

一、披挂整齐凤翅飞

京剧《打渔杀家》，言菊朋饰萧恩，言慧珠饰萧桂英

这是个多事之秋。在这个惶惶不安的季节里，言慧珠要振翅高飞了。

言慧珠自1931年随父亲回到北平，过了七八年动荡不安的生活。一方面，父亲希望她认真读书；一方面，言菊朋外出"跑码头"，又不放心把她单独留在北平。于是她时而求学，时而辍学，时而学戏，时而"流浪"，过着半学生半艺人的双重生活。对于这段历史，言慧珠在自传里是这样记载的：

一九三七年，北京芦沟桥事变的时候，我只得随父亲去青岛，因逃难再到济南，又到上海。正遇"八一三"战争，京沪交通断绝，在沪避难四十天，才辗转回到北平。这时学校已停课。我就蓄意正式学戏。但是父亲看到一般"坤角"悲惨的命运，坚决反对，因而拖延着。又随父亲到过东北、大连等地。

关于言慧珠在青少年时期的演出活动，文字记载甚少。有一位署名"六工"者撰写的《言慧珠小传》里提到："言慧珠，为名须生言菊朋之女。秉性聪颖。自幼具有戏剧天才，常随父出应堂会，演《宇宙锋》。此戏唱做并重，乃能者之一难题。时慧珠年仅十二，已自声容俱妙，一时誉为神童。乃父因其年幼，督令专心学习，以致辍戏颇久。仅因性之所近，课余留心戏剧，耳熏目染，得稍进步耳。十六岁时应友人之邀，出演义务戏以赈湖北水灾，与乃父合演《贺后骂

50

殿》。圈内圈外，咸认为戏剧界后起之秀。其时慧珠虽有登台之念，因未获乃父赞同，终未如愿。"

从上面这段文字来看，言慧珠在青少年时期，由于父亲管束甚严，始终没有放弃过学业。她的学戏和演戏，不过是"小票友"性质的客串而已。

笔者在编辑言慧珠画册时，曾经搜集到一张照片，是言氏父女合演《武昭关》的合影。言菊朋饰伍子胥，言慧珠饰马昭仪。照片上的"马昭仪"稚气未脱，个头还不高，实际年龄显然小于十六岁。这张照片是否就是那次赈灾义演时的舞台留影，尚难取证。按常理推测，言慧珠如此迷恋唱戏，多参加几次堂会或义务戏的演出，想必言菊朋不至于执意阻拦。

另一位与言慧珠同在春明中学读书的学友回忆："正式登台是在西长安街长安大戏院，演出《审头刺汤》、《扈家庄》，武功来得纯熟，开打精彩。惊奇她怎么会唱程派，估计是程玉菁教的。"

这段文字就颇费思量。一没有记载具体演出日期；二没有点明演出性质。根据演出剧目来看，《扈家庄》当是言慧珠十七岁以后学演的剧目；而十七岁以后的言慧珠已经开始工梅派了。长安大戏院的这场演出，十有八九已非"义务戏"性质，有可能是言慧珠1939年上海打炮归来在北平的首次正式登台亮相。王家熙先生在《言慧珠艺事简记》一文中对言慧珠早年艺事活动的定位较为精确："偶在堂会或义务戏中露演。"

言慧珠崭露头角的日子终于来了。1939年6月下旬，言菊朋再度组班"宝桂社"南来上海黄金大戏院演出。言菊朋此来，同行的旦角是"四块美玉"中的侯玉兰，但也带着爱女慧珠，试着让她客串几场。这时候的言慧珠，年方二十，正值豆蔻年华，浑身散发着燕赵佳人的青春气息。上海观众不要说是欣赏她舞台上的艺术，仅是一睹这位北国胭脂的绝代风华，也已经感到赏心悦目了。

黄金大戏院坐落在上海八仙桥闹市中心，附近是一片繁华的商业地界。戏院正门是虞洽卿路，往北走一袋烟工夫，就是"皇后大戏院"（今"和平电影院"）。"皇后"周边有更新舞台、天蟾舞台、大舞台、荣记共舞台，往北走有卡尔登（后来的长江剧场），再加上大世界的大京班、大新公司和先施公司的京剧场子，当时上海滩的京剧场子不下十余家。

"黄金"原是海上大闻人黄金荣开设的一家影院，后租给学生金廷荪经营，时归上海滩赫赫有名的孙兰亭、吴江枫、金元声、汪其俊等"五虎将"主持。除了麒麟童（周信芳）之外，"黄金"专约有真才实艺的京角，一般的海派演员还进不了"黄金"。"黄金"遂成为上海地面"京朝派"献艺的舞台。

将近一月的营业演出，言菊朋没有让女儿登过一次台，谁也不知道他葫芦里卖的什么药（笔者查阅1939年《申报》，证实言慧珠并未参加营业演出）。到了7月29日，营业演出已告结束，剧场门口和各家报纸突然登出一则夺人眼球的启事：

> 袁履登、黄金荣、虞洽卿、金廷荪、徐寄庼敬启同人，为上海难民救济协会及宁波旅沪同乡会甬灾救济捐发起演唱义务戏，特挽请言菊朋、侯玉兰、高盛麟及言君公子慧珠女士等参加表演，剧目之精彩为向所未有。所有戏券并不向外推销，完全公开售票。尚希各界仕媛诸大善士共襄善举，踊跃购券，实功德无量焉。

袁履登，早年毕业于上海圣约翰大学，曾在政界、商界、教育界、新闻界多方兼职。抗战时任上海难民救济协会秘书长。1940年任上海戏剧学校（"正"字辈）校董。

黄金荣，旧上海炙手可热的青帮头子，流氓"三大亨"之首（另二人是杜月笙、张啸林）。

虞洽卿，曾任德商鲁麟洋行买办、华俄道胜银行买办，后独资开设通惠银号，发起组织四明银行，创办宁绍轮船公司，是上海滩数一数二的金融家、实业家。

金廷荪，黄金大戏院经理。产业涉及医院、纺织、金融、五金等。1934年当选为浙东商业银行首任董事长。

徐寄庼，早年就读于浙江杭州高等师范学堂，后东渡日本入东京同文书院、山口高等商业学院深造。回国后，自1914年起从事金融工作，长达四十年之久。曾担任上海市商会理事长等职，在金融界声誉卓著。

赫赫有名的海上闻人一齐登录，言菊朋的面子够大的。同时，我们也不得不佩服言菊朋的用心良苦。他安排女儿在上海滩大亨策划的慈善义演中登台亮相，真是一着妙棋。女儿如果一炮而红，从此光彩体面地"下海"，享誉菊坛；万一台上有什么闪失，作为一个年轻的票友也不失身份。女儿以什么戏打炮，言菊朋也有周密的考虑。虽说言慧珠的梅派戏已有了几分根底，但眼前还不宜扬旗树帜。一来因为梅兰芳蓄须明志,息隐家园;而言慧珠初出茅庐,根基尚浅,倘若艺术上火候不到,以后图东山再起,只怕要事倍功半了。二来上海观众不像北方人讲究闭着眼睛听戏,《扈家庄》载歌载舞、火爆炽烈的特点,也许更适合南方观众的胃口。

7月31日,开锣是二位名丑刘斌昆、韩金奎搭档的《双拾黄金》;第二出是高盛麟、裘盛戎的《连环套》;压轴是言慧珠的《扈家庄》;大轴是言菊朋、侯玉兰的《汾河湾》。戏院门口的大幅海报上赫然写着:"今晚言慧珠加演全本《扈家庄》。"喜欢言菊朋艺术的人都知道,言菊朋有个女儿,绝顶漂亮,犹如出水芙蓉,玉树临风;不知道言慧珠为何许人的上海市民,也被戏院门口的各色小报所吸引,纷纷前来轧闹猛。加上有海上大亨撑市面,戏票顿时抢售一空。黄金大戏院早早拉上了铁门,大红灯笼高高挂。

言慧珠到了台上,果然光彩照人。一米六八的身材,加上蝴蝶盔上飘若游龙的翎子,比舞台下显得更加亭亭玉立,几乎是一个活生生的"一丈青"。一记"四击头"亮相,就得了个满堂彩。言慧珠心里好不得意。心想父亲十六年前在上海一炮而红,今天自己也将在这块热土上开始崭新的人生。想到这里,她恨不得使出浑身解数,借着师傅的"九阵风",把扈三娘恃勇轻敌的娇态和矫健敏捷的身手,演绎得酣畅淋漓。一时间,叫好声一浪盖过一浪,十里洋场的"捧角家"们,简直要把台上的言二小姐捧上九霄云端。第二天上海的大小戏曲报刊,纷纷以"'九阵风'翻版,'一丈青'再生"、"言二小姐,一炮而红"为题,把个言二小姐"炒"得火热。

那天在楼下前排就座的,有一位身着华服、面容清秀的中年男子。此人在观看言慧珠的演出时,自始至终没有鼓过一次掌,喝过一声彩。但微微摇晃的脑袋,掩饰不住他内心的赞许。他的身旁是一位戴金丝边眼镜的洋装男子,看模样是报界的人。只见他凑到中年男子耳旁,轻声问道:"老爷子,您瞧着怎么样?"

中年男子说:"这出《扈家庄》能唱到这份儿上,也真不容易了。你瞧她那脚底下,多干净。这个把子功,不能光看手上,还得看脚底下。该上哪一步,该撤哪一步,这都有个准谱。脚底下不乱,手里的劲头才拿捏得准。"

"这才叫:外行看热闹,内行看门道。"

中年男子继续说道:"刚才那段曲子叫 [水仙子]。你瞧她左手持戟,右手用翎子尖朝地底下这么一点两点，嘴里唱的是'我笑着那蓝贼无见识'，脸上是一副骄矜自得的神气，就这么几下，把一个大小姐的身份就给演出来了。我看过很多演员都没这神气，脸上没戏，把这出《扈家庄》演成勇猛武旦了。那就离了谱了。扈三娘不是山寇，她是扈家庄的大小姐，是个有身份的人。这小妮子宗的是'九阵风'的路子，武戏文唱。可惜就缺了宋德珠的那点功底，要不就更地道了。"

"大小姐演大小姐，当然是更加灵光了。"

这位中年男子不是别人，就是有"北王（瑶卿）南赵（桐珊）"之称的赵桐珊，艺名"芙蓉草"。赵惊言慧珠之才艺，决意收其为徒，授其衣钵。

《扈家庄》一炮打响，接下来的两天都是父女俩合演大轴。8月1日《贺后骂殿》，上海观众图个新奇热闹，看得饶有兴味。8月2日《打渔杀家》，真父女扮假父女，一出场台下就轰动了。8月3日，业界人士和海上名票同台献艺，大轴是言慧珠的《金锁记》。8月4日、5日，都是名票会串。到了8月6日，言菊朋携子女演日夜场。白天和少朋、慧珠合演了全本《龙凤呈祥》；晚上言氏父女和马连昆合演了《二进宫》。言慧珠在自传里这样写道：

> 黄金大戏院客串三天，并拜芙蓉草为师。父亲经芙蓉草劝说，始允许我正式学戏。又经孙兰亭介绍，拍《三娘教子》，得酬劳三千元，作为学戏的茶金。[①]

言慧珠在上海初战告捷。满怀着成功喜悦的言菊朋率子女回到北平，改"宝桂社"为"春

京剧《霸王别姬》，言慧珠饰虞姬

[①] 据《申报》载，1939年7月，言慧珠在黄金大戏院演了六天共五出小戏、一出大戏，故她自传记载"黄金大戏院客串三天"，恐回忆有误。

元社"，言慧珠正式挂牌二旦，再加言少朋、小朋昆仲，一个工老生，一个工武生，这就是粗具规模的"言家班"。言家班成员除了言氏家族之外，还有高盛麟、王泉奎、马连昆、朱桂芳、姜妙香、林秋雯、计艳芳、钱宝森、王福山、陈喜兴、扎金奎、詹世辅等加盟，阵容相当齐整。菊朋仍以"旧谭派首领"为号召，上演的剧目都以标准谭派戏为主，故言慧珠大多是和父亲合演一些谭派生旦戏。由于有言慧珠加入，言家班的上座率不断翻新，从三四成到七八成，卖满堂也是常有的事。言菊朋见女儿日益走红，心中甚觉快慰。对于少朋坚持要学马（连良）派，言菊朋也不再有异议，而且亲自带着儿子去向马连良磕头。大礼行毕，言少朋刚起身，马连良就对少朋说："你就学我的身上，这嘴里还得学你的父亲。"言菊朋听了，心想：自己的那些玩意儿毕竟是有识货的，总算也有了几分宽慰。

1940年，上海新华影业公司邀请言菊朋、言少朋、言慧珠一家，拍摄戏曲电影片《三娘教子》。言慧珠接到消息，喜出望外，雀跃不已。继1905年谭鑫培的戏曲电影片《定军山》问世以后，1920年，梅兰芳应商务印书馆之约，把《春香闹学》和《天女散花》也搬上了银幕。尤其是电影《天女散花》，画面上叠印了天上的云彩，象征着天女御风腾云、日行万里，创造出一种虚幻缥缈、瑰丽奇妙的神话意境。1923年春天和1924年秋天，梅兰芳又把《西施》的

京剧《天女散花》，言慧珠饰天女

55

"侑舞"、《霸王别姬》的"剑舞"、《上元夫人》的"拂尘舞"、《木兰从军》的"走边"和《黛玉葬花》的舞蹈拍成影片。日本宝塚电影厂也把《虹霓关》的"对枪"一场和《廉锦枫》的"刺蚌"一场搬上了银幕。一时间，把传统京剧和现代传媒嫁接形成了一种时尚中的时尚。尤其在20世纪三四十年代，坤伶涉足电影圈，已经成为拓展戏路、扩大影响、炒作自己的最佳途径。言慧珠一生好强争胜，不甘人后。她也要在银幕的拷贝上留下没有纤毫瑕疵的、一个极其完美的艺术形象。唯美和完美，是言慧珠一生的终极目标。

言慧珠想到自己将要再一次来到"挑帘红"的地方一显身手，禁不住摩拳擦掌，跃跃欲试。《三娘教子》虽是生旦戏，然顾名而思义，"三娘"总是第一主角，说明言慧珠在"言家班"的地位正在逐日上升。而更重要的是，言慧珠喜欢上海，喜欢这片飘拂着欧风美雨的花花世界。她从十岁那年跟着母亲来到这块土地上，就觉得这儿的空气比北京更适合自己。电影界不像京剧界那么保守。电影演员罗曼蒂克的生活作风，也许更契合她张扬的个性。

台上古典，台下摩登；台上规范，台下张扬。这就是一个活生生的言慧珠——梨园界绝无仅有的个体生命。

1940年11月1日，戏曲片《三娘教子》首映。囿于当时条件所限，影片的摄制质量尚不尽如人意。但言慧珠影剧双栖的名声，顿时传遍了十里洋场。在这里，笔者要提供一个细节。据笔者看到的另一份资料，在电影《三娘教子》中扮演薛倚哥的是一个名叫王超群的男孩。1940年的言少朋早已年过弱冠，他是不可能在剧中扮演薛倚哥的。故言菊朋父子究竟在影片中分饰什么角色，尚待考证。

在上海拍电影期间，言慧珠见母亲依然孤身一人，遂与哥哥少朋向父亲要求，希望能把高逸安接回北平。言菊朋仅说了一句："这是你们子女的事。"表面上不再吭声，其实是默许。这一年的下半年，通过子女和亲朋的斡旋，与言菊朋纽离十年的高逸安回到了北平。虽说言菊朋和高逸安分住北屋、南屋，有事就写一张字条往对方门上一贴，依然没有片言只语可以沟通，但四合院里总算出现了些许昔日的生气。

然而，正如老子所言："祸兮，福之所倚；福兮，祸之所伏。"自以为时来运转老怀弥畅的言菊朋，不提防有一股暗流正在向他悄悄袭来，而且这股暗流将要把"言家班"冲得分崩离析，"家败人亡"。

言家班初建时，言菊朋为了提携爱女，每贴生旦对戏，都将言慧珠的戏码挪在大轴，还经常父女连演双出。或言慧珠压轴，言菊朋大轴；或言菊朋压轴，言慧珠大轴。言慧珠名义上是为父亲唱二旦，实际上已经形成双头牌的格局。然而，没过多少时日，言菊朋发现，言家班的上座率虽然依旧，观众的兴奋点却在转移。有一次，言慧珠压轴《玉堂春》，言菊朋大轴《战太平》。不料《玉堂春》才下，《战太平》的锣鼓刚响，观众起堂的竟有一半。这一打击对言菊朋来说非同小可。虽然他理智上也明白，这些所谓"戏迷"，看的是女儿的"色"，并非品的是"艺"。至于京剧的"神韵"和"意境"，根本不是这些人追求的东西。然言菊朋从"艺"数十年，一不弄虚作假，二不沾名钓誉，不想如今栽在一个"坤伶"身上，而这个坤伶就是自己

京剧《得意缘》，言慧珠饰狄云鸾，杨维娜饰卢昆杰

最钟爱并为之耗尽了平生心血的女儿，不禁怆然。

这一年初夏，从南方又来了一名坤伶，名叫张文涓。此人工余派，带着其干爹黎某的信来找徐兰沅，计划在北平演出一期。黎某是徐的徒弟，所以张文涓在北京的一切业务都由徐操办。演到一半，给张文涓唱二旦的马艳芬应邀赴天津演出。徐兰沅和朱桂芳同时想到了言慧珠。言慧珠与徐、朱有师生之谊，自然一口答应。但希望二位老师出面，征得父亲应允。言菊朋一听，不假思索，便答应其事。不想第二天言菊朋却改了主意。他一口咬定此举是拆言家班的墙角。言慧珠大惑不解，并以有诺在先、信誉攸关为由，坚持要履约。为此父女大吵了一场。言慧珠娇生惯养惯了，而今更不是要方要圆任人捏的。她冲着言菊朋嚷嚷道：

"要说营业上，您有您的老主顾；那边都是看坤角的，根本不会来看您。"

此时的言菊朋，只要听到"坤角"二字，气就不打一处来，心头的火苗直往上蹿。他拿起面前的一只青花瓷瓶，狠命朝地上砸去，言家陷入一片混乱。言慧珠和父亲从此失和，见面就吵，后来干脆搬到伯父院中居住。我们前面提到过，言菊朋原是个非常情绪化的人。晚年的失意和落寞，使他的感情更容易偏执。而言慧珠的性格完全承继了父母双方的遗传基因，加上颐指气使的小姐脾气和放荡不羁的个性，常常把父亲气得七窍冒烟。只要言菊朋一唠叨，言慧珠第一个拔腿就走，嘴里还嘟嘟囔囔："老和尚又要念经了。"其他儿女们也一个个借故离去。只剩下老夫妻俩，于是高逸安便成了言菊朋数落的唯一对象。最后，高逸安也被折腾得神经质大发作，再次离家出走，跑到了上海。

至于言慧珠与张文涓合作一事，因海报早已贴了出去，言慧珠只得请出老伶工王长林之子王福山出面调停；言菊朋曾问业于王长林，有师生之谊，对王福山不能不给面子。但只答应女儿与张文涓合作一场《四郎探母》，不许长期合作。为此，言慧珠仅在广德楼与张文涓唱了一场《四郎探母》。但是，言菊朋苦心经营的"言家班"，终因父女不欢而散而匆匆收场。

言菊朋倾一生之力保护女儿、争夺女儿。然而，眼前面临的是一场注定要失败的争夺。"因为这一次与菊朋争夺女儿的，不是某个人，而是整个的社会。"（见张伟品《寂寞儒伶言菊朋》）

1940年8月，二十一岁的言慧珠自己挑班了。

二、"言家班"换了个老板

在京剧界，自打程（长庚）大老板开始，都是以老生挑班。到了民国初年，梅大师横空出世，"四大名旦"相继脱颖而出，这才开创了青衣（花衫）与老生平分秋色的局面。京剧的其他行当，如花脸的金少山、裘盛戎，小生的叶盛兰，虽然都有过挑班当老板的历史，但结局终非长久。究其根由，恐怕主要在于老生和青衣的声腔艺术以及剧目积累都比其他行当丰富，家底厚实。所以说，在京剧界，凡一个角儿挑班，必定要有属于自己本行的相当数量的代表剧目，才可能避免难以为继的尴尬。

崛起的坤旦谁能不为"挑班"二字所诱惑呢？言慧珠出道之初，在"言家班"挂二牌领当家青衣之衔，仗父亲头牌的扶掖既无风险之虞，又可免去繁琐的营业和应酬负担，一旦时机成熟即可自己挑班。言慧珠如果照此下去，很有可能就走了一条与黄桂秋、张君秋、李玉茹、李玉芝、白玉薇相同的途径。然而，没想到言慧珠出道不久，一鸣惊人，风头直逼其父，甚至盖过言菊朋，"言家班"易主变成早晚的事。父女俩关系越闹越僵，"言家班"不欢而散。言慧珠一气之下，干脆单独组班，这就是新的意义上的"言家班"。这一年言慧珠二十有一，属于坤旦中较早挑班的一个。但是，年前言慧珠以一出《扈家庄》走红于海上，说到底，这出以武旦应工的剧目，至多只能给

大角儿唱唱"开锣"而已。像宋德珠那样以《扈家庄》唱大轴的文武昆乱不挡的角儿，庶能有几。如今言慧珠领衔挑班，演出戏码必须以她为中心，剧团的生存和营业压力也一齐压到了言慧珠一人肩上。真可谓"初生牛犊不怕虎"，言慧珠走上了"华山一条道"。

好在言慧珠挑班之后，左有徐兰沅撑腰，右有朱桂芳保驾，学梅的条件胜过了同时代的任何一个坤伶。加之她嗓音甜润，扮相华丽，身材适度，很快就获得内外行的赞扬，声誉鹊起。

1940年8月11日，言慧珠在新新大戏院贴出梅派名剧《生死恨》，广告特别注明为"处女演"。该剧由朱桂芳导演。小生请的是高维廉。

《生死恨》是梅兰芳代表作之一，由许姬传根据齐如山的《易鞋记》改编，上演于"九一八"事变之后。故事以金人南犯为背景，通过对程鹏举

京剧《凤还巢》，言慧珠饰程雪娥

59

和韩玉娘不畏强暴、生离死别的描写，宣扬了抗击外侮、保持民族节气的主题。许姬传在《京剧谈往录》里谈道："当初有人怀疑梅先生演悲剧是否适宜，所以他是花了很大气力来塑造韩玉娘的形象的。从灯光、服装（富贵衣，青衣很少用）、油灯、蓝素缎桌围椅披，舞台位置都经过精心设计。例如纺织一场在大幕后叫板起唱，就是突破陈规的创作，[二黄导板]、[慢板]，苍凉感慨，自伤身世；两段原板是站在台口唱的，唱到'但愿得我邦家兵临边障，要把那众番奴，一刀一个，斩尽杀绝，到此时方称了心肠'，神情动作变为激昂慷慨，特别是眼神露出乐观的情景。末场'反四平'的唱腔是先生和王少卿研究的，这一场比较难演，因为要描写韩玉娘与程鹏举的生离死别，在昏迷状态中，内心的复杂矛盾比外部技巧更为重要。先生对这场戏的台词、身段经过多次修改而后完成韩玉娘的高大形象，他认为是得意之笔。"

言慧珠的《生死恨》唱腔是跟徐兰沅学的。对于这出梅派艺术的经典之作，徐兰沅教得认真，言慧珠学得刻苦，吐字行腔无不中规中矩。把梅兰芳的"平稳之中蕴藏着深厚的功力，简洁之中包含着丰富的感情"的唱腔特点，力求完整地体现出来。言慧珠在此后几十年的艺术生涯中，每到一地，几乎都要演出此剧。笔者在求学期间，就曾多次观摩言慧珠的精彩演出。"台湾梅兰芳"顾正秋在谈到言慧珠的《生死恨》时也说："她《生死恨》的唱我最佩服，因为她学梅先生极像，和梅先生一般无二，几可乱真。"

在言慧珠初挑班的日子里，她的班里有萧长华、姜妙香、刘连荣、安舒元、朱桂芳、周瑞安、李多奎等。一看这阵容，就知道慧珠沾了梅兰芳息影舞台的光。言慧珠在自传里也写到：

> 在朱桂芳帮助下，自己挑头牌演出，专演梅派戏，由梅剧团全体团员协助（彼时梅先生在香港），阵容齐整。

有梅兰芳的全副阵容帮衬，言慧珠如鱼得水。

在这几年里，言慧珠向徐、朱二位前辈学一出，演一出；演一出，红一出。她不但继承了《霸王别姬》、《生死恨》、《抗金兵》、《西施》、《洛神》、《贵妃醉酒》、《宇宙锋》、《廉锦枫》、《玉堂春》、《虹霓关》、《穆天王》、《凤还巢》等梅派保留剧目，还贴了梅中期已不再演出的《邓霞姑》、《黛玉葬花》、《天女散花》、《樊江关》等剧目。应该说，言慧珠在日伪时期能坚持"专演梅派戏"，客观上满足了京、津一部分"梅迷"的渴求。署名"六工"者撰文赞曰:"古都人士熟梅戏聆言音者,大有梅氏回平之感。"据《舞台生活四十年》记载,梅兰芳隐居香港期间,也经常在无线电里收听言慧珠在北平演出《太真外传》等剧的实况转播。因戏中人员多属梅的旧人,而言慧珠唱念颇有门径,故也引起了梅兰芳的关注。

另据《立言画刊》第80期载道:1940年3月,言慧珠在天津中国大戏院与金少山挂并牌,演出《扈家庄》,并以梅派戏为号召,很

京剧《太真外传》,言慧珠饰杨玉环

受天津顾曲者欢迎。自天津回北平,她又演了梅剧《霸王别姬》。该剧为朱桂芳亲授。据时间推算,言慧珠此时应是老"言家班"的一员。当时北京的演员穿梭往返于平津之间,是习以为常的事。言慧珠在和父亲同台之余,在平津两地贴演梅派剧目,也属情理之中。

1942年,言慧珠还和"四大须生"首席马连良合灌了《汾河湾》、《南天门》的唱片,成为传世之作。

言慧珠起步虽晚,成名却早。20世纪40年代走红的坤伶,说言慧珠堪称同辈中的翘楚,恐怕是无人投反对票的。

但是,20世纪40年代,由于日寇入侵,社会动乱,京剧艺术处于低迷时期,于是噱头戏、时装戏风行南北。自吴素秋以旗袍登台演《纺棉花》始,大小坤旦竞相效仿,只要传统戏上座不佳,便祭起"劈纺"法宝。

一个坤角,不懂得交际,不会演胡闹的噱头戏,是无法立足的。(见言

慧珠自传）

言慧珠如果光演梅派戏，台下仅有一二百个观众是常有的事。有时候演出所得只够给萧长华、刘连荣、姜妙香等付些车资。最困难的时候，她经常把"行头"往当铺里送。还由朱师母出面向荀慧生借贷（荀妻是朱师母的胞妹）。

早年国剧圈有一行叫"经励科"；"经励"也许是经理的谐音，实际就是戏院和演员间的掮客，有经纪人的身份。当时"经励科"掌握着北平所有的剧场，他们根据三种情况分派各班社的演出日程。第一，一等大角儿卖座有保证，每周可以自由选择演出场馆；第二，有人捧的"坤角"，靠山背景硬，经励科不敢得罪；第三，有票友包场或有一定推销票子门路的角儿，也有优先选择场馆的权利。甚至有个别"经励科"的头面人物，仗着手中的权力，专门欺负女艺人，以坤伶的肉体作为谈买卖的条件。梨园界把这号人的行为称为吃"戏子肉"。

言慧珠在家里是大小姐，事事处处都有爹妈的羽翼罩着。此时单打独斗闯荡社会，以上三个条件都不具备。为了适应社会的大环境，她试着出去周旋。朱桂芳不放心她一个人去和社会上的各色人等打交道，便让妻子陪同言慧珠一起出去应酬。社会是复杂的，不是你去改变它，就是你被它吞噬掉。最可恨那些卖烟土、跑单帮的地痞流氓，垂涎言慧珠的美色，哪能容得如花似玉的俏佳人身边多了个半老徐娘，因此常嫌朱氏夫妇碍事而横加凌辱。

记得有一个姓高的（高二爷），为了嫌我的保护人，曾恶毒地污辱过善良的朱老夫妇。我常在静夜里，体会到父亲不肯让我演戏的苦衷，眼泪湿透了枕头。

"伤心枕上三更雨，点滴霖霪。"年轻的言慧珠何去何从？

言慧珠就是言慧珠。别人能行的，我为什么不行？别人能做的，我为什么不能做？刚开始，她为避"劈纺"的恶名，仅仅是在梅兰芳早期演过的时装戏上"翻花样"。比如，梅兰芳早期演出的《邓霞姑》，仅在"装疯"时唱几句［反二黄］。言慧

京剧《太真外传》，言慧珠饰杨玉环

珠想到父亲经常带着他们兄妹去听刘宝全的大鼓，父亲常说："刘宝全的玩意儿里边有谭鑫培、杨小楼的东西。"父亲能从大鼓的声腔中寻找可供京剧借镜的成分，自己何不向与父亲交往甚厚的白凤鸣学几段大鼓，把它安在《邓霞姑》一剧中呢？当时北平的刘宝全、白云鹏系大鼓两大流派。刘的大鼓以表演历史故事为主，白的大鼓以演绎男女爱情为主。白凤鸣系"小白"派。言慧珠把大鼓的玩意儿搬到了邓霞姑身上，观众图个新鲜劲，"票房"果然上去了。后来的东北之行，言慧珠干脆《邓霞姑》、《纺棉花》、《戏迷传》一起上，白花花的大洋就进来了。

物竞天择，适者生存。言慧珠没有改变这个社会的能力，但她有迎合这个社会的本事。正如她在自传里写道："四一、四二年，我渐渐学会了一些应付的办法，拜在范丽水（父亲从前在上海认识的一个白相人，人称范四爷）的太太名下，为义女。他家来往的人很多，可以替我推销票子。又拜敌伪时期北京市长余晋龢的太太为义母，以余的势力可以抵挡一般特务狗腿子的纠缠。"

其间言慧珠遭遇到一次险情，足以说明伶人在那个时代处境之险恶。有一次，汉奸婆陈璧君（汪精卫的夫人）的侄子陈允文到北平，一个叫石林志的特务，纠集了一帮伪警察，指着腰里的手枪，把言慧珠推上了汽车，要把她当作礼品"孝敬"陈允文。汽车开到景山东街陈的行辕的时候，言慧珠见余晋龢的家就在不远处，跳下车就往余家跑，在余家整整躲了一个星期，等陈允文离开北平，言慧珠才敢露面。

其实，在那个时代，别说是色艺双绝的坤伶，就是相貌端正的男演员，也是如走钢丝，如履薄冰。据说张君秋有一次演出，日本特务头子川岛芳子突然光顾剧场。消息传到后台，张君秋吓得浑身筛糠，泪水在眼眶里打转，担心这个玩弄男性的特务头子完戏后把他带走。所幸那天川岛没有这个"雅兴"，张君秋才元神归体。这就是伶人在那个时代的命运。此时的言慧珠无疑已经学会了"应付"和"周旋"，借着余晋龢的"庇荫"逃过一劫。但这种所谓的"周旋"是那样的无奈，那样的悲哀。它无异于与狼共舞、与虎谋皮。

1942年春，东北来人约言慧珠去演出。那时东北已是日寇统治下的伪满，一个普通的伪警察就能称王称霸，梨园界许多同行到那里都受到欺凌，就连谭富英这样的大角儿也挨过伪警察的殴打。据说有个姓高的小生演员，在台上表演时使了一个眼神,坐在台下的汉奸张效九硬是说高在与他的小妾眉目传情,把这位小生演员打得死去活来。言慧珠既为东北方面开出的包银心动,又担心剧团遭到伪满警察和汉奸、特务、日本人的种种侮辱和刁难。恰巧当时北平有个"华北演艺协会",凡是到东北去演出的剧团都必须到该协会作证立合同。该协会的演出科长高礼卿和言菊朋很熟,经常为言菊朋接洽灌唱片等事项。此人给言慧珠出主意,叫她不要和戏院立合同,由该协会安排一个名叫颖川的日本人签字,然后由另一个叫光川红郎的日本人带着言慧珠一行四十余人出关。言慧珠有了这个"背景",倒也顺顺当当地出了山海关。但也就是因为有了这个"背景",言慧珠在"文革"中"享受"了由公安人员直接参与的"言慧珠专案组"的"特殊待遇"。

言慧珠一行在东北历经哈尔滨、长春、沈阳等地,同行者有王琴生、朱桂芳和胞兄言少朋。日寇统治下的伪满,剧场风气之恶劣更甚于关内。言慧珠在哈尔滨新舞台演出,梅派戏没演几场就上座滑坡。万般无奈之下,言慧珠只得一连贴出了《纺棉花》、《戏迷传》、《邓霞姑》,以噱头和色相招徕观众,结果卖了九天满座。言慧珠和戏院方面都高兴极了。为了增加号召力,剧场方面没有和言慧珠商量,在《邓霞姑》的戏单上印了一行小字:言慧珠小姐当场跳舞。这一下,观众蜂拥而来,把个剧院坐得满坑满谷。然而戏演下来,言慧珠并未当场献舞。于是观众哗然,纷纷要求退票。经剧场派人和观众交涉,商定结果是由言慧珠便装上台向观众道歉。言慧珠在满场畸形的目光和歇斯底里的浪叫声中道完歉,回到后台不禁放声大哭。这个消息传到北平,被好事之徒添油加醋,见诸报端。病中的言菊朋百感交集,忧心如焚,以致病入膏肓、回天乏力了。

其实,在言慧珠接到东北方面约请的时候,言菊朋已经患上慢性肺结核,虽经医院抢救,暂时脱离危险,但终究一病不起了。言菊朋哪里舍得一双儿女在这个时候远行,每商量此事,总是劝说少朋、慧珠放弃东北之行。言慧珠却是我行我素惯了,丝毫也不体谅病中父亲的心情,几次三番和言菊朋闹得不可开交。在5月22日那天硬是离开了北平。兄妹俩正在东北演出之际,接到大姐伯明拍来的"父病危"的电报。言慧珠急得大哭,但碍于合同期未满,还得坚持演出。中国历史上有"丁忧"的古制。父母亲大人死了,不管你是官场身份和社会人物,都必须丁忧三载。就连行将合卺的子女也要将婚期推后三年。"丁忧"就是尽孝。在儒家学说为主流意识的封建社会里，人间万事，除了铭记、追思父母的恩典，没有什么事不可以暂停的。言慧珠是民国时代的新女性，自然也就不会承袭这些礼数了。言少朋是长子，有抱头送终的职责，于6月19日晚连夜坐火车赶回北平。

但言慧珠在自传里是这样说的：

> 父亲病故，我奔丧回京，一星期后再赶回（东北）。

这样看来，言慧珠是在北平为父亲做了"头七"之后再赶回东北的。

笔者在求学期间，也曾听阎世喜先生提到，由于言慧珠回京奔丧，留在东北的剧团营业一落千丈。后来剧团离境时，日伪关卡人员以场租没有结清为由，不让剧团出关，也是言慧珠与"有关方面"经过一番"周旋"才得以放行的。

这才是："庆者在堂，吊者在闾，祸与福邻，莫知其门。"言慧珠的一生总是周旋在祸福之间。

三、两个美女对擂

1942年[①]，言慧珠和李宗义到青岛演出了一期。回北平时已值仲秋。这天她正在家休息，忽见一个妙龄女郎挟着一股旋风闯了进来。言慧珠定睛一看，竟是和自己一样身高马大的童芷苓。芷苓原是津门名伶，因拜了荀（慧生）先生，举家北迁，在北平宣武门外校场二条租了三间房，恰好与言慧珠毗邻而居，成了言家的小常客。童芷苓不等言二小姐开口，便兴冲冲地告诉言慧珠，上海皇后大戏院张镜寿经理派人来北平邀角，特聘童芷苓挑班，二牌是迟世恭，班底有李宝槐、何佩华、贯盛吉、慈少泉。童芷苓的琴师沈玉才、崔永奎及二哥寿苓皆随同南下。童芷苓已经接下包银，特地来把自己将要在上海挂头牌的好消息告诉慧珠。谁知言慧珠听了笑弯了腰，说道天底下竟有这等巧事，她和李盛藻也接受了上海的聘约，将挂双头牌合作于黄金大戏院。一对相知的小姐妹竟要在上海滩打起对台来了。

---

① 言慧珠在自传里写道："四三年岁末，应上海黄金大戏院之约，随李盛藻来沪，经朱桂芳、许姬传的介绍，拜梅兰芳先生为师。"实际应为1942年。

童芷苓听了，也放声大笑起来。说了声："上海见！"很潇洒地走了。

童芷苓刚走，言慧珠便收起了笑容，蛾眉微蹙，一副心事重重的样子。言慧珠知道，上海滩的戏说好唱也不好唱。说它好唱，是因为"辛亥"以后，特别是中日战事一起，华北、平、津相继沦陷，京剧的市场中心已从北平移至华洋杂处的大上海。无论"四大名旦"，还是"四大须生"，在北平演出至多卖几个满堂，接下来卖七八成甚至三四成是常有的事。唯有到上海转一圈，白花花的银两滚滚而来，演完一期足可休息半年。说它不好唱，是因为上海庞大的演出市场，早已引起各路诸侯的觊觎，不但到上海淘金的京角儿越来越多，犹如过江之鲫，就是"外江派"也不时地杀进关内，企图分一杯羹。再加上"海派"大本营内藏龙卧虎，大上海真个是群雄逐鹿，各展风采。

言慧珠对此番上海之行原本是胸有成竹，志在必得。因为梅大师息影已近六年，眼下能解观众"梅渴"的角儿，除了李世芳之外，还有谁能和她言慧珠比肩。她已经做了充分准备，趁这次在"黄金"二度"亮相"，把这几年积累的梅派经典逐一露演，奠定她梅派正宗的地位。何况"黄金"底包有芙蓉草、刘斌昆、苗胜春、韩金奎、小三麻子、程少余、盖三省等，人称"黄金八仙"，俱一时之选。言慧珠有充足的底气。

然而，令她始料不及的是，就在"黄金"邀她大展身手的时候，"皇后"竟同时邀了自己的小姐妹芷苓，而且演出档期同是从年前"冬至"过后演到翌年（1943）元月底，这分明是故意设下了让两个当红坤伶打对台的阵势。说到她和芷苓的艺术，一个崇梅，一个尚荀，本可以各唱各的，相安无事。但上海滩老板的精明就在于，他们充分了解十里洋场多元化的观众结构，"看门道"和"看热闹"的都在各取所需地影响着市场的走向。1940年，童芷苓也曾随李盛藻首次南下露演于黄金大戏院，挂二牌领衔花衫。没想到由高庆奎弟子李盛藻、高先生哲嗣高盛麟，另有小生江世玉、丑角孙盛武、花脸袁世海组成的"高家军"，才维持几天营业就开始滑坡，倒是童芷苓的一出《纺棉花》连贴连满，红遍了上海滩。童芷苓演技恣肆，不拘一格，模仿能力妙到毫巅，一双眼睛尤其会演戏，很合上海观众的胃口。看来在竞争空前激烈的十里洋场，言慧珠必须使出十八般兵刃，方能在上海滩站住脚。想到这里，言慧珠倏然转身来到硕大的穿衣镜前，看着镜中蛇一样线条的身材，一双能夺人魂魄的星眸，皮肤嫩白娇红，鼻隆

青年时期的言慧珠   青年时期的童芷苓

而正，嘴形灵俏，怎样的浅笑、含嗔，无不风情万种。她对着镜子摆着各种姿势，做着各种表情。然后笑眯眯地看着镜中的美人，长长地嘘了一口气：似这般青云出岫，谁能夺我峥嵘头角？不就是卖个风情吗，上海见！

1942年的上海，空气里弥漫着日本法西斯的细菌。自上一年（1941年）12月7日日军飞机偷袭停泊在珍珠港的美军军舰后，太平洋战争爆发了，处于暧昧状态的美国也以积极的态度加入了反法西斯同盟。第二次世界大战两大阵营的日益明朗化，使日军对入侵国的野蛮统治也变本加厉。"孤岛"沦陷了。"太阳旗"下的日本兵列队跨过了苏州河桥。上海全线沦陷在日寇的铁蹄之下。

然而，尽管形势愈来愈严重，接管租界的汪伪政权为了粉饰太平，想方设法维持昔日租界的畸形繁荣。"三馆"（旅馆、饭馆、戏馆）、"三楼"（酒楼、茶楼、青楼）还得营业，老板还得赚钱，艺人还得唱戏，言、童还得对撸。十里洋场依然灯红酒绿，轻歌曼舞。"酒台花径仍存，风箫依旧月中闻。"

12月23日，冬至一过，童芷苓率先在"皇后"开锣。她一连贴出两天戏码。头天是和迟世恭的《四郎探母》；第二天贴双出，前面是和迟世恭、裴盛戎的《二进宫》，大轴是和高盛麟的《武松与潘金莲》。从这两天的戏码来看，童芷苓用心良苦。她特意挑选了铁镜公主、李艳妃、潘金莲这三个迥然不同的角色，意在全面显示自己青衣、花衫、花旦兼泼辣旦的才华。她童芷苓可不是只会《纺棉花》。

艺术家都有这股"狠"劲。

12月24日，以"梅派青衣美艳坤伶"为号召的言慧珠在"黄金"打炮，戏码竟也是《四郎探母》。言慧珠后发制人，其用意路人皆知，要和"皇后"的《探母》一比高下。她知道童芷苓的铁镜公主扮相俊俏，嗓音脆亮，一口"京片子"如呖呖莺啭，很受观众欢迎。但"看门道"的内行听惯了梅兰芳、黄桂秋的正宫青衣韵味，对童芷苓的唱功仍不免评价说："若从大青衣角度要求，芷苓的唱难得高分。"而她言慧珠的铁镜公主可是有口皆碑。论唱念，梅派"琴圣"徐兰沅亲授，梅韵醇厚；论做表，朱桂芳实授的梅派，举手投足，不离规范；更重要的是，言慧珠出身蒙古贵族世家，从小就看着母亲戴着旗头、穿着旗装打盹，故言慧珠在台上那一站，那一坐，那华贵之气，如果没有生活体验，何来这等做派。

曾经和言慧珠、童芷苓长期搭档的正宫须生纪玉良常对人说："'四郎探母'唱过无数回，台上合作的公主唯独慧珠最佳。听她的那口'京白'才是正宗满人旗味，唯独她演的才够铁镜公主，遍及南北哪一个坤伶好角也比不了言慧珠。"再加上芙蓉草的萧太后，人称菊坛无二的"活太后"，在台上这种帝后气派，"帅"得令人叫绝。这一老一少的"母女"拍档，数十年来无人望其项背。当年看过言慧珠演出的老人回忆说，言慧珠那口唱，真叫是一句一个好，正宗的梅味儿。这第一回合言慧珠算是占了上风。

第二天（25日），言慧珠仍以梅派正宗为号召，推出梅派名剧全部《霸王别姬》。据说言慧珠每次化装，旁边必搁上一张梅兰芳的剧照。虞姬的扮相，她一概按梅的路子。头戴如意盔，身穿浅黄色的绣团凤帔，上缀玫红小广片。《别姬》一场，改披鱼鳞甲。这身戎装穿在风姿绰约的言慧珠身上，愈发显得光彩照人。虞姬的"剑套子"，从头至尾都由朱桂芳手把手教的，把虞姬苍凉的心情通过凄美的"剑舞"，完美地表现出来。第三天贴的仍是梅派戏，言慧珠和梅兰芳的老搭档姜妙香演了一出《玉堂春》。这三天打炮戏，可见言慧珠是摸准了上海人看戏的心理脉络，沪上虽然海派观众居多，但人们的普遍心理始终以京派为上品。

京剧《贵妃醉酒》，言慧珠饰杨玉环

京剧《红娘》，童芷苓饰红娘

69

　　而"皇后"的老板却有些沉不住气了。童芷苓在演了《红娘》、《红楼二尤》、《大英节烈》、《玉堂春》等荀派戏后，"皇后"先是贴了《大名府·玉麒麟》、《秦淮河·贪欢报》的预告，海报上特地标明"河南坠子、京韵大鼓、流行歌曲、洋洋大观"十六个字，充斥着商业味。紧接着抛出"杀手锏"《新纺棉花》。其实童芷苓的荀派戏颇有特色，至少能上八九成座，特别是全本《玉堂春》和《红娘》，一贴就满。但老板的胃口是个无底洞。他知道童芷苓1940年初闯上海滩，以一出《纺棉花》名闻遐迩，令人欲罢不能，胜过当年的吴素秋。如今只要使出这招"杀手锏"，就能保"皇后"的营业久盛不衰。故此不但在"纺棉花"的广告词上加上一个"新"字，而且广告词的内容也不断翻新、猎奇、刺激。老板恨不得童芷苓使出三头六臂、十八般武艺。

　　《纺棉花》是一出供人消遣的玩笑戏。它没有固定的故事情节，台上只有张三夫妻二人，演员全凭个人技巧自由发挥，什么南腔北调都可以往里凑。早在民国初期，不管男旦坤旦，均可一"纺"。当年的男旦小马五就是靠《纺棉花》唱红的。芙蓉草也曾是江南"纺王"。不过那时演员都是着戏装上台。自吴素秋在上海时装登场，一些坤伶便借"纺"一露"庐山真面目"，该戏销路更俏。到童芷苓"纺"时，舞台上的花样已经层出不穷。老板不仅把她包装成一个上海滩的摩登女郎，而且还别出心裁地定制了一架镀锌的纺车，纺车上镶嵌着一圈彩色的小灯泡，通上电转动起来就像大马路上色彩变幻的霓虹灯。台上的"守旧"（大台帘）粘上亮闪闪的玻璃粉，仿佛把夜总会搬进了戏园子。童芷苓生来绝顶聪明，"钻锅"有术无人能及，学什么像什么，人称"童大胆"。戏里有学"四大名旦"的《四五花洞》；有学麒派老生的《追韩信》和姜派小生的《宗保巡营》；有一赶三（青衣、老生、花脸）的《二进宫》；有梆子、评剧、大鼓、越剧、申曲、评弹、流行歌曲，什么《香格里拉》、《夜来香》；到最后连滑稽"宁波哭老公"、"绍兴空城计"也统统搬上了舞台，凑成了一道什锦大拼盘。海报上的广告词赫然写着：保你笑痛肚皮。由于"纺"剧逐渐从玩笑走向胡闹，从胡闹走向无聊，有些坤伶甚至有露骨的色情表演，故而此戏历来被视为"野路子"，不入正册。但戏院老板号准了一批观众的"脉"，只要纺车一转，花花绿绿的钞票就源源不断地转进了他的腰包。

　　"黄金"这边见童芷苓贴了《新纺棉花》，一个个都变得忐忑不安起来。李盛藻对言慧珠说，三年前他就是在这丫头的"纺车"上落了下风，这回咱可不能栽了。言慧珠嫣然一笑，说了句"没事儿"，只顾玩她的推牌九。果然，童芷苓坚持三天打炮不唱"纺"戏，第四、五天靠着全本《玉堂春》和《红楼二尤》卖了两个满堂，第六天开始，她的纺车就"转"起来了。童芷苓一连两天都贴双出。头天先在全本《杨家将》里扮青莲公主，扎上大靠威风一下；接下来身穿特地定制的风流款式的旗袍，足蹬豪华精美的高跟鞋，烫一个上海滩最时髦的发型，一出场就是个"碰头好"。当开口念到"当家的不在家，终朝每日思想他"时，一个媚眼，又是个满堂彩。第二天先在全本《珠帘寨》里饰二皇娘，戏份虽不重，却很讨巧；紧接着又是《纺棉花》，白天学会什么新鲜离奇的玩意儿，晚上准立马就"纺"进戏里。两场《纺棉花》，把老板"纺"得眉开眼笑。童芷苓正踌躇满志，"黄金"那边早有了新的动作。等童芷苓静下心来朝"黄金"那边一看，不由心里暗暗叫道："慧珠果然厉害！"

言慧珠在"黄金"贴的是双出。前面是全部《双姣奇缘》，后面是全部《龙凤呈祥》。把两出大戏放在一晚上演，除了"麒麟童"之外，很少有人敢作此举。报纸上的海报通常就会见到这样的广告词：卖足气力。在《双姣奇缘》里，言慧珠又来个一赶二，前饰孙玉姣，后饰宋巧姣。一个是花旦应工，扮相娇艳欲滴，做表细腻传神，把一个青春少女演得活灵活现；一个是青衣应工，大段成套的[西皮]唱腔，显示了言慧珠在声腔艺术上的功力。加上李盛藻的赵廉、袁世海的刘瑾、孙盛武的贾桂、芙蓉草的后刘媒婆、刘斌昆的刘公道，各有绝活，把一出《双姣奇缘》唱得十分火热。后面的《龙凤呈祥》，言慧珠饰孙尚香，头戴凤冠，身穿宫装，在八个宫女并列两厢站定后，她踩着[西皮慢板]的"过门"款款上场，雍容大方的台风，把郡主庄重的身份和新婚的喜悦表现得恰如其分。这一晚言慧珠连饰三个地位、身份和性格截然不同的角色，全方位地展示了她京派艺术的功力。上海滩热衷"京朝派"艺术的戏迷，无不大呼过瘾。那晚令言慧珠大开眼界的是芙蓉草扮演的后刘媒婆。在赵（芙蓉草）之前，后刘媒婆一角也由丑角应工，俗称"彩旦"。由花旦反串刘媒婆，起于芙蓉草作俑。言慧珠从不放过任何"偷"戏的机会，尤其是芙蓉草先生的惊才绝艺，是言慧珠拓宽戏路、兼容南北的最好样板。她见芙蓉草的刘媒婆，内穿紧身袄裤，外穿坎夹，身材修长，诙谐的身段表情，京味儿十足的唱念，加上那杆二尺长的旱烟袋，简直

京剧《翠屏山》,言慧珠饰潘巧云

叫人不敢想象,原先那个八面威风的萧太后转眼变成了俗不可耐的市井妇人。言慧珠看傻了。她在侧幕边眼睛看、脑子记,"偷"了先生的这招绝活。后来再贴《双姣奇缘》,言慧珠就首创一赶三了。

言慧珠是聪明人。大角儿的目光穿越时空,笼罩社会各个阶层。"北宗矩度,南取灵动",是言慧珠为自己设定的艺术走向。

不知什么原因,童芷苓的《纺棉花》只唱了两场就收了。接下来贴了荀派戏全部《香罗带》。岁末最后一天,童芷苓也贴了双出,前面是和迟世恭的全部《薛平贵和王宝钏》,正正规规的大青衣戏;后面是和裘盛戎的《秦淮河·贪欢报》,海报上写着:"南腔北调,流行歌曲,各类杂耍,应有尽有。"言慧珠则坚持专演梅派戏,贴了《廉锦枫》、《樊江关》、《凤还巢》、《西施》。

在这八天里,言慧珠贴戏十出,全部是梅派经典和传统骨子老戏。从市场角度看,言慧珠固然是以己之长攻人之短;从文化角度看,却也彰显了民族传统文化在日寇铁蹄践踏的沦陷区依然保持了足够的自尊。

1942年就在一片纸醉金迷的歌声舞姿中过去了。

1943年的元旦没有给上海市民带来新年的欢乐。日寇统治下的上海,一边是广大的穷人过着食不果腹、衣不蔽体的日子。有多少人为了偷越封锁线去"轧米"而惨死在日寇的刺刀下。一边是有钱人继续享受着高消费的生活,"花为世界,月作楼台,半酒征歌,殆无虚夕"。这是敌伪时期的一种特殊的社会文化现象。也许这就是所谓的"国家不幸诗家幸"吧!

元旦那天，言慧珠白天贴了双出。先和李盛藻合演了《打渔杀家》，言慧珠饰萧桂英；后与袁世海等合演了《大战宛城》，言慧珠饰邹氏。夜戏贴了全本《得意缘》。言慧珠的狄云鸾，姜妙香的卢昆杰，芙蓉草的郎霞玉。2日言慧珠再贴拿手戏《四郎探母》。接下来的几天都是吃工戏。3日白天贴了《双姣奇缘》、《龙凤呈祥》双出；晚上贴了《穆柯寨·穆天王·辕门斩子·破洪州·天门阵》，充分展现了她允文允武的刀马戏功力。然后在元月4日和5日，言慧珠出其不意，贴了《善宝庄·叹骷髅·蝴蝶梦》。海报上写着："已故老伶工高庆奎君珍藏秘本；刘斌昆之老牌标准二百五。"

细心的人都会发现，言慧珠的戏路正在起着变化。如果说《拾玉镯》、《打渔杀家》、《得意缘》还属于花旦、刀马一路的话，那么，《大战宛城》中的邹氏，历来以筱（翠花）派为代表，戏中有不少思春的"粉"戏，正宗梅派青衣是从不涉足这类剧目的。至于《大劈棺》一路的戏，梅派更不染指。这至少说明两点：从艺术规律而言，言慧珠希望自己兼收并蓄，广开戏路；从市场规律而言，言慧珠不能不考虑海派观众的口味。如若不然，眼前的这场擂台赛她十有八九要落败。

《善宝庄·叹骷髅·蝴蝶梦》就是人们俗称的《大劈棺》。故事见于《警世通言》、《今古传奇》及《蝴蝶梦》传奇。叙说庄周得道，路遇一新孀不住用扇扇坟。庄问其情由，才知新孀扇坟是为了坟干而以便早日改嫁。庄周偶得启示，回家便伪装病死、成殓，幻化成风流倜傥的楚王孙来试探妻子田氏对己是否忠贞。田氏一见楚王孙，顿生爱意，两情缱绻。洞房之夜，楚王孙忽叫头痛，说是必须用初殁之人的脑髓方可治愈。田氏于是手持斧头劈棺欲取庄周之脑。不想庄周突然从棺中跃起，痛斥田氏。田氏羞愧自尽，庄周遂弃家而走。该剧是花旦"祭酒"筱翠花屡演不衰的剧目。其中"田氏思春"一折有细腻的心理描绘，"劈棺取脑"一折的扑跌功夫更令人叫绝。当然，其中的色情和凶杀表演也是显而易见的。言慧珠宗梅，何曾学过这类戏。定然是为了和芷苓对擂，现学现卖。估计当时能为言慧珠传授这出戏的，唯艺兼南北之长的"戏篓子"芙蓉草先生。而刘斌昆先生的"二百五"原是上海滩上一绝。他扮的纸人飘飘悠悠，一站数十分钟，使人莫辨真假。有此二人鼎力相助，言慧珠如鱼得水。

马克斯·韦伯有句名言："人是悬挂在由他自己所编织的意义之网中的动物。"究竟是谁在设定人生的个性走向，恐怕就是这一张覆盖着社会的每一个角

京剧《盘丝洞》，童芷苓饰月霞仙子

落的大网。市场向言慧珠抛出了赏心悦目的曲线，同时也潜伏着使人感到危机的斜线。点、线、面形成的诸多要素之间相辅相成的互生关系，构成了人们的生存空间。

"黄金"使出了浑身解数，"皇后"岂能善罢甘休？老板张镜寿对童芷苓说："童小姐，您不要忘了大敌当前，李盛藻、言慧珠在'黄金'随时能把您打败。"童芷苓什么话都能听得，就听不得一个"败"字。她虽说是二闯上海滩，却还没有败在谁手里过。凭着她多年来积累的剧目和"造魔"的本事，什么活儿不敢接，什么戏不敢演？于是，除了元旦那日，童芷苓白天和迟世恭等合演了全本《四郎探母》，晚上演了全本《红娘》外，接下来的几天都演双出以飨观众。2日贴了全部《穆桂英》和《武松与潘金莲》；3日白天贴了《辛安驿》和《大溪皇庄》（芷苓反串），夜场是全部《潘巧云》和《秦淮河·贪欢报》；4日贴了全部《贩马记》和《新纺棉花》；5日贴了全部《杨家将》和《新纺棉花》；并也贴出了"惊人预告"：《善宝庄·蝴蝶梦·大劈棺》"醒世剧目，即将公演"。

两个美女拼上了，拼实力也拼谋略。

果然，言慧珠的《蝴蝶梦》还没唱过瘾，童芷苓的全部《大劈棺》登场了，而且在《大劈棺》前面还搭上一出《拾玉镯》。要说"劈"、"纺"这一路线，言慧珠原非童芷苓的对手。童芷苓宗荀（慧生），兼收筱（翠花）的路子，表演泼辣洒脱，加上她京剧的底子，话剧的念白，生活化的表演，到了台上善于即兴发挥，把一出《大劈棺》演得火爆炽烈。当年看过童芷苓《大劈棺》的老人，至今还能历历如绘地描述童芷苓《劈棺》一折的精彩表现：一身火红的袄裤，用腰襟子在腰部狠命一勒，嘴里咬着一缕头发，手持利斧，惶悚的眼睛瞪得比田螺还大；虽然不及筱翠花的扑跌功夫（筱演劈棺，从桌子上"抢背"下来，然后走一排"乌龙绞柱"），但童芷苓表演田氏劈棺取脑时的复杂心态和近乎于变形的恐怖表情，叫人看一回就能记住一辈子。联想童芷苓在电影《夜店》中扮演的赛观音，撒泼打滚，性格化的演技，赢得电影界包括黄佐临先生在内的高度赞美。无怪乎多少坤伶演"劈"、"纺"，除了童芷苓谁也称不上"王"。

"皇后"那边的《大劈棺》演火了，言慧珠立马以《男女戏迷传》为号召招徕观众。戏里有言少朋的大戏迷当场操琴；言慧珠的女戏迷学唱《四大名旦》和父亲首创的言派《让徐州》；李盛藻的戏迷医生当场边唱边挥毫；袁世海的老戏迷学演梅派《霸王别姬》的"舞剑"；芙蓉草的戏迷妈妈学唱麒派《追韩信》；另有言小朋的二戏迷，集百余出老戏之精粹，学诸大名伶之绝艺，个个惟妙惟肖。尤其是慧珠反串言派老生的《让徐州》的唱腔，得自家承，最为传神，一曲方罢，满堂彩声。上海滩的演出市场为伶人们提供了充分展示自己才艺的空间。

"黄金"三天的《男女戏迷传》还未唱罢，"皇后"的《新戏迷小姐》也在紧锣密鼓中登场了。报纸上的广告词更加弹眼落睛："旧式家庭忽变伟大剧场；摩登小姐霎时如癫如狂；顽固母亲大唱西皮二黄；乡下姑娘竟然加入票房；生旦净丑梆子歌曲大鼓；大戏小曲共有五百余出……"

十里洋场是销金窟。要在歌台舞榭站住脚，没有一点看家本事是很难征服观众的。演员们是经过了长期的生活磨炼和市场考验才找到了属于自己的生存路数。

言慧珠见童芷苓紧跟着贴了《新戏迷小姐》，立即勒转马头，贴出梅派经典《花木兰》。言慧珠知道自己再"劈"再"纺"，也不是童芷苓的对手。不如重祭梅派大旗、京派上品，说不定还能和"皇后"打个平手。《花木兰》文武并举，还要反串小生。不是文武昆乱不挡的全才，是很难拿得起这出戏的。言慧珠的《花木兰》得益于朱桂芳的传授，尽得梅派真谛。紧接着言慧珠又陆续推出了全本《生死恨》，全本

京剧《太真外传》，言慧珠饰杨玉环

《洛神》，头、二本《太真外传》，《红线盗盒》等梅派经典。全部《双姣奇缘》和《龙凤呈祥》并演上座不错，不惜翻头再演。

"皇后"那边依然如故，《大劈棺》、《纺棉花》、《新戏迷小姐》、《十八扯》不断翻头。接着又推出了本戏新"玉堂春"《三审刘秉义》，一看便知是一出噱头戏。芷苓还把白玉霜遗作《海棠红》改编为京剧，时装登台，集南腔北调之大成。《杀子报》的广告更为触目："童艺员特饰王徐氏一角，改变作风：泼辣，狠毒，香艳，浪漫……"和言慧珠不同，童芷苓似乎更注意契合上海市民的审美心理，以她的俗，与"京朝派"的雅分庭抗礼。

上海人就图个热闹。但像言、童对擂这般越发的热闹和有趣，菊坛倒是难得几回闻。到了元月中、下旬，双方的比拼几乎到了惊心动魄的程度。言慧珠贴出梅派名剧全本《生死恨》；童芷苓便贴《四郎探母》、《新戏迷小姐》双出。言慧珠贴全本《洛神》；童芷苓便在《群英会·借东风》里反串周瑜，后面再以《新戏迷小姐》登场。言慧珠贴全部《红线盗盒》；童芷苓便贴《薛平贵与王宝钏》、《大溪皇庄》双出。言慧珠贴头、二本《太真外传》；童芷苓便贴全部《鸳鸯泪》，前饰冯素蕙，后反串杜文学。言慧珠贴《大翠屏山》、《男女戏迷传》双出；童芷苓便贴《蝴蝶梦·大劈棺》、《新纺棉花》双出。言慧珠贴《双姣奇缘》、《龙凤呈祥》双出；童芷苓继续以《蝴蝶梦·大劈棺》和《新纺棉花》应战。言慧珠贴《善宝庄·叹骷髅·蝴蝶梦》；童芷苓则贴《武松与潘金莲》、《新戏迷小姐》双出。言慧珠也以《善宝庄·叹骷髅·蝴蝶梦》和《男女戏迷传》双出出手；童芷苓仍以《蝴蝶梦·大劈棺》和《新纺棉花》抗衡。言慧珠贴《打渔杀家》、全部《孔雀东南飞》双出；童芷苓便贴全部《宋十回》、《新戏迷小姐》双出。言慧珠干脆也贴《纺棉花》，九腔十八调，包罗万象；童芷苓则贴全本《红娘》和《新纺棉花》。

多变的市场诱发无限的欲望。两个美女都演疯了。

等到报纸上出现"情商"、"挽留"这样的字眼，意味着最精彩的时刻到了。中国自古有"凤头、猪肚、豹尾"的说法。不论何种意义上的竞赛，何种形式的擂台，决赛阶段都是最刺激的。因为这是决战双方的全面素质的最后比拼，何况眼前擂台上站着的是当时人气指数最高的两位美艳坤伶。

元月29日，言慧珠贴《纺棉花》：学河南梆子《王二姐摔镜架》；学谢瑞芝

亲授单弦快书《风雨归舟》；学四大名旦及言门本派；并有梆子、京韵大鼓等等包罗万象；更有刘斌昆之张三妙到秋毫。童芷苓则以《蝴蝶梦·大劈棺》和《新纺棉花》双出应对。30日，言慧珠贴了《善宝庄·叹骷髅·蝴蝶梦》和《男女戏迷传》双出。童芷苓又以《连环套》反串黄天霸和《新戏迷小姐》双出争胜。31日，言慧珠白天贴《纺棉花》，夜戏贴全本《四郎探母》和《男女戏迷传》双出，传统骨子老戏和娱乐玩笑戏同时登场，以此为她在"黄金"三十九天的演出画上一个圆满的句号。不想童芷苓剑走偏锋，突发奇招，白天"劈"、"纺"同时登场，晚上连贴三出：先是在全本《杨家将》里扮青莲公主；中间是《戏迷小姐》；后面竟贴了《三本铁公鸡》，童芷苓反串张嘉祥。这种不按常规出牌的路数，令上海观众在瞠目结舌之余，也领略了"童大胆"的才艺和智慧。

京剧《四郎探母》，言慧珠饰铁镜公主

　　弹指一挥间，言童对擂距今已有六十多年了。笔者不吝笔墨追记这场对擂的实况，不是为了引领今天的年轻人去重温昔日的海上旧梦，也不是与造物同游去无限延伸言、童二位艺术家的个体生命。笔者企图在中国传统文化的制高点上审视京剧在20世纪的兴衰变迁，从檀板管弦的热闹中悟出些许儿"门道"。

　　从形式上看，言童对擂不过是两个坤伶之间艺术上的一次较劲。但它为我们提供的历史经验和启迪却是非常深刻的。从1840年（清道光年间）到20世纪四五十年代（初），是中国京剧的一个黄金时代。这一百多年的辉煌告诉我们，唱戏的谁也不能漠视这两个规律：一个是艺术规律，一个是市场规律。前者体现了中国京剧的古典性，后者体现了中国京剧的民间性。宋南戏兴盛时期，陆放翁有诗曰："身后是非谁管得，满村听说蔡中郎。"可见每个历史时期诞生的每个剧种，都曾经有过繁荣兴旺的演出市场。演出市场萎缩了，一个剧种的生态环境也就萎缩了。京剧鼎盛时期，不但艺术上的各个流派可以百花齐放，各种观点可以百家争鸣，演员自由流动的天地也十分广阔。活跃的演出市场决不会把演员们大呼隆地逼到一个狭仄的空间里。所谓"东方不亮西方亮，黑了南方有北方"。演员跑码头、转场地、露才艺，就像换双鞋子那样方便。言在"黄金"，童在"皇后"，一个萝卜一个坑。谁都在琢磨对方，谁都在研究市场，谁都在动脑筋如何使自己的艺术最受观众欢迎，谁都希望有愈来愈多的人成为自己的忠实"粉丝"。从某种意义上说，是市场经济的杠杆搞活了京剧的生态环境。其实，京剧名家对擂是司空见惯的现象。程砚秋是梅兰芳的学生。程异军突起、自成一派后，师生间就打了几十年的擂台。就连他们的粉丝也分为"梅党"和"程党"。然而，梅程争胜，不失君子之风；言童对擂，不输姐妹之情。倒是后来我们搞了"大包大揽"，在出路单一的情况下，几个萝卜，或者说是许多萝卜争一个坑，同是艺术家、好角儿，挤在一条道上扎堆，狭路相逢，舞台上对擂的现象倒是少了，"窝里斗"的场面却是愈演愈烈，这大概就是东方式的忌妒吧！半个世纪前的棋错一着，我们为此整整付出五十年的代价。

　　当然，也有人对京剧市场发生的负面现象有所非议，议论的焦点自然离不开"劈"和"纺"。因为，除了"劈纺大王"童芷苓外，号称梅派正宗的言慧珠竟也大演特演这一路戏，于是发出了市场经济有可能把国粹引上歧路的感慨。笔者以为，这种忧虑是多余的。我国的传统文化和文化传统，原本就是精粹和糟粕并存、瑕瑜互见的。演员在以艺娱人的同时，就应该承担起激浊扬清的使命。以《大劈棺》为例，该剧的主题原是反对"男强女弱"的封建大男子主义。现今舞台上就有昆剧、越剧、黄梅戏乃至话剧在内的多种《蝴蝶梦》版本。艺术的深刻，就在于把笔触直抵人性。剔除色情和凶杀，《蝴蝶梦》的命题直奔哲学上的"终极关怀"。至于《纺棉花》、《十八扯》、《男女戏迷传》、《盗魂铃》这路戏，也是在市民阶层大规模成形后催生的艺术样式。大众需要娱乐，娱乐的样式就要浅显明白不断翻新。先秦儒学经典《乐记》就说：乐（岳）者，乐（洛）也，人情之所不能免也。京剧的伟大，就在于它在传承传统文化时，没有钻进雅部的象牙塔尖，也没有走进低俗的死胡同，始终在雅和俗之间两边受力。其实，在我国，精英文化和通俗文化表面上看似乎是双峰对峙，二水分流，而实际上一直是相互交叉、相互依存、相互渗透的。一部《诗经》，"雅"、"颂"中的大部分作品表现形式典雅,而"国风"则保存了劳动人民的口头创作。《楚辞》是在楚国民歌高度发展的基础上产生的鸿篇巨制。唐诗宋词也是贵在雅俗熔于一炉。雅俗分流,往往两败俱伤。据说毛泽东工作之余爱看李慧芳的《盗魂铃》,爱听侯宝林说相声,也是"人情之所不能免"的一乐也。说到底,言、童的这些玩笑戏,也不过适应了市民阶层的娱乐需要。市场需要什么,就会有什么应运而生,这是一条规律。艺术家的责任就在于要把握好"度"。只要剔除玩笑戏中的不健康色彩,不就是现在电视娱乐频道的"才艺大比拼"吗?说到"才艺"两字,现在娱乐圈的人若和言、童相比,也许都要自叹弗如呢!

言童对擂那年,言慧珠二十有三,童芷苓芳龄二十,正是现在大专和本科生的年龄。至多也算是青年演员吧。在她们对擂的三十九天里,言慧珠唱了四十六场。童芷苓比言慧珠早一天开锣,晚一天收场,唱了四十八场。两人献演的梅、荀经典和传统骨子老戏各有数十出,而她们肚子里的"库存"都有一二百出,岂是现在的青年演员所能企及。至于她们白天双出、晚上双出这样的演法,其功力更令我辈汗颜。实践出真知。演员只有经过演出市场的考验才能出真本事。

言童对擂,谁胜谁负,是人们十分关心的话题。从当时的票房价值来看,无疑是童芷苓稍胜一筹。"劈"、"纺"深深迎合上海市民喜欢噱头、花样翻新的猎奇胃口,风靡十里洋场。其中以童芷苓风头最健,一满半年,谁也唱不过她。唱玩笑戏,言慧珠不是童芷苓的对手。但言慧珠的梅派经典和传统骨子老戏,却深受沪上"京朝派"观众的青睐。笔者在采访老作家沈寂的时候,他还为笔者详细描述了言慧珠当年在"黄金"演出的盛况:"扮相俏丽,身材修长,学'梅'十分道地,几乎是一句一个好。除了李世芳之外,确实无人能和她比。"另据薛正康先生提供,当年在上海戏剧学校学戏的"正"字辈学员亲眼看到,正在蓄须明志的梅兰芳也亲临"黄金"看了言慧珠的演出。足见梅大师对这位刚入门墙的新弟子的重视。

"黄金"演出结束以后,言慧珠应邀到南京唱了一期。由南京回沪,应中华电影联合公司之约,参加拍摄电影故事片《逃婚》。该剧由洪谟编剧,郑小川导演,言慧珠和舒适主演。摄制组曾到扬州等地拍摄外景。1943年的南方之行,言慧珠影剧双栖,名利双收。

四、梅边嚼蕊

　　上海西南边缘地带的一条马路上，寂静得什么纷攘也没有。茂密的法国梧桐拥抱着蓝天，任是谁在路口伫立，都会情不自禁地弥望那一片遮阴蔽日的翠绿。即使到了花碎叶坠的深秋，梧桐树上的叶子也是金黄色的，黄叶就像天女散花似地飘在街面上，洒落一地黄金。行人走在上面，发出脆生生的窸窸窣窣的声音，使人觉得自己仿佛正在缓缓地步入一个美丽的童话世界。这条小路叫马思南路，是繁华的霞飞路边闹中取静的所在。就在这条从大上海纵横交错的通衢网络上延伸出来的小马路上，住着京剧界的一位伟人——蓄须明志已近六年的梅兰芳。

　　太平洋战争爆发以后，日军开进了英国人统治的维多利亚港。香港沦陷了。隐居在香港的梅兰芳既失去了自由，也失去了宁静。1942年夏天，梅兰芳举家几经转辗，从香港移居上海，又住进了地处法租界的马思南路87号。其时

言慧珠(左三)和梅兰芳(右二)、福芝芳(左二)、梅葆玥(右一)、梅葆玖(左一)合影

日军虽已入侵公共租界，但并不接收法租界。原因是当时法国本土已被德军占领，上海的法租界只是"维希傀儡政府"在国外的一片租界，属于"欧洲新秩序"范围之内，亚洲的日军不便占领。

梅宅是一幢英国式的小洋楼。这幢建于民国初年的英国式建筑，有地下室，二层楼是客厅、餐厅，梅兰芳、福芝芳夫妇住第三层，第四层是梅的岳母和四子葆琛、五子葆珍（绍武）、女儿葆钥和儿子葆玖的居处。其时葆琛在贵阳求学，后来去了西南联大攻读。绍武也千里负笈去了重庆。

对于言慧珠来说，拜在梅兰芳的门下，眼前正是天赐良机。1942年10月下旬，她趁到"黄金"演出之机，提前来到上海，运筹拜梅先生的大事。言慧珠深知，入梅门不难，要想得到梅先生悉心真传却非易事。梅门桃李遍及全国，但深得梅先生青睐的唯李世芳一人。李世芳未出"富连成"科班，已经名声大噪。一次，梅兰芳看了这个有"小梅兰芳"之称的李世芳的演出，便对这个十五岁的学生很感兴趣，提出要收他为徒。当时李世芳正在富连成坐科学艺。而这一班社向来没有坐科学生拜社外名伶为师的先例，于是让毛世来、张世孝、李元芳、刘元彤、冀韵兰和李世芳一道，拜梅先生学艺。对这样一个扮相、嗓音甚至性格和气质都极像自己的学生，梅兰芳打心眼里喜欢。几乎每次演出《金山寺》，都由李世芳扮演青蛇。当年梅兰芳在上海中国大戏院演出《金山寺》代《断桥》，李世芳的小青，师徒搭档，一样的俊俏扮相，一样的文武做工，台上光华四溢，台下如痴如醉。观众崇拜梅兰芳的艺术，同时也为梅派艺术后继有人而欣喜不已。20世纪40年代初，北平《立言报》继"四大名旦"、"四大坤伶"后，又发起推选"四小名旦"。结果，得票最多的是梅兰芳的爱徒李世芳。李世芳在京剧界奠定的"小梅兰芳"地位，已经举世公认。如果不是1947年1月5日那场空难，李世芳必定是梅门弟子中的领军人物。

言慧珠很早就开始注意这位"小梅兰芳"的身世经历和举止行动。她心里十分清楚，自己的"梅派"和李世芳相比，未免相形见绌；自己要想和李世芳一样大红大紫，唯有入梅门、取真经、得道升天。言慧珠也知道，若按梅、言两家的世交，加上师傅朱桂芳的鼎力相助，自己入梅门并非难似上青天；但要像李世芳那样在梅家取得特殊待遇，还须要一点小聪明。因为李世芳的老丈人姚玉芙表面上是梅剧团的二旦，实际上兼任总管，处于举足轻重的地位。姚玉芙常住梅家,李世芳梅边嚼蕊,自然是捷足先登了。

言慧珠反复思忖,觉得光凭朱桂芳一人推荐,还不足以引起梅先生对自己的重视。必须有"梅党"的重要人物出场,才能堂堂皇皇地跨入梅氏大门。她想起"梅党"骨干李三爷(释戡)和许二叔(姬传),都和父亲过从甚密,许二叔还和父亲同在蒙藏院当过京官。于是,决定请这二位前辈做自己的引见之人。

事情正在朝着言慧珠的计划一步步进行。有李三爷和许二叔举荐,梅兰芳果然欣然收下这个女弟子。拜师那天,言慧珠有意把话题转到对孩提时代的回忆,提到父亲要她易程学梅的往事。梅兰芳见言慧珠提到言菊朋,不觉勾起他的怀旧心理,二十年前邀菊朋同到上海演出的情景,恍若眼前。他笑呵呵地对言慧珠说:"你还不知道吧,你刚四岁那年,在北京到上海的火车上,我就对你父亲说,你是块唱戏的好料子。二十年后,你果然做了我的学生,这真是巧得很啊!"梅兰芳一席话,说得满屋的人哈哈大笑。

言慧珠(右)和梅葆玥合影

跨入梅氏大门，绝非登堂入室。要取梅氏真经，还得费一番心机。演员的生物钟常常是跟着舞台的节奏走的。尤其是一等角儿，等他们挑门帘上场的时候，大多是近子夜了。故艺术家的作息通常表现为"阴阳颠倒"。梅兰芳亦是如此。他每天很晚睡觉，要到第二天过午才起床。不一会儿，宾朋、弟子便纷至沓来，客厅座无虚席。这时候言慧珠连话也插不上几句，更何谈学艺问业了。加上梅夫人福芝芳经常出来挡驾，说要让梅先生好好休息，言慧珠苦无良机。晚上过了十二点，宾客散尽，书房冷清，此时的梅兰芳精神最为兴奋，却也是最感寂寞，这时候如果有人陪着他聊聊艺、谈谈戏，那真是学艺的黄金时刻。李世芳就是每天子夜以后由姚玉芙陪同向梅兰芳学艺的。据说艺术家们的生活习惯都是如此。通天教主王瑶卿的"古瑁轩"，不到夜半不热闹。可是言慧珠是个女流，她怎么可能获得李世芳那等夜宿梅家的权利呢！李世芳有个老丈人姚玉芙，她言慧珠到哪里去找这样的"靠山"呢！冥思苦索，福至心灵。梅家千金的倩影赫然出现在慧珠的眼前。

梅兰芳生有九子。但在战火连绵、医疗条件落后的旧中国，仅成活四个，即葆琛（行四）、绍武（行五）、葆玥（行七）、葆玖（行九）。四个子女中，只有葆玥一个女孩，视为掌上明珠，故取名"葆玥"。玥，美玉也。葆玥自幼天资聪慧，血液里流动着梅氏家族艺术的遗传基因，打小做着明星梦。1943年，梅兰芳为了让自己的艺术薪火再传，让葆玖拜王幼卿学戏。这可急坏了葆玥，整天磨着父亲也要学戏。恰好在这个当口，言慧珠进入梅氏门墙。从此葆玥有了伴儿，练功、打把子、谈戏说艺，二人形影不离。

梅葆玥比言慧珠小十一岁，其时还是个天真活泼的小姑娘。她特别崇拜父亲新收的弟子、自己的师姐言慧珠，开口"言姐姐"长，闭口"言姐姐"短，整天围着言姐姐转。言慧珠发现葆玥爱听故事，这对读过高中、见过世面且有点小聪明的言慧珠来说，是件轻松的事情。言慧珠讲的故事总是很长，唐三千，宋八百，说不完的列国与三国。凡是京剧舞台上有的，她都能讲。哪里设悬念，哪里卖关子，哪里抖包袱，她自有精心安排。言慧珠讲得有声有色，葆玥听得津津有味，经常不知不觉就到了午夜时分。葆玥没有听够，哪里肯放言姐姐走，执意要言慧珠留宿。言慧珠终于等来了千金难买的机会，一边竖起耳朵听着楼下的动静，一边滔滔不绝地讲着没完没了的故事。等到楼下客散人尽，一片寂静，言慧珠拉着葆玥轻手轻脚地走下楼去，探头一望，梅兰芳果然独坐在"梅华诗屋"。葆玥告诉父亲，言姐姐给她讲了好多故事，她留言姐姐歇夜了。言慧珠则趋前几步，毕恭毕敬地站在梅兰芳的跟前，企盼得到先生指点。言慧珠善于捕捉机会，更善于制造机会。她有一个艺术家必备的素质：果敢、执着和聪明。她想做的事情，千方百计也要做到。

过去京剧界许多老艺人，都很注意避免和女弟子独处一室。余叔岩在教孟小冬戏时，经常让女儿慧文、慧清在一旁伴读。程砚秋则一生不收女弟子。言慧珠的聪颖和勤奋，梅兰芳早已耳闻。此刻见一对如花似玉的姐妹结伴而来，这"男女授受不亲"一说就不存在了。从此，梅家的客厅里常常在深夜响起梅氏师徒娓娓动听的谈戏说艺的声音，和葆玥天真爽朗的笑声。

斯人已去。当年梅大师是如何教授言慧珠的，知情者唯梅葆玖先生一人。为此笔者拨通了中国梅兰芳文化艺术研究会副会长吴迎先生的电话。翌日，吴迎在电话里告诉我，他为此事特意和梅葆玖先生通了电话。梅葆玖认为：言慧珠当年拜梅大师时，几乎已经演遍了所有的梅派经典。对于言慧珠来说，更希

言慧珠(右)和梅葆玥化装合影

望得到的是"技进乎道"的深造，使自己能够从更深层面掌握梅派艺术的精髓。对于梅大师来说，遇到像言慧珠这样的学生，也不可能采用科班里的那种一招一式"注入式"的教学方法，而更多是从"启发"和"点拨"入手，帮助学生把

电影《游园惊梦》，梅兰芳饰杜丽娘，言慧珠饰春香

握艺术的灵魂。比如，有一次言慧珠请李健吾看她演出的《洛神》，第二天请他提意见。李说："唱腔、身段、行头、道具都是梅派，很好；如果要提意见，你似乎专在模仿技术，要从仙气着眼，这就更上一层楼了。"言慧珠把这番话告诉梅兰芳，请先生传授"仙气"。梅兰芳笑着说："仙气恐怕是一种修养，你可以揣摩《洛神赋》，同时到博物馆里看看《洛神图》古画，从文字图画里下功夫研究。洛神下场时对曹子建说：'殿下，你我言及于此，后会无期，殿下万千珍重，小仙告别了。'这里要表现洛神惆怅寂寞的心情，但又与'凡人'离别时的感情不一样，要表面淡、心里苦才符合她的性格。你照我的方法去琢磨，就能找到李先生所说的仙气了。"

另外，梅葆玖和吴迎还谈到，梅大师为言慧珠传授艺术，通常采用抓住重点、举一反三的方法，使学生收到融类旁通的效果。比如，《生死恨》是言慧珠常贴常演的剧目，梅大师就抓住该剧的下半场，为言慧珠重点加工。因为《生死恨》的主要唱段，如［二黄慢板］、［原板］、［反四平］等，都集中在下半场，是梅兰芳和徐兰沅、王少卿精心打磨的梅派经典唱段。掌握了这部分唱腔的要领，也就是掌握了《生死恨》的唱腔要领。扩而言之，也就是掌握了梅派声腔艺术中"二黄"部分的风格要领。

应该说，言慧珠住在梅家的这段日子，是她梅边嚼蕊、捷足先登的日子。"梅华诗屋"经常高朋满座，文人荟萃，谈古论今，以戏会友。梅兰芳、李释戡、许姬

传、许源来、俞振飞、杨畹农、包幼蝶等前辈和同仁对古典艺术的真知灼见，以及各路朋友汇集而来的信息量，常使言慧珠有入山阴道上目不暇接之感。有时候，她听着听着，会冷不丁地拍着大腿叫了起来："有哪位神仙给我说说《贵妃醉酒》好不好？"一语既出，四座皆惊。言慧珠恣情狂放的个性，就是在梅家也不"太平"。

在梅家，言慧珠的"小聪明"发挥到了极致。梅家的小花园有一座草坪，是言慧珠、梅葆玥、梅葆玖练功的地方。言慧珠借口陪葆玥练功，经常握着枪杆不松手。就连葆玖练功，还要和这位言姐姐商量请她挪块地方让他也能活动活动。若遇梅兰芳漫步花园，言慧珠便会把手里的枪杆耍得呼呼生风，而且故意露个破绽，出个错儿。梅兰芳当然不会见错不纠，必定上前把要领、"范儿"一一传授，有时还少不了亲自示范。言慧珠趁机又"偷"了一出《虹霓关》。还向梅兰芳学了一出《游龙戏凤》。其实，《贵妃醉酒》和《虹霓关》等戏，言慧珠不知演了多少场了。她此刻要向先生学的不仅是戏，更重要的是学"艺"。"学戏容易学艺难"，是演员都懂得这个道理。

我们如果把言慧珠学"梅"分为三个阶段的话，第一阶段应该是向徐兰沅、朱桂芳学戏打基础；第二阶段是在马思南路87号梅家得到梅兰芳亲自指点；第三阶段则是1945年抗战胜利以后，梅兰芳重登舞台，言慧珠从梅先生的舞台艺术中找到了范本，找到了楷模，找到了有迹可循、有谱可依的前进方向。

1945年8月15日，日本帝国主义宣布无条件投降，举国上下沉浸在胜利的喜悦之中。梅兰芳把留了八年的胡子剃个干净，显得分外精神。见了旧友新知，又是握手，又是拥抱，并打开高级白兰地，让朋友们饮个痛快。梅兰芳则以茶代酒，频频举杯，兴奋之情，溢于言表。接下来的日子，他练功调嗓，琢磨剧本，就像舞台上解甲归田多年的穆桂英，又要重新披挂上阵一样。

梅兰芳在当时的《文汇报》上发表了一篇题为《登台杂感》的文章，尽情抒发了要把艺术献给人民、献给长春不老的祖国的云水襟怀。他说："假如我的戏剧艺术还有多少成就，那么这成就应该属于国家的。平时我有权力靠这点技艺来维持生活，来发展我的事业，可是在战时，在跟我们祖国站在敌对地位的场合上，我没有权力随便丧失民族的尊严，这是我的一个简单的信念，也可以说是一个国民最低限度的一个信念。"

日本投降两个月后，梅兰芳参加了抗战庆祝胜利会，在兰心剧场演出《刺虎》。观众的掌声几乎要把屋顶掀翻。

接下来要进行营业演出。没想到息影八年，嗓子竟不听使唤了。俞振飞先生是梅家的座上客，经常和梅兰芳、许姬传、许伯遒等一批老朋友在一起研究昆曲。他见梅兰芳情绪低落，便带来笛子，建议梅兰芳先唱几段昆曲试试。梅兰芳担心昆曲曲高和寡，不上座。俞振飞则认为，梅先生蓄须明志，八年不唱戏，这时候不要说演戏，就是往台口站一站，观众也会来看的。俞振飞这番话说出了广大观众的心声，也使梅兰芳重新燃起了希望。11月28日，隐居八年的梅兰芳终于在上海美琪大戏院和观众见面了。据老戏迷回忆，当报纸上披露梅兰芳准备重登舞台的消息后，街头巷尾传得沸沸扬扬，尽管票价高达五块大洋一张，购票者还是人山人海，连售票处的门窗都被挤破了。原定演十场，结果欲罢

言慧珠和梅葆玥（右）、梅葆玖（左）在京剧《四郎探母》中

言慧珠和梅葆玥、梅葆玖合演《四郎探母》后合影。左起：王幼卿、梅兰芳、梅葆玖、言慧珠、梅葆
玥、福芝芳、李桂芬

不能，又加演三场，场场爆满。戏码有《游园惊梦》、《奇双会》、《琴挑》、《断桥》、
《乔醋》、《风筝误》等。

　　据笔者查证，1945年秋冬言慧珠正在北平卷入一场是非旋涡，故梅兰芳抗
战胜利后的第一次公演，言慧珠错失良机。

　　经过一段日子的调整，梅兰芳的嗓音恢复到良好的状态。于是，梅派的京
剧经典一一重现于舞台。1946年春，梅兰芳的管事李春林从南京邀来名须生
王琴生，在南京大戏院（今上海音乐厅）、皇后大戏院和中国大戏院陆续上演了
《汾河湾》、《宇宙锋》、《凤还巢》、《打渔杀家》、《四郎探母》、《法门寺》、《武家坡》、
《大登殿》、《宝莲灯》、《御碑亭》、《抗金兵》、《霸王别姬》、《贵妃醉酒》等一系列
梅派名剧。这期间，言慧珠恰巧也在上海，先后在皇后大戏院和黄金大戏院演
出。梅兰芳每天都给言慧珠留票。并说："你多看我的戏，就等于我给你上课。"
应该说，这一时期，是言慧珠学习和实践相结合的最好时机。

　　说到言慧珠看戏，是出了名的不安分。不是"迟到"就是"早退"。通常是
场灯暗了，定场锣鼓响了，高头大马的言慧珠入场了，就像舞台上的角儿吃准了

"四击头"才亮相。高跟鞋敲击地面发出的清脆的韵律，从剧场的入口处一直响到观众席前排。高挑丰满的身材娉娉婷婷地从甬道上走来，在注定的座位上入了座。然后从坤包里取出小镜子，用棉花球汲着脸上的汗点（即使此刻脸上没有汗水），扑粉补妆，左顾右盼，巧笑嫣然，把全场的目光都勾了过来，好像在告诉观众：言慧珠在这里。据台湾的顾正秋回忆，有一次她陪黄（桂秋）师母看戏，只看到一袭火红大衣姗姗而过，她立刻被吸引住了。那晚是黄桂秋先生的全本《王宝钏》。但《大登殿》才唱了一半，那团火红的影子就站了起来，顾正秋竟也身不由己地站了起来，尾随那段火红的影子走了出去。在戏院门口的灯光下，言慧珠那身细腰收身的红呢大衣，以及肩上两条当时最流行的玄狐（还是整条狐狸的），加上那亭亭玉立的身材，一双闪闪发亮的大眼睛，竟把顾正秋看得入了神。用顾正秋的话说："真是艳丽极了。"

但是，凡是看梅兰芳的戏，言慧珠便一改常态，变得比谁都安分。看戏的座位也起了变化。看其他角儿的戏，她必定坐在楼下前三排，那是夺人眼球的最佳位置。看梅兰芳的戏，二楼一排一座是她的专座，因为这里居高临下，目光便于驾驭整个舞台。即使仍然坐在楼下前座，但这时候的言慧珠目"空"一切。她的心里除了梅先生，还是梅先生。谁也休想分散她专注的目光和高度集中的注意力。

传统京剧最常见的演出形式，是以若干出折子戏组合成一个场次，折子戏的内容既可以互相独立，也可以前后连缀。比如，青衣的《起解》、《会审》；花脸、老旦的《断太后》、《打龙袍》等。头一出折子戏俗称"开锣"。倒第二出为"压轴"。末一出为"大轴"。一般"捧角家"，只要是被捧的名角出场，他（她）们便也进场坐下看戏，台上的角儿演唱完毕，捧角的人也就随之退场。

梅兰芳的戏从来都是大轴。言慧珠看梅兰芳的戏，时间拿捏得比秒表还精确，通常在梅兰芳上场前三五分钟，她才匆匆赶到。有时候是在"皇后"演完自己的戏，顾不上洗尽铅华，就赶来看戏。和她结伴而来的，不是任颖华女士，就是许美玲女士，更多的是三人结伴而来。任颖华也是梅兰芳的弟子。许美玲专工梅派，和言慧珠私交甚厚。

她们三人看戏都有分工，每人一支笔一个本子，梅兰芳哪里走几步，哪里投袖，哪个身段对应哪句唱念，哪个舞蹈动作合着哪个节拍，她们都有详细记录。

包括梅兰芳的化装服饰，无一遗漏。有一次，梅兰芳演出《汾河湾》，当唱到"今日等来明日也等，等你回来我做夫人"时，梅兰芳情之所至，做了一个与以往大不相同的幅度较大的身段；这个身段是从昆曲借鉴来的，以表现柳迎春与薛仁贵久别重逢、苦尽甘来的喜悦心情。梅兰芳的即兴创作，一下子乱了言慧珠她们的"阵脚"。演出完毕，三人一对笔记，结果谁也没有把梅兰芳的身段记录下来。第二天，言慧珠直奔梅家，央求先生把昨天的身段重复一遍。可梅兰芳一时竟想不起来了。他使了好几个身段，言慧珠都摇头说不是。梅兰芳是位修养极好的艺术家，何况面对的又是这样一个认真到一丝不苟的学生，于是一个一个身段示范给言慧珠看。突然，言慧珠大叫一声："就是这个。"赶紧拿出笔和本子记录下来，同时还向梅兰芳求教了这个身段的出典和要领。梅兰芳则循循善诱地告诉言慧珠，《武家坡》和《汾河湾》，两出戏路极其相近，在扮相上没有什么大的区别，但一位是相府千金的做派，一个是普通民间妇女。演到夫妻团圆的时候，很人情地流露出久别重逢的喜悦和妇人的风情，应该是有区别的。

后来言慧珠在《学梅十年》中写道：

> 我简直就像一个贪心的孩子一样，恨不得把自己所没有的东西一下子拿过来；

> 眼睛要像照相机，耳朵要像收音机，我是希望我成为老师表演的"复制品"……

言慧珠嗜"梅"如命，迷醉其中。用她自己的话来说："梅派艺术就是废寝忘餐、夜以继日，恐怕也难得其真谛的"；"学未必可及，若不再抱着唯恐不及的态度去学，那就更所剩无几了"。

凡是梅兰芳演出，言慧珠不管刮风下雨，每场必到。有一次，梅兰芳在中国大戏院演出，剧目是《霸王别姬》。演到舞剑的时候，观众席里突然一阵骚动，后台的人都很紧张，以为台上出了什么岔子。事后才知道，原来是坐在观众席上的言慧珠看得入神，情不自禁地照着梅兰芳的样子模仿做了起来。为此梅葆玥老是抱怨："陪言姐姐看爸爸的戏真不带劲，有时你跟她说话，她好像根本没有听见一样，总是在做表情，出身段，忙个不停。"言慧珠为了不再影响场子里的秩序，后来只得常常把双手放在前排座位的背后，偷偷地模拟梅兰芳的手势动作。这对言慧珠来说，是多么无奈而又难以满足啊！于是她不得不在每次看完梅兰芳的戏后，回到家里反复揣摩直到深夜。有时为了体会梅派艺术的要领，她经常会呆瞪瞪地独自走神，不了解的人往往为之诧异。然而，也正因为言慧珠对梅派艺术情醉神迷，她学梅才有可能达到惟妙惟肖几可乱真的地步。据说有一次，梅夫人福芝芳在家与朋友玩牌，收音机里正播放着《霸王别姬》的实况录音。梅夫人觉得梅先生这次录音调门高，嗓子特别好，非常高兴地问道："这是大爷什么时候的录音？"后来才知道那是言慧珠在黄金大戏院演出。那时言慧珠未过三十，嗓子、扮相都特别好。如果把言慧珠当时的演出喻为年轻时代的梅兰芳恐怕亦不为过。

言慧珠学梅的路数，赞扬者有之，表示异议的人也有。持不同意见的人认为：这种"复制品"的学习方法依然停留在"技"的层面，没有提到塑造人物的高度。最权威的是田汉先生看了言慧珠的《洛神》后说的那番话：你演的是梅先生，不是《洛神》……应该说，田汉先生要言不烦，确实抓到了戏曲艺术的本质。任何艺术都有灵魂。古人画画还讲求个"画龙点睛"，何况是"以歌舞演故事"的戏剧，综合了戏、文、歌、舞等诸多要素，自然应该把塑造艺术形象放在首要位置。但是，作为一个戏曲演员，尤其是以京昆为代表的古典戏曲艺术的演员，究竟该如何塑造人物，却是个十分严肃的课题，也是戏曲界几十年来众说纷纭、纠缠不清的问题。关于这个问题，言慧珠是怎样理解的呢？具体地说，对于如何学梅，言慧珠自己是怎样认识的呢？我们可以从她后来撰写的《平易近人，博大精深》一文中，探寻到她的艺术历程和心路历程。言慧珠认为：

> 学习一个流派，必须得其全貌。就是说，从它的早期开始加以分析，逐步研究它的发展道路，这样才能正确继承。

从这段话里我们可以看出，言慧珠学习梅派是动了一番脑筋来提纲挈领的。艺术家的创作个性，是个很隐秘的领域，它涉及艺术家的审美心理结构以及包括才、慧、致等各方面的综合素质。言慧珠把梅派艺术的形成和发展，分为早期、中期和晚期三个阶段，这就为她自己找到了一把打开梅派艺术宫殿大门的钥匙。

言慧珠从分析梅兰芳早年演唱的传统剧目《祭江》入手，认为梅先生早期也是以继承传统为主的，是在尊重传统、接受传统的基础上循序渐进的。她分析梅兰芳《祭江》的唱法，行腔工整，简洁有力，字字铿锵，刚多于柔，真像金石一样的结实，完全合乎青衣的传统规范，和陈德霖先生的唱法是很相近的。梅兰芳在早期为什么着重强调继承，言慧珠在文章里引用了梅兰芳自己的一段话，可谓深中肯綮："艺术的创造必须在传统的基础上进行。一个演员如果眼界不广，没有消化若干传统的艺术成果，自己就不可能具备很好的表现手段，也就等于凭空创造。这不但是艺术进步过程中的障碍，而且是危险的。"梅兰芳的这段话，至今发人深省。

据说梅兰芳在总结自己六十年的艺术实践时，曾用了"前三十年是杀进去，后三十年是杀出来"这样两句话（大意）。笔者以为，这两句明白易懂的话，蕴含着深邃的美学原理。"杀进去"和"杀出来"是一种对立统一。任何一门古典艺术，"传统"这间屋子，你必须先"杀"进去，熟悉这间屋子里的一切，掌握其各种要素和本质规律，然后才有可能"杀"出来，做到变必有自，新必有源，继承而不泥古，出新而不离"谱"。正如刘海粟先生所言："古到极底，便新到极底。"现在有这样一些同志，对京剧一知半解，仅仅在这间屋子的门外探头朝里"瞄"了一眼，或者进去走马观花似地"溜"了一圈，便大声叫嚷："哦！不就这么点玩意儿吗！过时了，过时了，非改不可。"他们哪里知道，梅兰芳为此整整付出了六十年的代价。

言慧珠在谈到梅兰芳中期的唱腔和表演风格时，用了"由简而繁，刚柔相济"八个字。这一时期是梅兰芳艺术创造的兴奋期。言慧珠认为，梅兰芳在年轻时学的许多昆曲，包括他对绘画舞蹈等等各种不同艺术形式作了研究，使他在这个基础上，创作了《天女散花》、《嫦娥奔月》、《麻姑献寿》、《太真外传》等歌舞并重的新戏。为了适应新戏的需要，梅兰芳首先不断发展和丰富了京剧曲调。言慧珠以《嫦娥奔月》为例，阐述了梅兰芳为了表现嫦娥在酒后感到独居广寒的寂寞，首创了最富于抒情性的［南梆子］。［南梆子］原是从梆子里移植过来的，经过梅兰芳唱出来以后，就完全京剧化了。言慧珠又说：

> 梅先生不但创造了［南梆子］这一京剧的曲调，而且在运用上也非常灵活。像在《霸王别姬》这出戏里，他又用［南梆子］表现了一种苍凉的情绪。我们一听到"看大王在帐中和衣睡稳，我这里出帐外且散愁情……"立刻就会想到荒漠的古战场，悲凉的秋夜，虞美人独步月下忧郁、惆怅的心情，以及那种诗情画意的意境。而在《王春娥》这出戏里，梅先生又创造

了另外一种风格的〔南梆子〕，用以表现欢乐惊讶的气氛。王春娥见已经死去了十三年的丈夫，突然间活着回来了，又惊又喜。梅先生在这里安排的〔南梆子〕用了几个高音和比较花哨的腔，把剧情一下子推向高潮。从这三出戏里可以看出，同是〔南梆子〕，但三者的效果却完全不同。

在这里，言慧珠虽然仅通过解剖京剧的一个艺术细胞（南梆子）来分析梅派艺术，其实质已经触及我们前面所说的关于戏曲艺术要不要塑造人物和如何塑造人物的关键问题。媒介论是研究戏曲本质特征的科学方法。由于戏曲的主要物质媒介是诗、歌、舞，因而它塑造艺术形象的手段必然和其他门类的艺术（尤其是话剧）有所不同，形成了一套"戏剧歌舞化、歌舞戏剧化"的写意性的表演体系，黄佐临先生称之为"梅氏体系"。这个"体系"不是以再现生活图景唤起人们的认识而引动情感为基础和目标，它更着重提炼艺术的"形式美"来杜绝一切自然主义。所以说，一个戏曲演员，只有当他（她）技巧的运用都不成问题的时候，艺术才有可能提升为个人气质和人物神韵的体现。而现今京剧舞台上出现一种现象，很值得我们重视。主要表现为：用写实主义理论和手法来刻画戏曲人物的"艺术家"越来越多了，他们不论有意或无意，都对传统采取一种虚无主义的态度。这是很令人担忧的。从这个意义上讲，言慧珠学梅的精神值得我们重视。

在文章中，言慧珠还以《太真外传》、《生死恨》等剧为例，分析为什么任何一种曲调和唱腔，只要经梅兰芳唱出来，立刻就风靡一时，群起效仿？为什么梅兰芳创造出来的东西那样受欢迎呢？她认为：

> 首先，梅先生遵循他自己所发现的艺术革新的规律，既尊重传统，又尊重前辈的艺术成果和劳动，吸取前辈的艺术精华来充实自己，按部就班，循序渐进；其次，梅先生很尊重群众的欣赏习惯，能适应观众的需要。由于梅先生正确认识了继承与革新的辩证关系，而不是凭空臆造，闭门造车，所以他设计出来的新腔，既新颖而又不脱离京剧风格，很快地就为广大的观众所接受。

我们发现，言慧珠在文章中多次引用的梅兰芳关于艺术创造中如何正确处理继承与创新的理论，以及她抒发的自己学"梅"的体会，师徒俩的见解达到了无间的契合。

言慧珠在谈到梅兰芳晚年的表演艺术时说：

　　梅先生晚年的唱，达到了炉火纯青的境界。他晚年最后排演的一出戏是《穆桂英挂帅》。这出戏几乎是没有新腔，更没有炫耀新奇的地方，就像齐白石的画一样，绚烂而归于平淡，假如深入欣赏，就很容易发现内在丰富的蕴藏。

　　最后她把梅兰芳三个时期的唱法，用书法来比喻归纳，论证梅先生"早期的唱法是正楷，中年是行书，晚年是草书"。真所谓：入山愈深，问津愈邃。言慧珠的这一见解，是她精心学梅的科学总结。

　　所谓"炉火纯青"，即"化境"也。"化境"一词在语言学中，本义是指艺术修养达到自然精妙的境界。所谓艺臻化境，妙造自然，浑然天成。古今学者，对一个"化"字，都有精辟的论述。明代李贽主张，"穷极而工"之美不如"造化

梅兰芳（左一）收陈正薇为徒，后排左三为言慧珠

无工"之美。当代文学泰斗巴金认为："写作的最高境界是无技巧。""无技巧"不是没有技巧，而是技巧达到了"大而化之"的境界。这是艺术的真境界、高境界。这也就是梅大师的境界。要达到这个境界，必须经过长期的十分艰苦的"修行"，包括演员综合素质的全面提高。

言慧珠把梅派艺术的形成分为早、中、晚三个时期，并指出梅兰芳早期的艺术创造也是以继承传统为主的。这样就为她自己宗梅同样设定了三个时段，即继承阶段、求变阶段和自成风格的阶段。虽然这三个阶段不是孤立的，是互相联系、互相渗透、互相交织、互相生发和互为因果的，但由于侧重点不同，主攻方向也就不同。1943年之前，言慧珠虽然向徐兰沅、朱桂芳等前辈学演了大量梅派名剧，但惜于梅兰芳蓄须明志，息影舞台，使她无缘一睹先生在舞台上的风采。从她在马思南路87号拜师以后，一直到梅兰芳重登舞台，言慧珠理所当然地把自己学梅定位于"复制"阶段。凡艺术都有一个"悟入"的过程。先学走路，后学跑步。一切艺术概莫能外。扬州八怪之一郑板桥有句名言："先工而后写。"意思是说：学画必须先学工笔，后学写意，从来没有工笔还未过关就能画好写意的。在绘画界，学习工笔白描的方法有两种：一是临摹好的范作，二是用毛笔对山石花木等实物作白描写生，力求画得准、画得美、画得有力度，锻炼坚实的造型能力。同理，京剧界有句老话："练死了，演活了。"一个演员如果不先过"练死了"这一关，是不可能在舞台上把人物"演活了"的。

"惟先渠法度森严，而后超神尽变，有法之极，归于无法。"（清·王概）言慧珠的艺术道路，符合这一规律。

20世纪40年代，是言慧珠大红大紫的年代。她以"功成名就"之身，把自己变成一张白纸、一块海绵，一切从零开始，如饥似渴地学习梅派艺术。无论有人怎么说她"复制"、"死学"，她至死不悔。这种循规守矩的学习态度，是值得我们重视并加以继承的。艺术的发展和流派的传承，必须不断涌现一批有代表性的杰出的继承人物。而杰出人物的成长，除了名师悉心传授，本人的勤学苦练外，学习的方法也是非常重要的。言慧珠之所以能在继承梅派艺术方面取得很大的成就，首先是她继承了老师的学习态度和治学精神，正确处理了继承和创新之间的辩证关系。言慧珠的治学精神，不但我们今天的中青年演员应该继承，艺术院校尤其应该继承。艺术讲求规范，规范产生美，而后取灵动。如果不顾艺术发展的规律而求什么"速成",其结果只能是"揠苗助长"、"欲速则不达"。由于言慧珠对艺术的追求是一步一个脚印地走过来的,才有可能在20世纪五六十年代,迎来她艺术上的"黄金岁月",逐渐形成她融乾、坤旦行之优长的表演风格,并呈现出炉火纯青的势头。

五、北宗矩度 南取灵动

1946年初,这是光复后的第一个严冬。言慧珠提着几大瓶四(市)斤容量的北平老字号"豆汁张"的上品豆汁,坐飞机来到上海,住进了马思南路梅家。言慧珠知道三代世居京城的梅先生,尤其嗜好北京风味的豆汁。只要有机会来上海,她都要为恩师带上几大瓶豆汁。大大咧咧的言慧珠在这方面却心细如发。

言慧珠便照

这一年的春节是2月2日,言慧珠将要在皇后大戏院接黄桂秋的档演出一期。提早来沪,一来知道恩师已然重登舞台,她自然不愿错过任何一次学习的机会。二来言慧珠在北平遇到意外的刺激,万般郁闷之际,收到电影明星白云向她发来的求婚信。于是,四顾茫然的言慧珠,提着一只小箱子和北平惨然而别。梅兰芳看着面容略显憔悴的慧珠,关切地说:"好好演戏,甭想不高兴的事。"

言慧珠在北平遭遇到什么不平?她和白云的婚恋将会是什么结果?我们将在后面慢慢展开。

言慧珠飞沪的消息,媒体早就炒开了。1月28日的《申报》报道:"红伶飞沪,注意明天此处广告。"

并连打三个"???"做足悬念。29日,《申报》又登:"剧坛红伶言慧珠小姐由平飞沪,密切注意演出地点及日期。"30日,《申报》才披露了言慧珠演出的时间和地点:"坤伶祭酒言慧珠丙戌元旦在皇后大剧院隆重登台。"上海滩的老板和媒体就是有一套精明的生意经。而"坤伶祭酒"四字似乎预示着言慧珠的星运在1946年又将登上一级新的台阶。

丙戌年元旦日场,言慧珠贴的打炮戏是《花田八错》。戏迷们几乎怀疑自己的眼睛出了毛病:大青衣怎么唱起小花旦戏了?继而一想,也就释然。大年初一,不就图个哈哈一乐嘛!其实,从大年初一到初五,言慧珠贴梅派剧目五出:《凤还巢》、《四郎探母》、《王宝钏与薛平贵》、《生死恨》和《龙凤呈祥》。贴花旦戏四出:《花田八错》、《得意缘》、《拾玉镯》(代《法门寺》)和《武松与潘金莲》。其中《武松与潘金莲》演了两场。这样白天夜戏连轴转,言慧珠五天演了十场计九折,青衣、花旦一半对一半。如果算上《法门寺》的宋巧姣,青衣戏还略多于花旦。

《花田八错》说的是员外刘德明之女月英,偕侍婢春兰游赏花田会,于渡仙桥和一售书画的书生卞稽一见钟情。回家后春兰把此事告知员外,刘德明即命家院去渡仙桥请卞稽来宅议婚。不料卞稽被人强邀至他处书写寿屏,不察就里的家院误将桃花山上的小霸王周通请回府中。于是发生了一系列"卞稽男扮女装进刘府"、"鲁智深醉打销金帐"的喜剧冲突。该剧情节曲折离奇。主角春兰有许多性格化的细腻表演。北边的路三宝、荀慧生、筱翠花、赵燕侠、毛世来均工此戏。南边的冯子和、黄玉麟(绿牡丹)也擅此剧。但言慧珠贴小花旦本戏,不仅在她从艺的历史上属破天荒,就是在她后来的艺术生涯中似乎也绝无仅有。她的学生华华甚至怀疑我在查阅《申报》时是否看走了眼。

大演员变换招数,自然有她的深谋远虑。艺术的新意常常出现在看似失了常规的章法中。

言慧珠的艺术理念,瞒不过她的两位恩师。一位是历来主张艺术要"南北合"的梅兰芳先生;一位就是有北王(瑶卿)南赵(桐珊)之称的芙蓉草。芙蓉草指着言慧珠的额角笑着说:"小妮子又要造魔了!"

是的。言慧珠正在琢磨如何沿着二位恩师的艺术思想发展和丰富自己的表演。自1937年言慧珠开始向徐兰沅和朱桂芳学习梅派唱腔和舞蹈身段,到1942年拜梅兰芳为师,受到恩师的耳提面命。她既品味到梅的高雅、兰的芳香,也深为自己未得"梅"之精髓而甚感摸索之苦。梅先生的艺术已经到了"大而化之"的境界。梅先生在舞台上，今天抬左手，明天抬右手；怎么抬，怎么对；怎么演，怎么美。"羚羊挂角，无迹可求"。表面上看来为不经意所作，但千变万化都不逾矩度之美。这种"从心所欲而不逾矩"的自由，正如南宋画家李唐所言："云里烟村画里滩，看之容易作之难。"令言慧珠心向往之又可望而不可即。梅先生在舞台上从不刻意。他也不需要刻意。但言慧珠需要。至少目前需要。她要把这种刻意转化为细腻，甚至细腻到滴水不漏的程度，"无不从筋节窍髓以探其七情生动之微"。这样学梅，是不是掌握了梅派的精神呢？言慧珠的内心陷入了矛盾之中。

艺术创作是一门大学问，越是深入越是会发现自己内心有许多相互矛盾的东西。这些矛盾的东西往往是宝贵的，是内心探索的动力所在，意识到它们之间的矛盾，尤其可贵。

言慧珠注意到，梅派艺术的形成离不开梅兰芳1913年的上海之行。那一年的11月16日，是梅兰芳艺术生涯中第一次唱大轴。剧目不是《祭江》、《祭塔》、《二进宫》等专重唱功的大青衣戏，而是选择了文武兼备、唱念并重、扮相和身段双美的刀马戏《穆柯寨》。这难道不足以说明，梅先生在起步伊始就十分重视并研究演出市场的生态环境吗？言慧珠注意到，1922年夏天，梅先生组建了自己的戏班"承华社"，首场演出选择了按照西式标准建筑的北京真光剧场，这难道不是上海现代化的剧场和舞台灯光（包括旦角化装）早就吸引了年轻的梅先生吗？言慧珠注意到，梅先生从上海回到北京后，不仅编排了《嫦娥奔月》、《黛玉葬花》、《千金一笑》、《天女散花》等古装戏，还创作了《宦海潮》、《邓霞姑》、《一缕麻》等时装戏，包括后来的梅派名剧《洛神》、《太真外传》、《西施》等，丰富和发展了王瑶卿先生开创的花衫艺术，这难道不是上海的多元化的文化思潮对梅先生的创作思想起到了至关重要的影响吗？梅兰芳经常提到："我第一次到上海表演，是我一生在戏剧方面发展的一个重要关键……"梅兰芳每次到上海，几乎都要对海派京剧做一番调查研究。看麒麟童、盖叫天的戏，向"江南曲圣"俞粟庐求教南曲的唱法，向昆曲老伶工学习南昆的表演，等等。梅兰芳认为，上海的开放性不仅表现为打破以自然经济为基础的区域文化的封闭性和保守性，更表现在对古今中外各种文化艺术的吸纳接收上。直到21世纪初，梅葆玖先生在谈到父亲梅兰芳的艺术时还多次提到，梅派艺术的形成和上海有着深刻的渊源。

言慧珠的另一位恩师"芙蓉草",也是一位南北兼容的大家。如果说,梅兰芳的"南北合"更着重"以'京'为体、以'海'"为用的话,那么,芙蓉草先生则以海纳百川的气魄广采博收,决无门户之见。不论南派、北派,大小角色,生旦净丑,到了他的手里,都能演出一朵花儿来。

宗北派之矩度,取南派之灵动。言慧珠触到了"梅魂"。

大年初一夜戏是《凤还巢》。言慧珠和扮演程浦的老生演员窃窃私语了几句,那老生演员心领神会,紫绛色的大幕拉开了。戏演至第四场《三看》,言慧珠扮演的程雪娥在幽幽的小锣声中又羞又怯地款款上场。

"三看"是一块展示闺门旦表演特色的好戏。程雪娥上念:"堂前遵父命,屏后看才郎。适才奉了爹爹之命,前来偷觑穆郎。待我偷觑偷觑!"然后做偷觑状,此谓

京剧《凤还巢》,言慧珠饰程雪娥

"一看"。当她看到穆居易才貌双全,不由心动,念道:"看这位公子,神清骨俊,气概非凡。"情不自禁地又偷觑了一眼,此谓"二看"。接下来念道:"我爹爹的眼力果然不差。"再欲偷觑,突然止步,念道:"不要在此停留,倘被大娘姐姐看见,岂不说我轻薄,我且回房去吧。"说罢转身欲去。但终究难抑对意中人的向往,再次转身偷觑,此谓"三看"。最后以赞美和欣喜的口吻念了一句:"哎呀呀,好一个美貌的书生!"含羞而下。这场戏虽然台词不多,身段也不复杂,但演员必须知道角色行为的心理依据,才能把握好心理外化的三个层次。梅兰芳每演到这里,观众席都会发出会心的笑声和热烈的掌声。言慧珠尤其喜爱这出戏,常以《凤还巢》"打炮"。杜甫有诗曰:"梧桐栖老凤凰枝"。言慧珠渴望她的"凤巢"。

言慧珠的《三看》,依然宗的是梅兰芳的路子。但懂戏的戏迷已然发现,此刻舞台上的程雪娥在念到"好一个美貌的书生"时,原先端坐不动的程浦走出

了厅堂，用扇子一点女儿的手指，以哑语问道："你可中意啊？"程雪娥不提防自己在赞美异性的时候，父亲会突然出现在面前，而且要她当场表态是否中意。这一规定情境的转换，看似信手拈来，却在情理之中，无疑为演员的表演提供了新的空间。故言慧珠在表现程雪娥的娇羞时，充分调动了女性演员特有的妩媚，其表情幅度自然就比梅兰芳来得浓墨重彩。没想到言慧珠这一"借巧补拙"的改动，赢得了一阵炸窝似的喝彩声，也为后来的坤旦演员提供了新的范本。

言慧珠在总结自己改戏的经验时常说：

> 我有时在演出中，适当增加一点表情和身段，实在是觉得自己水平差，没有学好，无法达到老师那种炉火纯青的地步。

她举例说：《甘露寺·洞房》一场，梅先生演孙尚香，在上场后唱［西皮慢板］时的长过门中，不整不拤也不抖袖，只通过眼神生动地展现此时此刻角色的内心活动。而我们就不行，内心的东西本来不多，加上不善用眼神表现，观众难以理解角色的内心活动，演起来就显得僵了。

她对《凤还巢》"三看"的改动，也是出于此理。她说：

> 程雪娥在恪遵父命前去偷窥郎君时，内心是极其不安的，一个古代的闺阁千金去暗自窥探年轻的书生是难以想象的事，所以这时要带着又羞又怕的心情慢慢地走上，快到台口时要忽然转身向内一望，看看身后是否有人，然后再羞怯地向前。当念到"堂前遵父命，屏后看才郎"的上场诗时，要把"郎"字念得特别轻些，才能使人感到羞答答地难以出门的心情。看时要用水袖挡着脸慢慢地用眼神从客座的椅子下面往上看，最后把眼光移到小生的身上。

> 老师演这段戏时，在三看看完以后只是微微一笑，就转身跑下，但每次都能赢得满堂彩声。而我们若那样演就达不到老师的艺术效果，所以我才让给我配演程浦的演员在雪娥念到"好一个美貌的书生"的"生"字时，出来探望一下，表示关心女儿不知究竟前来偷觑了没有，而正巧发现女儿在满怀喜悦地夸赞书生，使用扇子一点和雪娥的眼光一对。这下可把雪娥羞死啦！我这时趁着气氛采用一个花旦的表演动作，用水袖一挡脸急转身地下，这样才能取得艺术效果。

言慧珠是个聪明人。改戏，她有大智慧；抬人，她有"小聪明"。如果用

"移步不换形"来总结言慧珠的改戏思路和方法，无疑是十分精确的。因为经得住历史检验的艺术创造，必须在传统、时代与个人这三者中间找到它们的连接点。

《凤还巢》的改动，使言慧珠尝到了甜头。她的大动作在于后来的演出中，"斗胆"对梅派经典《西施》也试着做了变动，把梅兰芳分两天演完的头本、二本《西施》合并为一本，从剧本到表演都做了凝炼。

在中国，很少有人不知道西施。西施是历史人物，是美女的代名词，是美的化身。

在20世纪的中国，也很少有人不知道梅兰芳的《西施》。梅兰芳是艺术美的化身，是古典美的象征。

京剧《西施》，言慧珠饰西施

写意艺术的最高境界是诗意。梅兰芳的一字一腔，一招一式，都是诗化的语言。梅兰芳那朴实无华的"富贵气"，平中求奇的"大家气"，中和含蓄的古典美，常使言慧珠有高山仰止、叹为观止的感受。言慧珠常说，观众今天看了梅先生的头本《西施》，明天势必要来观赏二本。而她言慧珠未必有此号召力。她必须把一些可有可无的碎场子挤掉，把梅派的经典唱段和表演集中展现，使观众在一晚上就能尽享梅艺的精粹。后来的实践证明，言慧珠的这一"剧本力求精炼集中，尽可能减少纯交代性场次"① 的修改路数，既获得了观众的

① 1930年，梅兰芳先生筹备出访美国。曾就读于美国哥伦比亚和耶鲁大学的张彭春教授，以一个内行的目光，从世界文化的基点出发，向梅兰芳提出一系列主张，其中就有"剧本力求精炼集中，尽可能减少纯交代性场次"这一条。(参阅刘彦君著《梅兰芳传》)

京剧《梅陇镇》，言慧珠饰李凤姐

欢迎，也得到了梅兰芳的肯定。当年《申报》载道："言慧珠艺员通场扮演西施，玉貌珠喉洽合剧中人条件。全剧大段唱达十余折之多，非有真实工夫天赋佳嗓者，莫敢一试。苎萝村西子浣纱及响屟廊望月二幕唱功俱特别吃重。'水殿风来'一段〔二黄〕为梅氏名曲，风行南北，早已脍炙人口。言艺员此剧学自梅门，亦步亦趋，梅派珍贵名剧也。"

言慧珠对《西施》做的最大的变动，是让西施当殿奏本，直接介入吴王和伍子胥、伯嚭之间的冲突，借吴王之手除掉了伍子胥，为越国复国扫除了最后一道障碍，从而也完成了西施这一艺术形象的塑造。直到今天，许多剧团演出《西施》，几乎都采用言的版本。

言慧珠排戏有一种特殊的方式。每当她想改进自己的演出或改动某出戏时，就要求她的小姐妹或学生模拟做她的替身，而她在一旁担任观众、导演、评论员等角色，对戏进行深入的琢磨，以此提高自己的艺术构思和二度创作的能力。仅西施上场，她就做了反复研究。她说："这个人物的上场很难，既要有捧心病态，又要不失倾国倾城之貌；既要愁锁双眉，又不能愁眉苦脸。故而上场以后，微馨之际还应提起精神，把身材亮出来，决不能窝着，否则就不美了。"言慧珠对美的追求是极其顶真的。她在舞台上的每一个转身、亮相、上场、下场，无一不是运用眼神、表情以及头、颈、眉、腰、腿、手、足等各方面的"劲头"，全面协调地柔驯地完成，具有很强的雕塑美和舞蹈感。在人物气质上，言慧珠十分注意把北国胭脂的大家风范和南方佳丽的钟毓灵秀融合起来，使她的表演既有梅先生的"贵"，又在古典中蕴含一种时尚气，给人感受到的是一种贴近生活的鲜明、年轻、活泼、挺拔而娇媚的女性美。

如何认真地吸取前辈的经验，如何越过历史长河，让古典的京剧艺术贴近时代的脉搏，言慧珠做了可贵的尝试。她在传达艺术美的同时，也开始展示了她对人生的感悟和别具个性的审美取向。数十年来，在梅门弟子中，能把西施演活的，也许就数言慧珠了。因为她美。不但长得美，还能创造美。

正月初八夜戏，戏是老戏，招是新招。言慧珠在《双姣奇缘》中，变"一赶二"为"一赶三"：前孙玉姣（花旦）、中宋巧姣（青衣）、后刘媒婆（彩旦），把坤旦独特的优势推向了极致。据当年看过言慧珠表演的龚和德先生回忆："言慧珠的刘媒婆，她穿一套黑色印度绸的袄裤，脚下是一双黑缎子绣花鞋，头上是波形烫发，鬓边插一朵小红花，嘴角边点着一颗黑痣（这是彩旦的唯一标准），颈戴银色项链，手上的金刚钻戒指闪闪发光，拿着一根点着香烟的象牙烟嘴。唱到〔流水板〕时踢刘彪一脚，然后一个闪腰，一仰，一扭，台底下顷刻疯狂。一个刘媒婆，把言慧珠的美丽和浪漫永久地刻入了我的记忆。那一年我只有十六岁。"

言慧珠"一赶三"的演法，传到芙蓉草的耳朵里，老先生也不由暗暗赞道："我早知道这小妮子会偷我这一手！"

芙蓉草坐科于北方，坐镇于南方。南边的旦角如言慧珠、童芷苓、李玉茹，以及曹慧麟、陆玉兰、张淑娴等，都要向这位京剧界的"万宝全书"问道学艺。据说有个别旦角演员在上场之前，只要看到芙蓉草出现，还会紧张得发抖，唯恐被他挑出什么差错。

跟芙蓉草学艺可不容易。老先生整天躺在烟榻上，用烟枪指指点点。灵巧的、嘴甜的、悟性高的、出手大方的，能学到一些玩意儿。反之，入宝山空手而归也不乏其人。言慧珠聪明乖巧，这是一等一的。就是有个毛病，一生惜财如命。在这里，让我们超越时空，看一件发生在1949年的故事。

有一次言慧珠提了"束脩"来到中国大戏院芙蓉草的住处，向老先生学戏。管事的接过红包进了芙蓉草的里屋。不一会儿，只听见屋里传来气鼓鼓的声音："我那玩意儿就这么不值钱吗？"话音未落，几张花花绿绿的钞票从屋里扔了出来。谁都以为言慧珠跟芙蓉草学戏是没门了。不想没过多少日子，言慧珠又上门了，说是天蟾舞台约我去演一期，我想请师娘一起唱，您老看行不？那时，芙蓉草新娶了一位夫人，名叫朱兰春，是唱老生的。原是茶楼唱清曲出身，没什么名气。芙蓉草心想，你言慧珠早已大名鼎鼎，肯和不出名的兰春合作，等于捧了你师娘。老先生气来得快，去得也快，一张长脸变圆了。后来言慧珠果然和这位新师娘在天蟾舞台演了一期。朱兰春的名字前再加"情商合作"四字，和言慧珠、高盛麟并挂一、二、三牌，出足了风头。演出期间，言慧珠隔三岔五地登师父、师娘的门。借着和师娘对戏为由，请师父把要演的戏再给说一遍。就这样，唱满天蟾舞台一期，言慧珠又充实了八出戏。芙蓉草逢人便说："这小妮子多坏，一个月就'偷'了我八出戏！"明知上当，心甘情愿。

"巧取豪夺"，言慧珠比谁都机灵。

从2月2日（正月初一）到5月14日，言慧珠在"皇后"演了整整一百零二天。下半年移师"黄金"，从9月16日到10月30日，又演了四十五天。她不但上演了所有的梅派经典，而且把触角伸向花旦、刀马旦、武旦、彩旦、刺杀旦等行当拓展戏路，并在梅派剧目《木兰从军》中反串小生，在言门本派《上天台》中反串老生。其剧目涵盖面之广以及风格的多样化，令上海滩的观众和戏迷目不暇接。其间她还参加了天蟾的赈灾义演。12月中旬，言慧珠率剧团到南京中央大舞台演出了一期。这一年，她倒有二百余天活跃在舞台上，其中还不包括日场和双出。那时候演员的功力，实非今天的演员所能企及。

1946年的言慧珠，来了一个华丽的转身。她上承传统文化的丰富养料，下探海派文化的多维空间，不断地滋补和拓展了她的艺术领域。历史发展到20世纪50年代初，言慧珠又创排了《梁山伯与祝英台》、《春香传》、《洪宣娇》等新剧目，整理改编了梅派经典《花木兰》，在传统与创新的契合点上，进一步探索她个人的艺术风格。同时她还向昆剧艺术领域开拓，以南昆细腻、柔美的表演手段来充实自己的梅派表演艺术，并着重在"化"字上下功夫。至50年代末，一出《墙头马上》的问世，标志着言慧珠的艺术个性已然水到渠成。言慧珠在自传里写道："我的戏剧史总是要完成的。"她用艺术记录了她对人生的认知和感受。关于这部分内容，我们将在后面展开。

六、平剧皇后

热闹是年年会有的。就像现在的电视台，你选"超女"，他选"好男儿"，我选"我型我秀"。花样天天在变，讲究时髦的人们就会趋之若鹜。

1946年上海滩最热闹的一件事，恐怕莫过于大上海的名媛丽姝一个接一个地闪亮登场，为十里洋场晕染了一圈绚丽耀眼的光环。就在这美女如云的光环中，言慧珠登上了"平剧皇后"的宝座。

1946年夏，苏北发生水灾，三百五十万难民涌入上海。光复后的"蒋总统"为了显示他体恤民情的悲悯心怀，授意他的青帮小师弟杜月笙拿些钱出来赈济灾民。

此刻的杜月笙正窝着一肚子火，不知道找谁去发泄。他想起1927年的四一二政变，杜某为老蒋杀了多少共产党人；八年抗战，杜某鞍前马后东奔西走为老蒋

青年时期的言慧珠

105

效了多少力。没想到赶走了日本人，老蒋委任钱大钧当了上海市长，吴绍澍为副市长，他姓杜的一官半职也没捞着。现在你老蒋想唱白脸，就要我姓杜的掏腰包？杜月笙是甚等样人？从一个游荡成性的十六铺小混混，一跃成为上海滩数一数二的大亨，没有一点手腕能在这块土地上发迹吗？但杜月笙知道今天的老蒋已不是当年的老蒋。眼下青帮声名狼藉。老蒋对"帮会"，既要派用场，心里又讨厌。记得在重庆，老蒋嫌帮会势力太大，还想杀一两个青、洪帮头子，压一压帮会的气势。他杜月笙可不能小不忍则乱大谋。

杜月笙到底是杜月笙。眉头一皱，计上心来。一个天衣无缝的"创意"，不仅使他免掏腰包，而且把一场赈灾慈善活动搞得轰轰烈烈，有声有色。海上闻人，坐收渔人之利。

在杜月笙的授意下，上海成立了一个"苏北难民赈济协会"，由杜月笙亲任主任，社会局长吴开先任副主任。主办者动足脑筋，以该协会和"湘灾急赈委员会"的名义，发动南北京剧界的大腕人物举行平剧赈灾义演。据《申报》载，当时沪上的大师级人物几乎悉数登场，包括"少壮派"如高盛麟、李盛斌、马富禄、袁世海、傅德威等也纷纷献艺。言慧珠是同辈艺人中唯一见报的坤伶，报上赫然登着"言慧珠小姐便装登台"。言慧珠名冠群芳的势头，已如江上青峰，巍然兀立。

假座于天蟾舞台的赈灾义演，于7月10日首场演出。开锣是李盛斌的《挑滑车》；第二出是黄桂秋、俞振飞的《春秋配》。大轴是全部《龙凤呈祥》。盖叫天的赵云，林树森的刘备，马连良的乔玄，梅兰芳的孙尚香，麒麟童的鲁肃，马富禄的吴国太，姜妙香的周瑜，袁世海前孙权、后张飞。

这样的阵容，恐怕在五十到一百年间，是不可能会有了。

7月11日，开锣是高盛麟、袁世海、马富禄的全本《连环套》。大轴是全部《四郎探母》。赵培鑫（海上名票，工余派）、麒麟童、马连良分饰前、中、后杨四郎，梅兰芳的铁镜公主，芙蓉草的萧太后，姜妙香的杨宗保，马富禄的佘太君，其他角色，不一一列举。

7月12日，前面是全本《大溪皇庄》。盖叫天的尹亮，麒麟童的褚彪，赵如泉的贾亮，王富英的蒋旺，袁世海的花得雷，言慧珠便装上台。大轴是全部《打渔杀家》。梅兰芳的桂英，马连良的萧恩，马富禄的大教师爷。大幅海报上，在

《大溪皇庄》下方写着："珠联璧合，破例合作。"在《打渔杀家》下方写着："十余年来未曾合作之精彩好戏。"足见当年的演出阵容极一时之盛。

余生也晚，未躬其盛，很难想见言慧珠在《大溪皇庄》中便装登台，扮演的是什么角色。但笔者在查阅《申报》时，发现一个颇有意味的新闻点：从1946年到1947年，报纸上出现的"言慧便装登台"的信息逐年增多。仅1947年九十月间，她在"黄金"唱了四十五天，"便装登台"就达二十六次。即使不演时装登台的玩笑戏，她也经常"素面朝天"以飨观众。这至少说明一点，上海观众在欣赏言慧珠的舞台艺术之余，尤其垂青言慧珠舞台下的仪态和风情。有人甚至认为，台下的言慧珠比台上的更美。

7月13日，开锣是高盛麟的《史文恭》。接下来是南派的全部《楚汉相争·萧何月下追韩信》接演京派的《霸王别姬》。周信芳的萧何，刘韵芳的刘邦，刘连荣的项羽，梅兰芳的虞姬，其他角色众多，不一一罗列。这台把南北风格熔于一炉的大师级的《楚汉相争》，如果不是因缘时会，梅、周相逢，当年的看客焉有这等眼福。

7月14日夜戏，开锣是全部《群英会·借东风·华容道》，马连良的孔明，周信芳的鲁肃，林树森的关公，马富禄的蒋干，袁世海的曹操，王玉让的黄盖，都是当年重量级的人物。而周瑜的扮演者是上海滩的一位票友，叫王震欧，与杜家素有往来。第二出是《钓金龟》。扮演康氏的"杜夫人"，想必就是姚玉兰。姚在嫁杜之前，也是京剧老生演员。反串《钓金龟》的康氏，也算杜家对苏北灾民的一种"义举"。大轴是《奇双会》。梅兰芳的桂枝，俞振飞的赵宠，周信芳饰李奇，姜妙香饰保童。

五天义演，收入颇丰。当时票价分二万元、一万元、六千元、五千元、三千元和一千元六档。"天蟾"有座位近三千。五天下来，实是一笔不小的数目。义演终因"梅兰芳博士日来抱恙登台，辛劳异常"而告结束。

初战告捷。杜月笙施展的第二手，就是以"救济苏北难民协会上海市筹募委员会"的名义，发动上海各界名媛竞选"上海小姐"。起初预备将上海小姐分为四组：(一) 闺阁名媛组；(二) 影星组；(三) 歌星组；(四) 舞星组。后又设坤伶组。各组分别选举。

由于外界对这一活动毁誉不一，选举过程颇多波折。首先是受地下党影响

1946年8月7日《罗宾汉》对平剧皇后选举的报道

的电影、话剧界表示不参加这一活动。其次是越剧界以"人言可畏"退出竞选。至于大人家的闺阁千金以跻身舞女歌星之流有失身份也很难发动。直至大选前的8月2日，一位姓高的"民立"女生首先报名登记，嗣后才应征者日多，民政处的女职员也全体参加。

言慧珠在自传里提到：

八月，杨虎等发起选上海小姐和皇后，杨叫我参加选举。

杨虎，国民党淞沪警备区司令，也是青帮人物。杜月笙为把选美活动搞得轰轰烈烈，授意杨虎动员言慧珠出场。虽说言慧珠见名利从不绕过，却因自己当时已和白云结婚，显得底气不足。如果通过这场选美活动，使自己一扫已婚之身的阴影，赢得更多的粉丝，自然是绝无仅有的精彩。杨虎暗示言慧珠但放宽心，大胆竞选，加冕"平剧皇后"的封号，非她莫属，言慧珠这才变得兴奋起来。但她的策略是"欲擒故纵"。她对记者故意放风："无论有着多大声誉的坤伶，碰到一嫁人之后，捧场的人们就此'胃纳'不佳，竞选换一句话，是要有实力的人拿大量钞票去捧，自有了白云这道'障碍物'，万一竞选，恐难讨俏。"言慧珠绝顶聪明，借口已婚，故作淡然。这大概就是当今许多公众人物宁可闹绯闻也不愿意结婚的缘故吧！记者果然上了言慧珠的当。《罗宾汉》以硕大的标题载文："言慧珠淡视竞选'皇后'。"暗地里言慧珠却在紧锣密鼓地行动。

选举原定于8月15日，后延至8月20日，和新仙林舞厅的游园大会同时举行。当时《申报》有这样一段话："上海人是一向喜欢'噱头'的，平时叫他们老老实实地拿出些钱来救济灾民，实在是件难事。为了如此，当事者不得不大动

1946年8月9日《罗宾汉》对言慧珠竞选平剧皇后的报道

脑筋,办各种新奇的创举,以收赈灾的功效。"

寥寥数语,画出了旧上海的"芸芸众生相"。在那"朱门酒肉臭,路有冻死骨"的花花世界,有钱的不肯掏腰包,却挖空心思从老百姓口袋里抠钱,还不分青红皂白地一棒头打在全上海人民的头上,只怕不是"噱头"两字可以避嫌的。试看六十二年后,巴山蜀水的一场地震,震撼了全国党政军民悲天悯人的胸怀,其间发生多少惊天地、泣鬼神的壮举和义举!这才是名副其实的慈善活动。

据当年《申报》载:"选举票分三种,红色每张十万元,以一百权计算;绿色每张五万元,以五十权计算;黄色每张一万元,以十权计算。"笔者照此实录,一个"权"字,颇难解读。按字义析解,"权"有"权衡"、"权变"的意思。所谓"权计算",大约是当时的一种"换算"的方式吧!

《申报》又载:"此次选举,可说是'钱的竞赛',目的为捐款,选举自不以容貌、身段为标准,因此各候选人竭力地推销选举票,私人捐款亦不在少数。预料总数将超出四万万元。"至于这四万万元最后是否全数用在灾民身上,只有天知、地知了。

越是有暴利的地方越黑,古今亦然。

8月20日夜,新仙林舞厅彩灯齐放,热闹异常。七时许,汽车已经川流不息地停下又开走,留下成百上千的嘉宾。舞厅大门上端,悬着"苏北难民救济协会上海市筹募委员会园游大会"丝绸金字横额。四盏纱灯,分别映着"园游大会"四个大字。进门便是一只投票柜,使人蓦地又想起"钱选"两字。沿大门两侧,是收票的职员和几家报馆在忙着赠送当天的报纸。沿着绿阴夹道的花径,一转弯便是硕大平滑的花园舞池。舞池右后侧的大门前搭了一座主席台,台上点缀着盆景,张挂着灯彩。台前自左向右并列着"舞国皇后"、"平剧皇后"、"上海小姐"、"歌唱皇后"字样的四只扎着丝绸的木箱,等候着选票的投入。未到八时,园内位置几乎已全部坐满,一时钗光宝影,花枝招展,满眼是服饰摩登的仕女,她们似穿花蝴蝶般地来去着。

钟鸣八时,乐声四起,三架回光灯同时向主席台上照射出耀眼的银光,光圈里坐着上海滩的各界头面人物。在杜月笙等主持人相继致词时,台前四只票箱已经陆续有人投票。而花园里看热闹的人也在每一刻每一分地增加,终至比肩接踵,没有插足之地。

1946年8月20日《申报》登载的言慧珠照片

上海小姐中,名媛组的王韵梅化妆最为精致。她身穿墨绿缎子中袖长旗袍,胸前缀以闪烁的银片,戴绿色纱手套,发际饰以花朵。该花以山鸡毛制成,染以黄色,花瓣随风摇曳,远远望去,恰似鲜艳的孔雀毛。一经坐下,即为记者团团包围。

言慧珠在接受记者采访时说:"今天参加选举,并未大事化妆,仅希望到时候来看看热闹,若能引人投票,实为灾民之福也。"

言慧珠巧于化妆,更善于辞令。什么场合该化什么妆,什么当口该说什么话,她比谁都聪明。

十一时十分,在三千余人的欢呼声中开票了。王韵梅获票六万五千五百张,当选上海小姐;谢家骅得票二万五千四百三十张,刘德明得票八千五百张,分列第二、三名。韩菁菁得票三万张,当选歌唱皇后,张伊雯得票二万张,当选亚后;管敏莉得票三万三千一百五十张,当选舞国皇后;言慧珠得票三万七千七百张,当选平剧皇后,曹慧麟得票一万零六百张,当选亚后。

选举揭晓,群情沸腾。言慧珠身穿碎花旗袍,项戴珍珠项链,鬓插花朵,周旋在花团锦簇的众香国里,巧笑嫣然。她以平剧皇后的身份,发表了谦虚得体的讲话:

> 很侥幸,诸位把这平剧皇后的光荣给了我。在我,除去表示感谢之外,也感到惭愧和惶恐。因为平素缺乏艺术修养,实在担不起平剧的皇冕。今后只有努力充实自己,在艺术上求进展,来酬谢各位的厚爱。最后我代表社会的苦难同胞,来向诸位大善士感谢。

孰料揭晓不久,新仙林秩序大乱。王韵梅以舞女身份,荣膺上海小姐,令许多名门闺秀暗中不平:"她是一个舞女啊!不去争夺舞后之座,却来冒充上海小姐,这不能说不是一种玷辱,也是一种遗憾。"谢家骅是经济大汉奸谢筱初的女儿,父亲还羁押在监狱里,她却带了十四套行头到新仙林大出风头,也引起舆论哗然。新仙林"秩序混乱不堪,纠纷不一而足,交涉四起,令人失望之至"。倒是言慧珠摘取"平剧皇后"的皇冠,上海滩各界口服心服:"平剧皇后言慧珠(白门言氏,著名实货),果然冷门独出……"(见《罗宾汉》)

曾有文章说,当时因吴素秋和童芷苓不在上海,于是便成就了言慧珠的一段机缘。而笔者在查阅《申报》时,不仅看到"平剧组"竞选人名单中有童芷苓,而且还见到了言慧珠、童芷苓、曹慧麟、刘君美、耿苓秋、金少春的合影。《罗宾汉》刊登的"选举平剧皇后"登记表格名单,"计有童芷苓、言慧珠、曹慧麟、白玉薇、顾正秋、王玉蓉、李慧芳、刘琴心、谢兰玉、王熙春、琴丽芳、白玉艳、海碧霞、俞砚霞、金少春、刘美君、袁灵云、杨菊蘋、耿苓秋、耿莉芳、耿安琪、于素秋、郑冰如、于素莲等",真是群芳斗妍,美女如云。不过,童芷苓后来对记者发表"放弃竞选"的说辞,也赫然见于报端。

六十多年前的这场"社会游戏",不论主办方的意图如何,也莫追究它的社会效果怎样,我们仅从京剧文化的角度去审视,至少可以得出这样一点体味。京剧在近两百年的发展进程中,人民大众是把它作为自己生活内容的一部分去亲近它、品味它、享受它的。即使是在名列世界级大都会行列中的上海,即使是在"东方和西方文化的会合点,古代和现代的会合点,新与旧、善与恶、光明与黑暗、文明与野蛮的会合点"（柯灵语）的十里洋场，上海市民也没有拒绝这份传统文化的遗产。而眼下传统文化和文化传统的流失，难道还不足以引起我们重视吗？

历史的帆影虽然已经从人们的视野中淡出，海关的钟声却依然敲击着我们的心扉。

第三篇　癫狂柳絮
随风舞

一、狼 图 腾

春风得意马蹄疾。

从1943年至1946年，言慧珠穿梭往返于平、津、沪、宁之间，红遍大江南北。在这三年里，言慧珠双喜临门。

一喜作为梅派正宗，言慧珠的地位坚如磐石，无可动摇。

什么是梅派正宗？言慧珠认为列入梅氏门墙还远远不是获得梅派正宗，还必须住进梅家常奉师侧得到梅兰芳先生的亲炙；得到梅先生的亲炙也不是获得梅派正宗，还必须考察观众戏迷对自己学梅的接受状态；观众戏迷的接受状态仍不能代表言慧珠学梅成就的唯一标准，还必须时刻关注梅先生对自己的权威评价……可喜的是梅先生和梅夫人都一言九鼎地认同言慧珠学梅学得最像，梅先生亲口称赞言慧珠学梅已经学到六成。"好风凭借力，送我上青云"。一顶"平剧皇后"的皇冠，把言慧珠送上了三十三天。

二喜应中华电影联合公司之约，言慧珠和舒适、欧阳莎菲等电影明星联袂

青年时期的言慧珠

拍摄了故事片《逃婚》。八一三淞沪战事一起，特别是太平洋战争爆发，电影界的绝大多数人员都去了大后方和抗日前线，如张瑞芳、白杨、秦怡、舒绣文就是号称重庆的"四大名旦"。而赵丹则在新疆身陷图圄遭到军阀盛世才的迫害。在日军统治下的上海，电影业惨淡经营。言慧珠担纲主演的故事片《逃婚》，无疑给沦陷后的上海市民提供了一份娱乐快餐。几乎是一夜之间，言慧珠影剧双栖的名声传遍了上海的大街小巷。

1944年10月，言慧珠完成《逃婚》的摄制任务，回到了阔别年余的北平。故都的戏迷迎来了红遍江南的梅派传人，无不

翘首盼望一睹梅派正宗的艺术风采。尤其是戏迷们都知道言慧珠在上海拜了梅兰芳，得到梅师的青睐和亲授，都把解"梅"饥渴的需求寄托在言慧珠的身上。然而，令观众始料不及的是，言慧珠此番回平，大演特演的剧目竟是《戏迷传》、《十八扯》之类的玩笑戏，并因之大红特红。梅迷们在目瞪口呆之余，唯有摇头惋惜。而那些垂涎言慧珠声色的看客，则夜夜光顾，乐此不疲。社会舆论把"劈纺坤伶"的桂冠戴到了言慧珠的头上。

从"梅派正宗"到"劈纺坤伶"，其中原委恐怕不是三言两语可以说清楚的。言慧珠在自传里写道：

青年时期的言慧珠

朱老师病故，我无人管束，演一些《戏迷传》、《十八扯》之类的戏，大红特红。

言慧珠的文字无意中为我们提供了一个线索，朱桂芳对言慧珠的教学以及艺事活动，显然是严格按照梅派规范进行的。所以朱桂芳在世时，言慧珠对朱有所敬畏，是轻易不贴演"劈"、"纺"之类剧目的。

这是原因。但不是主要原因。朱桂芳虽然离世，但德高望重的梅兰芳此刻正坐镇上海。梅家有个不成文的规矩：凡梅门子弟一概不演"劈"、"纺"。关于这条"家规"，言慧珠是不可能不知道的。难道是"天高皇帝远"，梅先生鞭长莫及吗？

这也是原因。但也不是主要原因。1943年，言慧珠在上海和童芷苓对擂，还不是在梅先生的眼皮底下大"劈"大"纺"吗？为了市场竞争，言慧珠甘冒梅家之大不韪也是情有可原的。

如果说言慧珠对"劈"、"纺"情有独钟，又是天大的冤枉。1946年，言慧珠上半年在"皇后"唱了三个多月一百多场，没有贴过一次"劈"、"纺"。下半年移师"黄金"，小报《罗宾汉》载文："而言氏白门之此番登台，遇天蟾之李世芳、叶盛兰、叶盛章等，皇后之谭富英大敌当前，然言慧珠有十二分把握，盖一出《纺棉花》，可以叫半个月满堂也。"并断言此番"黄金"言慧珠将大劈大纺。不料"黄金"的四十五天里，言慧珠除了偶尔露演《百鸟朝凤》、《盘丝洞》、《盗魂铃》等玩笑戏外，唯独不贴"劈"、"纺"。言慧珠的脑子可不糊涂，面对梅兰芳最钟爱的学生李世芳，若用"劈"、"纺"和他对弈，一世英名将付于东流。

在这四十五天里，言慧珠再一次使尽了浑身解数。《霸王别姬》、《生死恨》、《四郎探母》、《凤还巢》、《玉堂春》、《西施》、《洛神》、《太真外传》等梅派经典悉数登场，充分调动她的艺术积累，把舞台行为推向生存的制高点。言慧珠是存了心要与师兄一争高下呢！

翌年，孔祥熙夫妇从南京来上海，点名要看言慧珠的《纺棉花》。言慧珠在家装病，拒不出演。淞沪警备司令杨虎派副官找上门来。言慧珠把甘油擦了一脸，黄蜡蜡的，一副病恹恹的样子。还请了春明女中的一位老同学在一旁照顾，以示病得不轻。副官无法，只得悻悻回去复命。后人便以此事演绎出言慧珠宁折不弯的故事来。如此说来，言慧珠是避开了"劈"、"纺"的恶名？

可是，孔祥熙离开上海不久，言慧珠却一反常态，从9月20日至

言慧珠的艺术照

11月16日，在"黄金"唱了五十八天，仅《新八十八扯》、《男女戏迷传》就贴了二十六场，便装登台二十六次，其中还不包括其他"噱头"戏。言慧珠依然难摘"劈纺坤伶"的帽子。

走进言慧珠的心里，实在不是一件容易的事。

我们前面提到过，人是环境的产物。如果不对言慧珠的生存环境作一番探究，是很难解读她的个性、作风、品格形成的原因以及她的一系列的行为逻辑的。

我们仍然以言慧珠亲笔书写的自传为依据，从字里行间里来寻觅她的人生轨迹和心路轨迹。

> 我是才走进社会的女孩子。在环境逼迫下，我试着出去周旋。起初我一个人不敢去，一定要拉着朱师母，才能腼腆的去应酬。

这是言慧珠1940年的心态。她为了能在社会上站住脚，由朱桂芳的夫人陪伴下试着去和各色人等周旋，企求在局势如麻的乱世中谋取一席之地。一个"试"字，道出了她内心无尽的迷茫和辛酸。

> 四一、四二年，我渐渐学会了一些应付的办法，拜在范丽水（父亲从前在上海认识的一个白相人，人称范四爷）的太太名下，为义女。他家来往的人很多，可以替我推销票子。又拜敌伪时北京市长余晋龢的太太为义母，以余的势力可以抵挡一般特务狗腿子的纠缠。

言慧珠在这里用了"应付"两字。所谓"应付"，所谓"办法"，就是拜干爹、认干妈、寻后台、找靠山。据言慧珠自传里写到，和她同时拜伪北京市长余晋龢为干爹的还有李玉芝、吴素秋、张文涓。在那个世道里，一个坤伶，在社会上没有一点靠山，恐怕是寸步难行的。

> 四二年，我在北京、天津已能渐渐立足……

寥寥数字，我们不难看出，言慧珠已经把自己融入了当时的社会环境，有了立足之地。社会是个纵横交错的立体网状，我们很难用平面叙述结构来加以描述。言慧珠的心中也在编织一张大网。她企图用这张网罩住社会，但最终也罩住了自己。

> 四三年，在上海经郑子褒介绍，拜吴国璋为义父，因此大红。

吴国璋是当时上海滩手眼通天的大资本家。言慧珠在上海"得吴多方资助，因之大红"。1943年的言慧珠，今非昔比。她此刻靠山硬，后台大，再也不愁在社会上站不住脚了。从一个坤伶登上社会的最上层，言慧珠正在努力完成这个过程。

四四年春节，到南京去演唱，伪南京市长周学昌说他早年在北平教育界时，曾经给我哥哥上过课，于是认了师生关系，命他手下的科长蒯伯涛负责捧我们兄妹。

意外的重逢，意外的收获。据言慧珠的自传记载，言慧珠在南京演出时，曾与汉奸李世群的手下爪牙马哨天冲突，是蒯伯涛出面请客了结。言慧珠由南京返沪，到扬州拍电影《逃婚》外景，[①] 又和当地特务站发生冲突，原因是日伪特务要言慧珠、欧阳莎菲等女演员夜半陪酒，遭到拒绝后，特务站扣押了摄制组的旅行证，言慧珠一个电话打到南京，也是蒯伯涛派人来扬州把事情摆平。这时候的言慧珠，已经能够游刃有余地周旋于社会的各个阶层之间了。

一个红坤角，在当时社会中，不可避免要与汪伪政府权要周旋。对巨商富贾，用举止奢华来倾倒他们；对于小狗腿，用物质哄他们，如天津有个王翻译，别人怕他，我常在吃饭时替他会钞，赌钱让他赢一点去……

四六年，由白云带我到杨虎家（白云和杨虎是师生关系），认杨为义父，杨妻田淑君为义母。

至于言慧珠装病拒演孔府堂会，其真实用意何在呢？1947年初，言慧珠患喉疾，九个月没有登台。孔祥熙派人邀言慧珠唱堂会，她认为挣钱的机会到了。哪知杨虎派人来说："孔部长府上的堂会，你的一出戏由杨司令官送了。"唱戏是为了赚钱，这道理像白开水一样简单。不花钱看白戏？言慧珠从来不做赔本的买卖。她来到杨虎家，借口生病久不登台，请司令调些头寸（实是唱堂会的代价）。一句话惹恼了杨虎："你有困难，就不用唱了。"这时候的言慧珠，孔祥熙、杨虎的老虎屁股也敢摸一摸了。

岁月留痕。这就是言慧珠当年走过的一段路程。我们从她留下的脚印中去辨认她的心路轨迹，不难看出，在多重复合的人际关系和社会关系及利益价值的驱动下，言慧珠的内心是一个十分矛盾复杂、善恶同体的世界。言慧珠对这个社会看得太深太透了。她认为，与其被这个社会玩弄，不如由她来"玩弄"这个社会。

---

① 《逃婚》于1943年7月2日在上海大光明首映。言慧珠的自传可能回忆有误。

于是，她写下了下面这段文字：

> 我因演戏初期，受过贫困和排挤，后来有了一种暴发户的报复心理，豪赌狂饮，挥金如土，夜夜游宴。我的客厅里有各种各样的朋友。刘筱润（清末科状元刘春霖之子）；冯季达（冯国璋之子）；先父的朋友周哨伯（可能现在台湾）；等等。同行以"狼主"呼之。

"狼主"？一个千娇百媚的女人，何以获得了"狼主"的雅号？笔者青少年时期萦绕在心际的疑问，终于找到了答案：狼图腾。

笔者在几年前曾读过姜戎的小说《狼图腾》。这是一部具有深厚的人文积淀和开阔的历史视野的优秀小说。书里对游牧民族的狼图腾崇拜有着非常精细的描写。

图腾文化是人类历史上最古老、最奇特的文化现象之一。在我国，狼图腾崇拜起始于华夏最古老的几个游牧民族部落，充分表现了原始人类集团的狩猎采集的经济状态和精神信仰。根据文献记载，华夏最古老的羌族、犬戎族和古匈奴荤粥，后经白狼、匈奴、高车、鲜卑、突厥、契丹等游牧民族，一直延续到现代的蒙古民族，都是世界上历史最悠久的狼图腾崇拜。京剧舞台上的那个勾着"碎脸"（一种京剧脸谱）、一副狰狞模样的"金兀术"，就称"狼主"。

笔者曾经为此疑惑了数十年，为什么狼这种在人们眼里十分凶恶的动物，会一跃成为世世代代游牧民族所崇拜的图腾精神呢？为什么言慧珠听到"同行以'狼主'呼之"，不以为辱，反而津

言慧珠便照

119

津乐道？难道仅仅因为她以蒙古族后裔的身份成为京剧界的大角儿吗？显然不是。

其实，狼图腾之所以能成为西北和蒙古草原上无数游牧民族的图腾，全在于草原狼的那种让人不得不崇拜的强悍精神和征服力量。就像人们明明知道老虎吃人，但在赞美一个人的时候，仍然要用"虎威"、"虎虎生风"、"虎老雄心在"这样的词汇。蒙古族是世界上最虔诚信奉狼图腾的游牧民族。蒙古人不仅认为自己民族的先祖来自"苍色的狼"，而且，蒙古王族一些核心部落的领袖，甚至一些核心部落本身，还直接以狼为名。草原狼给了游牧民族最强悍的战斗性格，最卓越的军事智慧，也使他们拥有了一支世界上最凶猛、最狡黠、最善战的骑兵。震惊世界的成吉思汗就是仗着这支区区十几万的骑兵，曾经横扫欧亚大陆，给了中国历史上从未有过的最大疆土，其面积超过汉唐。草原狼的智慧、顽强和尊严，狼的团队精神和家族责任感，狼的军事才能和为了胜利不惜粉身碎骨的顽强不屈的气魄，使草原人明白了一个最浅显却又是最为深刻的哲理：物竞天择，优胜劣汰。所以，草原人只把狼看作半个敌人。他们在消灭狼的肉体的时候，却接受了这种看不见、摸不着、虚无却又坚固的"狼魂"。这种伟大强悍的狼图腾精神就是中华游牧民族精神的精髓。

言慧珠属羊，但她不愿意做"羊"。

言慧珠不是狼，但她乐意人们称呼她"狼"。

言慧珠不是在一望无垠的蒙古草原上长大的，但她的血管里流淌着蒙古游牧民族的血液。

"狼主就是女王"。言慧珠在自传里如是说。

对那些敢于肆无忌惮地欺负她的人，她的还击也决不手软。

有一次，言慧珠和一女友在皇后大戏院（今和平电影院）看电影，散场后走在路上，只见一个男子迎上前来，贼塌嘻嘻地要请两位小姐吃饭。言慧珠抬手便赏了那厮一记耳光。不想那男子反手也还了言慧珠一记，把言慧珠的墨镜也打落在地。言慧珠岂肯善罢甘休，一把抓住对方的衣襟不放，两人拉拉扯扯地进了老闸北巡捕房。巡捕房的警察问明事由，判定那男子有错在先，责令他赔偿言慧珠损坏的眼镜。那男子推托没钱。言慧珠疾言厉色地说："你不是说要请我们吃饭吗，怎么现在没钱了！"那男子只得灰溜溜地掏净了口袋里的钱。

出了巡捕房，言慧珠就像什么也没发生过一样。那位女友却心有余悸，埋怨言慧珠何必跟这种人计较，如果那男子痛下杀手，吃亏的还不是咱女人。言慧珠听了反倒激动起来，把社会上那些想占她便宜的男人一个一个数落过来。一副天不怕、地不怕的"狼主"气势，吓得那女友赶紧把她拉上了三轮车。试想：面对这种任何下三滥手段都有可能使出来的社会渣滓，除了性格刚烈的言慧珠，有多少女性有这种胆气？

可是，言慧珠的巴掌掴在这等宵小之徒脸上的同时，也经常落在一些善良无辜的人的身上，包括傍了她几十年的"跟包"。打人摔东西成为她维持心理平衡的手段。

据说言慧珠在赌台上也是"狼主"。她喜欢玩"十三张"、打罗宋、推牌九，说那比打麻将更刺激。言慧珠赌钱只能赢，不能输。她赢了起身就走。哪怕只赢了三角五分钱，她也会欢呼起来："我回家的车钱有喽！"率性蛮横，叫人哭笑不得。她如果输了，就一个都别想走，非要赌到她赢方肯罢休。碰上这位"狼主"，谁都得让她三分。有一次，言慧珠的"跟包"（专管演员容妆的舞美工作人员）领了"包银"（月薪）正要离去，言慧珠留他玩麻雀。那位姓王的"跟包"说："小姐，我家里还等这钱买米呢！"琴师黄某在一旁说："言二小姐请你玩几圈，这点面子也不给吗？""跟包"无奈，只得坐下。没来上几圈，"跟包"的那几个钱都进了言慧珠的腰包。言慧珠把银元重新交到"跟包"手里，笑眯眯地说："下个月的包银就不给了。"人们都说，言慧珠笑的时候最美。那微微上翘的嘴角，有一种欧美人特有的妩媚和俏皮。真所谓"巧笑倩兮，美目盼兮，素以为绚兮"。不过，谁如果想知道言慧珠笑容背后的真实表情，那就不妨和她上一次赌台。

但是，在那个世道里，言慧珠的狼图腾精神有可能任着她的性子自由发挥吗？她难道不知道人世间的以强凌弱更甚于动物界的弱肉强食吗？

1947年，孔（祥熙）府堂会的风波过后不久，言慧珠拟在"黄金"和高盛麟等同台演出一期。海报未贴，就接到恫吓电话："司令官叫你唱堂会你不唱，现在想唱营业戏，等着吧！"社会上甚至传言：言慧珠敢在"黄金"演出，青帮就派人砸戏院、撕"守旧"（挂在天幕上的大幕）、洒镪水。言慧珠当然知道青帮的势力，只能到杨府赔罪。杨虎存了心要让言慧珠难堪，命她到杨的六个徒弟处一一赔礼，方可登台演出。言慧珠视唱戏如生命。不唱戏就不能维持生活。她尝到了"年年难唱年年唱"的苦涩。

让我们重新回到1945年的北平。

8月，日本军国主义宣布无条件投降，言慧珠兴奋得热泪盈眶，在朋友刘筱润的家里通宵狂饮。为了欢庆胜利，她和戏剧家陈锦、音乐家江文也赶排了《西施复国记》，上演于北平新新戏院，并在平安戏院为美侨演出《吕布与貂蝉》（与叶盛兰合作）。北平梨园公会组织的庆祝活动，她都积极参加，和她一起上街游行的有李万春、叶盛兰、陈大濩等京剧名家。据说言慧珠还趴在一辆坦克车上留下了一个狂欢的镜头，站在她身边的是蒋纬国。

她在自传里写道：

> 凡是当时一切庆祝胜利的社会活动，我都参加了。

但是，抗战胜利带给言慧珠的喜悦是短暂的，接踵而来的是无休无止的烦恼。在北京饭店举办的欢迎空军的舞会上，言慧珠认识了一批从陪都过来的接收大员，有的还成了她家的座上客。不久便传来流言蜚语，说言慧珠要嫁给一个名叫吕文员的接收大员为妾，甚至污蔑她为汉奸说情，得四百根金条为身价银。言慧珠为此去找另一个叫刘漫天的接收大员，请他主持公道，还言慧珠一个清白。不想这个刘漫天嘻皮笑脸地说："如果是真的，不是很好吗？我应该给你道喜啊！"言慧珠不依不饶，要求查清此事，否则她就得担汉奸的罪名。刘又说："这是企图破坏中央大员的威信，故意借你言慧珠的名气制造谣言。"言慧珠无法接受这种强加于她的污辱，回到家里就吞服安眠药自杀，次日被人发现，送到当时北平的一家德国医院抢救，二十七小时后才恢复知觉。

一个叫蒙司丹纽的西班牙籍神父，是言慧珠的英文教师。他对言慧珠说，在她昏迷的时候，他已经为她"领洗"，圣名叫"则及利亚"。言慧珠在北平万桑医院里疗养了一个来月。事后才得知，接收大员刘漫天和吕文员有矛盾，污蔑言慧珠的谣言就出自那个经常出入她家客厅的刘漫天之口。

言慧珠崇拜狼图腾。她在自传里写过这样一句话："我这一生是不能低头做人的。"

言慧珠没有低过头吗？"权力"是根魔杖。在这根魔杖面前，从来不低头的言慧珠除了自戕之外，恐怕别无选择。据说草原狼有个天性，它们宁可与强敌交手战死，也不愿意自己病死。言慧珠一生的自杀情结，难道也源于狼图腾崇拜？

还在少女时期，言慧珠因为单相思、失恋，就曾经自杀过。当时，家人见她神情异样，把剪刀等利器都藏了起来。不料她吃了大量安眠药，一眠不醒。第二天清晨，等到家人发现，已经耽误了时辰。偏偏北京城每天清晨有送水车一家家送水，胡同被送水车堵塞，救命车开不进来。待送到医院，已经气息奄奄。粗大的针管从她腿部注入药水，小命是抢救过来了，但两条腿从此高低不平。知道内情的人明白这是病根，不知情者还以为充满女性霸气的言慧珠在T型舞台上走傲视天下的猫步呢！

狼的强悍是体现在对命运的抗争，还是消极悲观的遁世，只怕言慧珠自己也说不清楚。她也许从来就没有思考过，草原民族的狼图腾精神，只有和儒家的和平主义、重视教育的传统相结合，才能重塑我们的民族性格，包括人格的自我完善。

言慧珠不可能思考这些道理。如其不然，她就是另一个言慧珠了。

1945年秋冬，言慧珠在养病期间，收到白云从上海寄来的信。言慧珠和白云是1942年在青岛相识的。后来白云去了内地，二人许久未通音信。白云在信上表示十分同情言慧珠，并说他和前妻已经离婚，希望言慧珠同他结婚。言在自传里是这样写的：

> 我处于四顾茫然之中，迫切想离开北平。但交通未恢复。一筹莫展时，戴笠请客，有叶盛兰、李玉茹、袁世海等。饭后（戴笠）问我自杀原因，我据实相告。说是想到上海找梅兰芳去，希望得到一张机票。戴批准。四六年初，我和家人惨惨而别，只身提一只箱子，离开北平。

心理学家认为，人在本质上是孤独的，与孤独同步生长的是人对世界的各种需求和欲望，比如生理需求、安全需求、社交需求（即归属于爱的需求），这是人类最基本的需求。

当孤独无法排遣时，人们往往求助于爱情。然而，令言慧珠始料不及的是，她和白云的婚恋还未达到精神上的G点，就迅速滑到崩溃的冰点。

二、和白云的"闪婚"、"闪离"

白云，原名杨维汉。出生在新加坡，父亲经商，幼时在当地的圣岁威教会

曾经红透半边天的白云

学校念书。十几岁时回到祖国，继续在香港、上海、北平求学。曾加入抗日救国组织演过话剧，后到香港拍戏，艺名叫罗汉。他深知要成为一颗耀眼的明星，一定要有一个既有内涵又能使人朗朗上口容易记住的艺名，于是改名白云。他身高五尺八寸，身材健美，五官端正，美中不足的是，生就一双单眼皮；于是不惜重金请上海著名的美容师杨树荫为他做了双眼皮切割手术，手术非常成功。香港著名导演李翰祥称赞他："白云长相是长相，个头是个头，神采奕奕，风度翩翩；衣着举止，潇洒飘逸；内涵外表，无一不佳；所以当年能红透半边天，决非偶然！"白云在加盟国华影片公司后的短短三年内，拍摄了十多部影片，既有轰动一时的"古装片"《三笑》、《西厢记》、《碧玉簪》，也有脍炙人口的"时装片"《红杏出墙记》、《惜分飞》、《天涯歌女》。其中尤以和周璇合演的《西厢记》、《天涯歌女》等影片红极一时，使白云有"东方范伦铁诺"之称。作为风流小生的形象，白云很快地成为广大影迷（尤其是女性影迷）的偶像。据说当年上海的大街上，到处可见男青年理着白云式的"飞机头"。

据说有一年白云在北平演出《潘金莲》时，在路上遇到宪兵检查"身份证"，盘查时的一段对话，竟成为一件趣闻在社会上流传：

"叫什么名字？"

"白云！"

"明明写着杨维汉，为什么说是白云？"

"白云是我的艺名，本名叫杨维汉！"

"他妈的，这上面明明写着艺名罗汉嘛！"

"罗汉是我在香港的艺名。"

"《西厢记》里你叫什么？"

"张生。"

"《三笑》里你叫什么？"

"唐伯虎。"

"《潘金莲》里呢？"

"西门庆。"

"他妈的，你小子名字还真不少。"

传闻是否属实，很难细考。但白云的声誉扶摇直上，这在20世纪40年代是人所共知的事实。

李翰祥对白云还有过这样一段评述："电影圈里有他那样修养的，还真是凤毛麟角。他不仅可以说流利的国语、沪语、粤语，对福建话、潮州话、马来语、英语、日语⋯⋯也无一不精；对音乐和绘画也有独特的见地，对历史和文物也有一定的研究。"（参阅赵士荟《老影星传》）

一个是才貌双全的银幕当红小生。一个是美艳欲滴、芳名远播、出门必招

《三笑》剧照(白云和周璇)

惹眼珠子、回头率百分之百的"平剧皇后"。理应是天作之合的一对，呈璧合之妙的一双。为何这场婚姻仅维持了五十二天，便来也匆匆、去也匆匆地宣告解体，留下的仅是一段闹哄哄的社会新闻？一对玉人已归仙界，我们只能从言慧珠的文字中穿越历史的烟尘去寻觅这场从"闪婚"到"闪离"背后的隐情。

言慧珠在自传里提到：

> 春在皇后戏院（张镜寿、李炳奎为经理）演唱了三个月，与纪玉良同台。在这一段时间我发现白云有许多下流行为，对结婚有些犹豫。

这是言慧珠和白云纰离十余年后写下的文字。谁也说不清这些文字是她痛定思痛后的感悟，还是宣泄了她压抑在内心十余年之久的一种怨尤。但不管属于何种，1946年春，言慧珠和白云双双堕入了爱河，却是"皇后"同仁有目共睹的事实。言慧珠在"皇后"演出的三个月中，白云几乎隔三岔五地要到剧场后台去。言慧珠在台上唱戏，他就在后台找人推牌九。言慧珠知道白云来了，唱戏就分心。"皇后"的演员和工作人员都十分讨厌白云，写了一张"白云不准入内"的告示贴在后台门口，落款是"皇后同仁"。当年"皇后"的同仁几乎都了解言慧珠和白云婚恋的过程，把他称之为"吃软饭"的"拆白党"。当时小报

则说:"言慧珠并非嫁白云,而是白云嫁了言慧珠。"

台湾顾正秋在《休恋逝水》中的记录最为详细:"那时皇后招待她住在戏院隔壁的扬子饭店,我下午两点多去找她,才发现房里还有一个人——大明星白云。他俩都穿着睡衣,刚起床的样子。"

顾正秋是奉了关先生之命,拿了帖子来请言慧珠赴宴的。这位关先生,就是当年上海戏剧学校("正"字辈)的教务主任关鸿宾。此人生、旦、净、丑无一不通,顾正秋、薛正康、孙正阳都是他开的蒙。关先生有位老戏迷朋友,很迷言慧珠的戏,想请她吃饭。顾正秋拿了关先生的帖子来邀言慧珠。见到言慧珠和白云棠睡初醒的模样,有点尴尬地说明来意。言慧珠笑着问白云:"你说怎么样?"白云回答:"你自己做决定,我不管。"言慧珠就说:"总得给小秋这个面子呀!她大老远地跑来。"

言慧珠晚上有戏,吃饭安排在中午。到了那天,顾正秋去接她。言慧珠临出门时一再叮咛白云:"你不要出去哦,我很快就回来。"席间喝酒、寒暄,一顿饭吃了好久,言慧珠就有点坐立不安了。她拉着顾正秋往外走,宾客和主人都以为她们要上洗手间。到了外面,言慧珠要顾正秋假装一个仰慕大明星的影迷,打电话约白云去霞飞路迪迪斯咖啡馆喝咖啡。电话接通了。电话那头传来白云的声音:"对不起,我没空,"就把电话挂了。言慧珠露出一副既得意又松了一口气的笑容。顾正秋在回忆录中写道:"看言姐姐的表情,当时她正热恋着白云。"

顾正秋的这段文字很有趣。如果把它和言慧珠的文字结合在一起看,更有趣。顾正秋说言慧珠"正热恋着白云"。而言慧珠说"白云有许多下流行为"。如果要破译其中奥秘,有三个细节不可忽视。一是言慧珠临出门时一再叮咛白云不要出去;二是言慧珠要顾正秋假装影迷打电话约白云出来喝咖啡;三是言慧珠见白云没有应约而至而露出的"松了一口气的笑容"。顾正秋认为这是言慧珠热恋白云的一种表现。笔者倒认为,如果这也算是一种"热恋"的话,毋宁说,言慧珠和白云在恋爱之初就存在着严重的"信任危机"。

人与人的恋情,一旦失去最起码的信任,神圣的人性就会消失无遗,剩下的唯有动物性的本能和疯狂的占有欲。

笔者为了避免笔下出现有悖于真实的描写,曾经就言慧珠和白云婚恋一事，采访了电影界和京剧界的老前辈，才知道白云在20世纪40年代，就以"银幕上风流，银幕下也风流"的名声传遍海上。其中虽然有媒体炒作的原因，但白云自身也确有不检点的地方。据说他先是和舞女杨文英有过一段恋情，"感情将要达到沸点"，后来"为了一点小事"，于是劳燕分飞。

白云和罗舜华的结婚照

接着和海上犹太人巨富哈同的过房孙女罗舜华结婚生子，住进了哈同花园（今上海展览馆），成为"海上大观园"的一大新闻。香港粤语影片红星李绮年应邀到上海拍戏，结识了白云。罗舜华听到流言蜚语，就上门殴打李绮年，说她"破坏家庭"，结果对簿公堂。白云和罗舜华的婚姻破裂后，便把眼光投向了红遍大江南北的言慧珠。但他和言慧珠婚恋期间，依然在社会上艳遇不断。这是否就是言慧珠说的"白云有许多下流行为"的根据呢？

电影界另有一说，说白云一脸的脂粉气，出门还施粉黛。电影界的硬派小生，对他是不屑一顾的。言慧珠曾对闺中知己谈到过此事。她发现白云每次从外面回来，第一件事就是直奔洗手间。言慧珠心中狐疑，有一次一把抓住还未走进洗手间的白云，掏出白手绢朝他脸上一抹，手绢上竟映出白云黛眉的黑印和口红痕迹。这是否就是言慧珠"自传"中所说的"白云有许多下流行为"的又一根据呢？

如是，悬疑接踵而来。言慧珠既然发现"白云有许多下流行为，对结婚有些犹豫"，却为何还是在5月13日那天披上了婚纱？言慧珠在自传里这样写道：

他用种种威吓利诱，终于同白在五月十三日结婚。

片言只语，并未记录"威吓利诱"的具体内容。倒叫我们暗自思忖：一个满脸脂粉气的小白脸，还能把大名鼎鼎的"狼主"怎么样呢？如果是慑于白云的威吓利诱而强配鸾凤，为何后来白云离她而去，社会上又闹出言慧珠为白云自杀的绯闻？看来要析解言、白婚姻背后的谜团，还须穿过事物的表象而直捣人的灵魂深处。

127

十里洋场从来就面临着市场化挑战。艺术品有商品的属性。艺术品在市场流通的时候，制造商和演艺界人士采用一些运作手段和包装措施，这本无可厚非。但界定艺术价值体系的标准，决非是用资本意志去打倒文化的尊严。庄子说：物物而不物于物。简单解释，就是以精神驾驭物质。如果我们在把艺术品当作商品运作的时候，把自己的人格也当作商品炒作，于是生活中的一切（包括婚姻）也难免染上了商品的色彩。日前网上有一位所谓漂亮女作家在她的个人博客上留言："要和余秋雨一夜情"；也有人表示"愿做韩寒的情妇"；更有甚者，借谢晋之死极尽诽谤之能事。美国"拉链门"主角莱温斯基"高调"地向联邦调查局讨回那条十年前被作为"证据"的蓝裙子，当然不是为了压箱底。至于海内外演艺界某些明星制造绯闻炒作自己，近年来不绝于耳，屡屡再现。炒作花样之多，可以写一厚本书了。物欲的恶性膨胀，导致人文的无情流失。

白云是公众人物。白云的所作所为，言慧珠不可能心中无数。言慧珠也是公众人物。言慧珠的前尘往事，白云也不可能毫不知情。言白婚姻的悲剧性也许就在于，白云固然处心积虑地借大红大紫的言慧珠炒作自己，言慧珠又何尝不是一个热衷于张扬和炒作自己的人。

心理学家认为：成功是个应激事件。一夜成名，对于人而言，是一个"危机事件"，理论上讲需要心理干预。成功能带给人快乐，但快乐的感觉和幸福感不同。后者是可持续的，历久弥新的；而前者是随着时间递减的。对于言慧珠和白云这样的成功者来说，常规性的令普通人会感觉快乐的事情，他们没有兴趣。他们需要更大的刺激才能使多巴胺分泌，带来快感。

一天，皇后大戏院门口，车如流水马如龙。言慧珠和白云从戏院出来，一个穿一袭藏青色无袖旗袍，一个着一套奶白色西装，在虞洽卿路上闲情漫步。里三层，外三层，围者如堵。要求签名的人层层叠叠，交通为之堵塞。如果从空中俯视，可见黑压压的一片在下面缓缓移动。人有价值系统，有道德承载。在张扬炒作这一点上，言慧珠和白云是否达成了某些共识？或者他们的目光都瞄准了巨大的利润空间。

这样一对"才子佳人"走到一起，注定了他们的婚恋路上只有快感，没有幸福。

据电影界有关人士披露，当年白云曾对小报记者说："我和言慧珠的事你们爱怎么写就怎么写。"这就难怪一场仅五十二天的婚姻，"分而合，合而分"，成为当时小报上的热门新闻。笔者怀疑，所谓"言慧珠因白云而殉情"的绯闻，恐怕也属人为的炒作。

物比人大，爱情贬值。

婚后三天，两人吵架。原因是"有人看到白云和罗舜华出现在东湖路咖啡馆，谈笑风生"。言慧珠责问白云，既然和前妻藕断丝连，何必向我求婚。白云竟说，求婚的情书是秘书写的。婚后五十天，战争升级。言慧珠在自传里写道：

> 婚后五十三天中，我完全了解白云和我结婚是别有企图的。他是听信了谣言，以为我真的有四百根金条。后来发现我并没有钱，失望了，索性拉下假面具，天天花天酒地，无所不为。我们终于在七月三日由周静养律师作证，离婚了。

1946年的言慧珠，说她有四百根金条，也许与事实不符；说她没有钱，神仙也不会相信。且看她在自传中是怎么说的：

> 以前唱一个月的戏，钞票就会一麻袋一麻袋送来。唱一个月戏几年也吃不完；过去我挑班，挣的钱以黄金计算，卖座好一天就赚十两金子。过去我有漂亮的住宅，自己有小汽车，赌起钱来用黄金美钞输赢。

言慧珠情商不高，智商不低。人前莫露财，拳头攒得紧。就连和她同枕共衾的人也摸不清她有多少钱。

白云走了。两手空空而来，两手空空而去。抗战一胜利，从大后方回来的演技派明星日渐走红，像白云那一型光靠脸孔的演员就开始走下坡路了。白云后来去了台湾，在台中一家酒店当经理。据赵士荟先生的《寻访老影星》记载："1982年8月27日晚，在台湾日月潭的六角亭内，有人发现一具男尸，起初不知道死者姓甚名谁，后来从他身边发现一封遗书，才知道死者是老影星白云。遗书中说，他因为只身漂泊台湾，举目无亲，经济拮据，又患有癌症，因此用服毒自杀来结束六十四年的人生。因无家属认领，当地乡公所草草落葬，既无墓穴，更无墓碑，留下的是黄土一堆，野草萋萋……"

三、迷上了徐讦

这是个稍纵即逝的谜团，我差一点和它失之交臂；破译它的过程也许并不复杂，但却使我的心灵有了异样的震颤。

在言慧珠亲笔书写的自传里，有这样两段话：

受徐訏所谓新感觉派小说的毒害，追求那种淡淡哀愁的情调。总感到寂寞、厌倦，感到人生乏味。

在日本人的统治下，有一种小资的正义感和爱国思想，想到内地去。但因缺乏勇气，终于没走。

徐訏是何许人也？我一无所知。言慧珠为何把自己身上那种感到人生乏味的颓废归罪于徐訏小说的毒害？我懵懂不解。言慧珠曾经萌生到内地去的爱国思想？这倒是闻所未闻。在我的感觉中，言慧珠离不开十里洋场，离不开灯红酒绿，离不开纸醉金迷。

我很想探知隐藏在言慧珠心中的谜底。但这寥寥七十五个字，为我提供的信息量实在太少太少。我在撰写本书的过程中，为了获得更详尽的有关徐訏的资料，曾经多次上网搜索。但那时网上关于徐訏的介绍只有寥寥几条，几乎贫乏到一穷二白的程度。于是我想到，徐訏莫非是个低产的二三流的作家？于是我想到，言慧珠这份档案性质的自传，有些文字是不是她作为向组织交心的一种特殊语言呢？斯人已去，材料匮乏。考虑再三，我曾有意将这块内容剔除出本书的范畴。但这沉甸甸的七十五个字，就像迷雾笼罩着大地，乌云遮蔽着苍穹，总是在不断刺激我那根企图拨开云雾探寻谜底的神经末梢。仿佛有一种第六感觉在告诉我，这个章节也许是言慧珠灵魂深处的一个闪光点。

为了解电影明星白云在20世纪40年代的情况，以及他和言慧珠的婚恋过程，笔者拜访了作家沈寂先生。沈寂博学强记，快人快语，对旧上海的三教九流、风土人情，尤其是电影业的前尘往事，了然于胸。他为我详尽介绍了白云的人品，包括电影界同人对白云的看法。他告诉笔者，白云追求言慧

徐訏

珠,动机不正:一为钱财;二为炒作。虽然电影界也有人对言慧珠的印象不是最佳,但大家对言慧珠嫁给这样一个"小白脸"无不感到可惜。沈寂先生对往事的追忆,使笔者找到了言慧珠第一次婚姻失败的原因,这才顺利地完成了上面《和白云的"闪婚"、"闪离"》这一章节。谈话间,沈寂先生突然问我:"你听说过徐訏吗?"我的心咯噔一跳,预感到困扰我数月百思而不得其解的谜团,也许有了解密的契机……

徐訏(1908—1980),男,现代作家,1931年毕业于北京国立大学哲学系。后在该校心理学系作研究生。1932年赴法国留学,在巴黎大学研究哲学,获得博士学位。1938年,因抗战爆发回国,初居上海"孤岛",从此开始文学创作活动。1942年赴内地,任教于国立中央大学。1944年任《扫荡报》驻华盛顿特派员。1946年从美国回到上海……

言慧珠是从徐訏的忠实粉丝而成为他的红颜知己的。1946年秋冬,言慧珠刚刚走出情感上的沼泽地。和白云的婚变,不仅给她的内心带来无尽的烦闷,莫须有的绯闻更使她陷入流言蜚语的重围。她除了以连轴转的演出来转移自己的注意力之外,就是用豪赌来麻醉自己脆弱的神经。繁忙的演出和应酬之余,陪伴她孤寂灵魂的经常是两本爱不释手的小说。一本是徐訏的小说《鬼恋》。另一部还是徐訏的小说《风萧萧》。

从言慧珠自传的文字记载来看,她是先拜读徐訏的作品而后识其尊颜的。《鬼恋》是徐訏的成名作,留学时写于法国。因抗战军兴,作者回国,蛰居"孤岛",以《夜窗书屋》的名称发表了这部小说。言慧珠爱看小说。尤其爱看有异国情调的小说。《鬼恋》笼罩着一层浪漫而神秘的色彩,对小人物命运的刻画和对生离死别、儿女情长的描写,常使落寞中的言慧珠如有遇知己之感。虽然书中有龙华革命烈士的背景描写,但不可否认,小说中弥漫着一股淡淡哀愁的情绪,这对多愁善感的言慧珠不会没有影响。这大概就是言慧珠把徐訏的小说归入新感觉派的一个原因吧!根据言慧珠自传的章节排列来看,她迷上《鬼恋》当是1943年前后的事。

太平洋战争于1941年年底爆发。日军占领"孤岛",深受上海读者欢迎的作家徐訏突然消失了。后来,柯灵和陈蝶衣主编的《万象》、《春秋》,时有报道内地作家动态。其中有关于徐訏的长篇《风萧萧》的报道。虽然没有内容介绍,可是书名《风萧萧》就使人想起"风萧萧兮易水寒，壮士一去兮不复还"。悲壮而又激昂。在全民抗战的激流中，徐訏跳出描绘人性狭小的感情圈，自发地表现出热烈的爱国心，也是一个爱国知识分子的良知使然。

《风萧萧》先在《扫荡报》连载，霎时轰动山城，各家书店都以最醒目的位置陈列徐訏的小说，所谓"长江轮上，人手一纸"，出版界称该年为"徐訏年"。抗战胜利后，徐訏从美国回到上海，该书于1947年经刘以鬯的怀正文化出版社再版，再次引发轰动效应。据几位八十岁以上的老人回忆，那时上海的青年学生几乎是人手一册。但是，若按时间推算，言慧珠迷上《风萧萧》，应该比当年上海的读者要更早一些。否则，我们就很难解释她内心的"在日本人的统治下，有一种小资的正义感和爱国思想，想到内地去"的冲动是在什么诱因下产生的。

在这里，言慧珠向我们展示了一个足以令我们肃然起敬的侧面。虽然她最终暴露了"缺乏勇气，终于没走"的软弱的一面。但她勇于解剖自己灵魂的勇气不也表明她素来就有一种毫不矫情的率性吗？

一天，话剧演员乔奇来访，说是有一位知名作家希望和她这位"平剧皇后"见面。言慧珠笑着说："该不是又要丑化我的形象吧？"乔奇说："人家可是从美国回来的。"言慧珠放下手中的《风萧萧》："我可不管什么美国回来的、英国回来的。'黄金'演出刚结束，南京中央大戏院已经来邀。我还想留点精神在台上用呢！"乔奇担心言慧珠不肯赏光，便把这位作家的来历浓墨重彩地渲染了一番。什么"精通英、法两国语言"；什么"小说、诗歌、戏剧、散文都是能手，人称文坛鬼才、全才、通才……"言慧珠斜倚在沙发上听完乔奇的叙述，略略一笑："你别给人家抬轿子了。直说吧，他是谁？"乔奇缓缓地吐出两字："徐訏。"不想言慧珠听见"徐訏"两字，冷不丁从沙发上起身，一边责备乔奇"你卖的什么关子，他可是我最崇拜最崇拜的作家"，一边朝卧室跑去。小半晌工夫，言慧珠才从屋里出来。虽说是常见面的老朋友，乔奇仍觉眼前一亮。只见她一袭豹皮大衣，脖子上是一条鲜红的围巾，头上斜戴着俄罗斯式的圆帽，摩登仕女，光彩熠熠。乔奇打趣说："过去你画个口红就得半个时辰，今天这速度够麻利的。"言慧珠嗔怪道："少贫嘴！"拉着乔奇出了家门……

言慧珠和徐訏第一次见面，是在外滩汇总饭店的咖啡厅里。这里紧傍外滩，视野开阔。室内高大的落地玻璃窗，把黄浦江的风光尽收眼底。室外寒风凛冽，室内温暖如春，陈设雅致，气氛幽静。文人雅士都爱到这里消闲。也有报馆的记者，一杯咖啡还没啜完，一篇报道已经一挥而就。那时候，上海滩有些声望的洋场才子都喜欢汇集在这里。

言慧珠和乔奇走进"汇总"，看见不远处雅座坐着五位男士。一个是电影导演徐昌霖。言慧珠和他是老朋友了。一个是她熟悉的剧作家沈寂，专攻西洋戏剧学。一个是唐大郎，原名唐云旌，他的打油诗享誉一时，人称江南第一支笔。言慧珠和这三位才子都不陌生。另外两位颇有欧美气度的男士，言慧珠就不熟悉了。乔奇忙介绍，其中一位叫刘以鬯，是英语记者出身，长期从事出版事业，在出版界卓有贡献。不用说，剩下的那一位就是言慧珠的偶像徐讦。言慧珠抬眼望去，但见他西装革履，温文尔雅，戴一副玳瑁眼镜。虽然貌不惊人，依然风度翩翩。欧风美雨的洗礼和中国传统文化的浸润，在他身上有一种浑然天成的和谐，形成了一种独特的书卷气。言慧珠正在寻思，此人想必就是徐讦。不等乔奇介绍，言慧珠已经把手伸向徐讦：

"久仰，久仰。虽然不识尊颜，可您的大作早就拜读过了。"

席间有了美女，才子佳人双全，谈兴自然就浓。

言慧珠发现，这位到过欧美的大作家，虽然欧风尚存，却不像他小说中的人物风流。他总是在默默地听着大家说话，很少开口表态。

言慧珠就有这本事，哪里有她，哪里准不会冷场：

"徐先生，您写的小说很特别。"

才子动笔不动口，静静地等着下文。

"您可以把非常简单的一个故事说得曲折离奇，而且还有点神神道道。我一开始看到《鬼恋》这个书名，还以为是《聊斋》一类的故事呢！今儿一见，您可不像蒲松龄那位老学究。"

大家都笑了。徐讦也禁不住笑出了声。

徐讦问道："你还没有看过《风萧萧》吧？"

言慧珠说："早就拜读过了。我是托朋友从内地带来的。"

沈寂插话说："《风萧萧》就要在上海再版了。到时候一定请徐讦先生送言小姐一本。"

言慧珠表现得大喜过望："那您得签上大名哟！"

"一定，一定。"徐訏信誓旦旦的模样，倒教言慧珠笑得花枝乱颤。她从坤包里取出一叠照片，有便照，有戏照。戏照有杨贵妃、虞美人、西施等。然后拿出派克金笔在照片上龙飞凤舞地签上"言慧珠"三字，双手递到徐訏面前。

言慧珠每和自己仰慕的人见面，赠送剧照和生活照是她必不可少的社会交际。

可惜言慧珠送给徐訏的照片，包括他们相互之间的通信，都在"文化大革命"中付之一炬（这是徐訏的女儿葛原告诉笔者的）。

言慧珠欣赏徐訏的文才，也就愈加厌恶白云式的"小白脸"。对于一个年近三十的女人来说，心中的孤寂和困顿是不言而喻的。她希望找到灵魂的归依，精神的共鸣，驱动生命的激流顽强地突出重围。这也许是她迷上文化人的一个原因吧。从某种角度而言，她钟情于徐訏笔下的人物和异国情调，以及徐訏对人生的探索和对人性的抒发，亦是生命气质与世俗变迁对她的影响。在京剧界，追求文化的儒伶大有人在，但他们交往的大多是传统的士大夫文人。像言慧珠那样把审美目光投向现当代文学的美艳坤伶，却如凤毛麟角。

美女而有才气，她的个性一定更加突出，感情也就更加丰富且又敏锐。

"多才惹得多愁，多情便有多扰。"在这些日子里，言慧珠几乎如影随形般地追逐着这批文人。秀才们在哪里聚会，她必风风火火地赶来。身上的衣着，从不打"翻头"。有时白得素净，有时红得似火，有时一袭旗袍，勾勒出迷人的曲线，有时一身大衣，衣领上围着两条最流行的玄狐。该说话时她口若悬河："哎呀，你们点这几个菜够谁吃啊？丰泽楼的烤鸭可是正宗的北平味儿。这儿的烧明虾、虾子海参也是出了名的。到时候再来一盘炒鸡蛋，蘸着那明虾卤，那味道才叫鲜呢！"说着就自作主张地点了一桌子菜。反正吃完了记账，轮不着她埋单。等到秀才们谈论西洋文学、哲学、心理学时，她便一声不吭，就像个乖乖女在听老师讲课。别以为言慧珠到哪里都是旁若无人，开口信马由缰。面对一群学者才子，她知道什么时候该说话，什么时候该缄默；什么时候该表现自己，什么时候该尊重别人。有时候，尊重别人何尝不是表现自己。

那时候的文坛风气，志同道合的洋场才子隔三岔五地要聚在一起，畅论天下，纵横古今。聚会的地点免不了外滩的汇总饭店和国际饭店丰泽楼。有时徐訏他们偷偷问乔奇，怎么我们的行踪言小姐都知道，一定是你告诉她的吧！乔奇便指天指地，赌咒发誓："你们不知道，这位小姐的活动能量可大着呢！"

言慧珠出身名门，又是春明女中的高材生，有一种与生俱来的诗人气质。碰到她感兴趣的问题，一定要打破沙锅问到底：

"徐先生，《风萧萧》里的'我'，有没有您的影子？"

徐讦表现得饶有兴趣。

"太平洋战争爆发后，'孤岛'沦陷，'我'终于觉醒，放弃了灯红酒绿的生活和空虚的哲学研究，投身于抗日谍报工作。这难道不是您的人生经历吗？"

徐讦笑了。很难得地放声大笑：

"作者似乎毫无权力来支配人物的思想与行动，人物在某一阶段，他走自己的路，想自己所想，再不听作者的意思了。这等于我们亲生的孩子一样，虽是我们所生，但他有自己的人格思想与情感，一切不是我们可以预定的。但既然是我们的孩子，他一定会有也可有我们的成分在里面的。"（见《风萧萧》后记）

言慧珠很认真地听着，然后叹了一口气。她对徐讦说，读了《风萧萧》，她也产生过去内地的念头。可是因为缺乏勇气，终于没去。

这就是真实的言慧珠。她臧否他人单刀直入；解剖自己毫不留情。她有时候玩世不恭，有时候又活得比谁都较真。我们如果用单一的目光去解读她，就不会看到一个立体的言慧珠了。

徐讦笑着说："全民抗战，哪里都是前线。《风萧萧》里描写的一群青年，不就是在沦陷区的上海同敌人周旋，去完成潜伏着各种凶险的谍报工作的吗？"

出于女性的敏感，言慧珠最欣赏的仍是《风萧萧》里有关爱情的描写。她尤其赞赏徐讦细腻的笔触：

"能把女性的心理和外貌描写得这样细腻的作家，除了徐先生，当今只怕没有第二人。"

徐讦诚惶诚恐，一边连声说："不敢当。"一边用法语说了一句："femmefatale"。当他意识到席间朋友无一懂法语时，忙改用英语说："stunner"。

除了言慧珠，大家都笑了。

徐讦用的英、法双语，译成中文，就是：一代尤物。

《辞海》关于"尤物"条目，解释有二：① 特出的人物，多指美貌的女子。《左传·昭公二十八年》："夫有尤物，足以移人。"② 指珍贵物品。"周密《癸辛杂识后集·向氏书画》：《向氏书画》多收法书名画古物，盖当时诸公贵人好尚者绝少，而向氏力事有余，故尤物多归之。"

女人的气质和风韵，是一种风骨天成的美。世间有多少女性画眉点唇，穿红着绿，却往往忽视了内在的韵味。所谓"韵"者，美之极也。既可以理解为"魅力"，也可以理解为"品位"。只有内外兼修，才能到此境界。虽然"气韵"的哲学抽象性使我们不能对它有一个确定性的把握，但它的直观具象性又能够使我们真切地体验到它的存在。

言慧珠美，就美在风骨天成。徐訏的审美化目光是很到位的。

言慧珠也经常请秀才们看戏。据沈寂先生回忆，他们看过言慧珠演出的《宇宙锋》、《贵妃醉酒》等许多梅派经典。言慧珠对于文化人的意见，从来都是认真倾听的。徐昌霖对言慧珠说，你在表现赵艳蓉装疯时的眼神还欠火候，这时候人物内心的复杂和痛苦全在一双眼睛里。所谓"传神写照，正在阿睹中"。徐訏谈戏却是"惜墨如金"，只说了六个字："你就是杨贵妃。"

徐訏不是庸俗地捧场。他有深厚的传统底蕴和人文积淀，能准确无误地捕捉到言慧珠塑造的艺术美。综观言慧珠一生创造的数以百计的艺术形象，尤以京剧传统戏《贵妃醉酒》、梅派古装新戏《太真外传》、昆剧《长生殿》三剧中的杨贵妃最为传神，于富丽堂皇中透出女性特有的妩媚娇艳，后人称她颇有"青出于蓝而胜于蓝"之势。

言慧珠和徐訏的友谊保持了将近三年。他们在一起探讨艺术，探索人生。有时也成双入对地出现在舞厅里。徐訏游学欧美，他的舞步是标准的欧美绅士派头。一个是畅销书作家，一个是红得发紫的"平剧皇后"，出门焉有不惹话匣子的。不需时日，上海滩的小报上便出现了有关他二人的绯闻。徐訏急得直跺脚。江南才子唐大郎笑道："这有什么可紧张的。你写篇文章，我在报上给你发了不就没事了。"

1949年，徐訏突然从人们的视野里消失了。言慧珠不知道他去了哪里。就连徐訏的挚友也不知道他的行踪。后来有消息传来，徐訏去了浙江慈溪老家，和早已山盟海誓的葛福灿女士举行了婚礼。

六十年过去了。现在的青年学生，包括许多中老年读者，对徐訏的了解几乎等于空白。可是，在20世纪三四十年代，青年读者中的"徐訏热"，绝不亚于80年代的台湾琼瑶热。他除了创作了《鬼恋》、《风萧萧》等数十部中长篇小说之外，另有大量短篇小说集、诗歌集、散文集和小品集相继问世。20世纪中叶，林语堂在美国，有人问起中国大陆谁的短篇写得最好，林语堂不假思索地回答：鲁迅、沈从文、废名、徐訏。就连他的连襟郁达夫也未被列在其内。

可是，对于这样一位在民国时期就颇有影响的学者型作家，为何在大陆湮没将近半个世纪？这个谜团直到我在2008年12月9日，参加了由上海鲁迅纪念馆举办的纪念徐訏诞辰一百周年学术研讨会以后，终于彻底解开。

上海鲁迅纪念馆的会议室里，活跃的学术气氛中带着几分肃穆。研究徐訏的学者、专家和作家、评论家们，深情地缅怀了这位为新文学运动作出杰出贡献的著名作家。

徐訏曾经两次放弃在欧美的学业和生活回到祖国。一次是1937年抗日战争爆发，他毅然中断在巴黎大学的学业，蛰居上海"孤岛"从事文学创作。一次是1945年抗战胜利，他于翌年就回到上海，住在刘以鬯创办的怀正文化出版社，继续笔耕。漂泊的游子回到祖国，是来寻找文学创作的"根"的。徐訏有一股浓浓的怀乡情结。他热爱自己的祖国，热爱生育他的故乡。即使在1950年他被迫离开内地去了香港，到他1980年病逝，他也没有加入他籍，依然操的是一口带着浙江乡音的普通话。徐訏在他的《荒谬的英法海峡》一书中，有这样两句话："故事是异国的好，但是星星是本国的好。"这种怀乡情结贯串了他的一生，也贯串了他的全部作品。

但是，就是这样一位爱国的正直的知识分子，何以走上了一条离乡背井的路呢？

徐訏在家乡完婚后，原打算在老家静下心来专事写作。由于舟山沿海仍有战事，宁波遭到敌机轰炸，徐訏和夫人葛福灿又回到上海。就在此前不久，郭沫若在香港发表了评中国文坛的权威性文章，把作家分为五种颜色，沈从文和徐訏都属黄色。徐訏知道后先是缄默，后微微一笑。老朋友沈寂问他，他轻声回答："我没有颜色，只有纯正的感情。"此后，上海的一些报纸开始对他进行批评。直至解放，舆论对他的公开指责逐步升级。称《风萧萧》歌颂特务，理由是小说描写的"孤岛"时期上海爱国青年的地下抗日行动，以及与美国盟军之间的谍报工作，不是在共产党的领导下进行的，因而属于"特务文学"。徐訏的内心极度苦闷。他曾经产生过放弃文学创作的念头，以翻译外国文学聊以度日。

但他终究难以割舍对文学创作的追求。正在他彷徨无计的时候，有朋友去香港，动员他同往。妻子葛福灿深知徐訏心中的文学情结，毅然支持丈夫另谋生路。1950年5月，在女儿葛原生下五十三天之时，徐訏悄然离开上海，随朋友一起前往香港。

徐訏的女儿葛原在谈到父亲时说：令我深感意外的是当我把这部书（《风萧萧》）从头至尾全部读完之后，居然没有发现一点点让我觉得是黄色的内容。我不禁陷入深深的困惑之中，由此也不由得对所谓"黄色作家"、"黄色小说"的论断产生了怀疑。这使我想到几年前有位研究生还打算就"徐訏小说中个性化的情爱书写"写一篇题为《"规避"的圆满与缺陷》的论文，可见在读者的心目中，他的作品离所谓的黄色有多远了。至于《风萧萧》一书的所谓"反动"则是由于书里描写了当时国民政府的抗日，我想真实的历史现在已经可以从资料上看到了。

徐訏出走不久，内地政治运动不断。而身在千里之外的徐訏，在从事教育工作的同时，又完成了七百余万字的文学创作。1980年6月法国文化节邀请他参加"中国抗战时期文学研究讨论会"。他在会上主讲：《三十年代民族文化形式》，受到全体人士热烈赞赏，称徐訏为抗战爱国的中国文化战士和著作等身的著名作家。70年代中曾一度被提名为诺贝尔文学奖的候选人。直至他1980年客死异乡，留下了两千余万字的《徐訏文集》。

至此，我终于恍然大悟。在徐訏遭到批判和封杀的年代，言慧珠对徐訏的认识也只能局限在"毒害"的层面上。她也只能用"毒害"这样的词汇来记载这段被扭曲的历史。

最后，还有一个谜必须解开：徐訏和言慧珠是怎么走到一起的呢？

沈寂先生为我们解开了这个谜团。徐訏从美国回到上海，曾委托话剧演员乔奇等介绍各个剧种的女伶，为他未来的作品搜集素材。徐訏的创作态度是非常严肃的。他认为："文学起源于民间，生根于生活，一个作家有生活才能写作。"（见《〈三边文学〉序》）徐訏在上海期间，除了和言慧珠有过一段友谊之外，还和越剧演员竺水招过往甚密。这段不平常的经历成就了他后来的皇皇巨著——长达六十万字的《江湖行》。

"风雨过后见彩虹"。沈寂先生用诗化的语言结束了他的发言。

今天，当笔者完成这个章节时，再次上网搜索，令人欣喜地看到，互联网上关于徐讦的介绍，真的如雨后的彩虹一般绚丽。

四、银幕上的风情

弗洛伊德有句名言：艺术乃是欲望的升华。

言慧珠在舞台上积聚的能量，转而又到银幕上去喷发。艺术的嬗变依然遵循着她固有的路数，她要用她的风情去倾倒更多的人。

十年前迷上了京剧，十年后选择了拍戏，哪儿热闹就奔哪儿去，言慧珠永远站在时尚的潮头。当年大明星胡蝶的老搭档郑小川就夸她有明星相，长大后的言慧珠越发风情万种。贴了"片子"是古典美人；便装登台是"开麦拉翻司"（上镜头）。十年前郑小川为言慧珠拉过琴，十年后当了她第一部故事片的导演。1943年7月2日，由郑小川导演、石凤岐摄影、言慧珠和舒适主演的故事片《逃婚》首映于上海大光明电影院，海报上写着"舞台红伶言慧珠跃登银坛，客串主演"。言慧珠开拓了另一个施展才华的艺术天地。

言慧珠在电影《逃婚》中饰董月华

《逃婚》的情节并不复杂。董月华因不甘于父母之命的婚姻，私奔相恋已久的表兄贾汉南。其未婚夫徐健民是一个有为的青年，不但不加责怪，反而深表同情。贾汉南因盗用公款，死于狱中，月华也受到殃及。幸得徐健民多方奔走，才使月华获释。月华尽知往事，两人乃告燕好。

故事并不复杂，背景却不简单。太平洋战争爆发以后，日军占领了租界。日本帝国主义在军事侵略的同时，也加紧了对沦陷区的文化"围剿"，把手伸进了上海的电影业。在这一历史背景下，由中华联合制片股份有限公司（简称"中联"）和后来成立的中华电影联合股份有限公司（简称"华影"）拍摄的影片，大多以恋爱家庭纠葛为题材。时人称之为"软性电影"。所谓"软性电影"，是在特殊的历史背景下，艺人们的一种特殊的生存方式，以及由此产生的一种特殊的社会文化现象。它在客观上占领了上海市民一日不可或缺的电影娱乐阵地，抵制了"满映"的"中日亲善"文化和汉奸文化，使日寇的马蹄未能随心所欲地横行在上海的电影界。

和其他影剧双栖的坤伶不同，从舞台到水银灯下，言慧珠无须冗长的适应过程。一来她的母亲高逸安原本是个电影演员，言慧珠十岁那年就在明星电影公司的摄影棚里受到过熏染，有过两年的电影界生活；青少年时期获得的知识，最容易在脑海里留下深刻的烙印。二来言慧珠拍的故事片，扮演的大多是太太、小姐、名媛丽姝，她与生俱来的气质，和她所扮演的角色能达到无间的契合。从表现风格来说，言慧珠基本上走的是"本色派"和"偶像派"的路数。由中华联合制片股份有限公司摄制的这部《逃婚》，虽然没有给后世留下什么影响，但言慧珠在影片中身披洁白婚纱，提着纱裙的高雅气派，仍然是影迷津津乐道的话题。

大小姐演大小姐，言慧珠有生活。从北边来的角儿，言慧珠可算是一步到位地融入了十里洋场。

据说言慧珠最喜以华贵的身份出入于高层次的消费场所，追求那一份淡淡的宁静。

位于静安寺路（今南京西路）西摩路（今陕西路）口，有一幢风格独异的平安大楼，宽敞幽深的甬道，两旁是一扇扇紧闭着的门户，住户都从这里进出。大门的造型、色调和整条回廊浑然一体。后来盖起一家电影院，就是上海滩人人皆知的平安电影院。里面有一家咖啡馆,取英文名"曼特琳"。面积不大,却很雅致。室内烛光摇曳,琴声叮咚,钢琴手是用脚弹琴的,十分别致。服务生一律穿着长衫,身披马褂,显得中西合璧。收费也比一般的咖啡馆昂贵。到这里来的大多是上海滩的名门子弟和文人缙商,也有洋人。他们或慢慢地品着咖啡,或静静地读着书报,即使有双双情侣,也是昵昵细语。言慧珠常以一袭白色纱裙,如淑女飘然而至,在这里一坐就是几个时辰,有时静静地啜着咖啡,有时读着令她着迷的小说。如果未遇熟人,有谁能认识眼前这位气质优雅的淑女就是京剧舞台上的美艳坤伶呢?言慧珠喜欢这种氛围。上海滩其他等级的娱乐场所,如"百乐门"、"仙乐斯"等舞厅,言慧珠是很少涉足的。她很看重品位,不轻易下舞池。她说:"和不喜欢的人搂抱着,没意思。"

1948年,言慧珠应嘉年电影公司之约,与乔奇合拍电影《同心结》。

这一年,中国的政治局势发生了实质性的变化。国民党军队在东北、华北战场上的节节败退,导致国民党统治下的上海恶性通货膨胀,经济全面崩溃,法币成了一堆废纸。到了8月,海关的金票甚至有面值50万到500万的,外国报纸戏谑,在中国几乎人人都是百万富翁。言慧珠跟着一些富商跑交易所放折息做买卖,想做些投机生意。蒋介石搞所谓"币制改革",以"金本位"的金圆券代替一文不值的法币。8月20日公布的《财政经济紧急处分命令》,规定民间的外汇、黄金、白银必须限期兑换成金圆券。不想四个月后金圆券又一路惨跌,变成废纸。而老百姓的黄金美钞通通进了国民党的腰包。言慧珠在自传里写道:

> 蒋经国"黄金收归国有",把我的积蓄骗去,使我绝望,患了严重的神经衰弱失眠症。

言慧珠谁也没有输过,就输给了蒋经国。

钱管钱输,戏管戏拍。不拍戏怎么赚钱。就在言慧珠严重神经衰弱的时候,她的第二部故事片上马了……

红歌星衣兰每夜被噩梦缠绕,请冯老医生诊治。冯老医生劝她去听一个叫林思的青年心理学家的演讲。台上的林思讲得出彩处,衣兰却呼呼大睡。一阵掌声,惊醒衣兰,演讲已经完毕。衣兰请教林思,怎样摆脱噩梦。林思回答:应该谋得精神上的寄托,比如学习唱歌作消遣;但"红歌星衣兰的流行歌曲不可学"。林思无意中举个例子,不料得罪了面前的衣兰。衣兰一怒而别。待林思

言慧珠在电影《同心结》中饰衣兰,乔奇饰林思

明白真相,请衣兰吃饭以致歉意,衣兰却故意"失约"以示报复。第二天在冯老医生处相见,二人又堕入情网。新婚之夜,衣兰因鸾歌托辞外出,林思也推说回家写作。二人都是倔犟个性,不肯示弱,在同一个大饭店中分居两室,结果心理疾病又复发了。冯老医生劝他们同居,用爱情治疗心理疾病。林思故意做出亲热样子请房东太太的女儿吃饭;衣兰也故意找个"男朋友"展开"妒"的攻势。等到两人办完离婚手续回到饭店,却不禁拥抱起来了。真正的爱情把他们心理上的病态驱赶得干干净净。

这就是《同心结》的情节。名伶演红星。又是一个和言慧珠的气质乃至神经质十分契合的角色。

纵观言慧珠的一生,我们可以发现一个非常有趣的现象:她虽然在舞台上演的是中国古典女性,但在生活中却从不发思古之幽情。她追逐时尚,崇尚欧风,与好莱坞经典恣意交流。所以我们从她身上很少见到旧时伶人举手投足不经意间流露的"戏班味",而更多的是从她的一颦一笑间领略到葛莱泰·嘉宝、英格丽·褒曼、费雯丽的欧美风情。她的成功,就在于她把东西方艺术中的某些"美感"做了不露痕迹的对接;而她的失败,则在于"全盘西化"的生活方式导致她对人生道路上的许多重大问题缺乏"度"的理解和把握。——这是言慧珠和剧中人衣兰在气质上的契合点。

言慧珠炽烈的情感,狂放的个性,似乎也更适合西方人的传统。她的思维体系里经常有东西方文化的碰撞和某种不确定因素的骚动。她习惯于把每一种感情都挥洒到极致,并在不同的极致之间来回跳跃。这种两极化的性格,显然与我国传统道德中的"中庸"相去甚远,但与剧中的衣兰却十分吻合。

言慧珠演衣兰,不需要角色体验。这个过程在她的生活中已经完成了。衣兰的美丽,衣兰的率性,衣兰对事业的执着,衣兰的病态性的心理结构(衣兰噩梦,慧珠神经官能症),两人无不相似。甚至衣兰对恋人以"妒"攻"妒"的小聪明,言慧珠在生活中也假戏真做地演绎了一回。

据说在拍摄《同心结》和《影迷传》期间,言慧珠恋上了乔奇,乔奇也有意于言慧珠。但乔奇身边另有一位修养很好的女性在默默地等待着他。乔奇处于选择的两难境地,也是常理中的事。每一个理智的人都应该允许对方有一个选择的过程。但言慧珠认为乔奇是在故意气她。一气之下,她也寻了一个男朋友对乔奇发动"妒"的攻势。不同的是,银幕上的衣兰和林思最终走到了一起,完成了一个"有情人终成眷属"的中国式的大团圆结局。而生活中的言慧珠和乔奇有缘无分,和另一位男友也有始无终。

电影界是引领风尚的时髦区域。言慧珠一生追逐时尚,渴望罗曼蒂克的感情。她的择偶目光更多的是在水银灯下逡巡不定。但银幕在给了她光环的同时,也给她苍白的感情生活带来了一片阴影。这片阴影笼罩着言慧珠短暂而又不幸的一生。

1949年冬,言慧珠拍摄了她的第三部故事片《影迷传》。该剧由黄佐临、洪谟编剧,洪谟导演,谢晋任副导演。原明星公司三巨头之一的张石川任制片主任。音乐作曲是黄贻钧。影片仍由言慧珠和乔奇主演。创作班子罗致了那个时代电影界和话剧界的精英。

《影迷传》是一出喜剧。20世纪40年代,话剧电影界有"四大导演"和"四小导演"之称。四大导演是黄佐

言慧珠在电影《影迷传》中饰姚俪影

临、费穆、朱端钧、吴仞之；四小导演是吴天、吴琛、洪谟、胡导。这八位导演中，黄佐临、洪谟和胡导尤擅喜剧。佐临先生的作品有《梁上君子》、《荒岛原野》、《白取乐》等；洪谟先生的作品有《黄金万两》、《真假姑母》、《镀金》等；胡导先生的作品有《甜姐儿》、《春闺风云》、《二度蜜月》等，都是当年有影响的喜剧。《影迷传》由黄佐临和洪谟两位先生掌旗，实力非同一般。

影片描写了一群男女青年影迷，特别迷恋美国影片中的西部英雄。林梦侠（乔奇饰）逃课去看电影，途中买了一根绳子，想模仿电影里的美国西都偶像，竟把一个抢东西的小偷误套于绳圈内。于是，被人崇拜为"中国埃洛尔弗林"。女影迷姚俪影向往影片中的美国生活，屡向父母要求留洋赴美。因不能遂愿，喜怒无常，离家出走。俪影路遇歹徒，梦侠英雄救美。梦侠爱上俪影，俪影却说他身高体力不够埃洛尔弗林水准。梦侠请专家为他进行健美改造，以赢得俪影的芳心。婚宴之日，男女影迷相偕前来，不良青年影迷也混杂其中。婚宴洋相百出，乱作一团。最后一声巨响，金屋倒塌，伪装尽破，影迷之幻梦生活终告破灭。

这部影片，对言慧珠却是个挑战。剧中俪影这个角色，崇拜美国生活方式，生活中的饮食起居、举止言行，无不以美国电影作范本。就连每次从外面回来，下了汽车，一定要林梦侠模仿西方的浪漫把她抱屋进去。若说洋气、嗲气、娇气，恐怕很少有人怀疑言慧珠的"综合素质"。据曾经看过这部电影的老观众回忆，最初林梦侠抱姚俪影的时候，乔奇的做派很有欧美绅士的风度，言慧珠那副娇柔慵懒的神态，也很能体现欧美情人那种特有的罗曼蒂克。后来日复一日地依葫芦画瓢，情感的"内涵"枯萎了，剥离出来的仅是一个形式化的躯壳。就像蹩脚的戏子在模仿程式一样。言慧珠和乔奇把人物感情变化的层次刻画得非常细腻。

挑战在于，言慧珠在拍这部影片时，已经二十九足岁了。乔奇的年龄和言慧珠也不相上下。而影片中的男女影迷，是正在学校读书的青年学生。演员和角色之间的年龄反差之大，加上姚俪影这个人物又是个喜怒无常的影迷，似乎有一点疯疯癫癫的味道。演过火了，令人反胃；演不到位，失去了喜剧效果。影片杀青以后，评价不一。专家认为，已近三十岁的言慧珠，能把一个青年"阿飞"演得活灵活现，"不容易"。言慧珠的粉丝则认为："她生得蛇样的身体线条，高头大马，一见就有'明星相'。何况她的脸蛋是那样美丽，双眼更好，飞起来，诚可夺人魂魄。嘴虽扁，却使人特别有好感。真是生就一副美人胚子。虽说岁数稍大，可活色生香。"余生也晚，无缘一睹这部摄于新中国成立之初的影片，不敢妄加评论。查阅报纸，也没找到《影迷传》的广告。经向洪谟先生了解，才知道当时有关领导认为，这部电影宣扬美国生活方式。故《影迷传》仅公映了一星期，还没有和更多的观众见面就被封杀了。

言慧珠在电影《红楼二尤》中饰尤三姐(右)

新中国成立的第二年，言慧珠拍摄了她一生中的第四部故事片《红楼二尤》。言慧珠饰尤三姐，林默予饰尤二姐。

言慧珠塑造的尤三姐，给人最深刻的印象是娇柔、漂亮，尤其善于通过眼神来表现尤三姐对柳湘莲的爱和对贾珍、贾琏、贾蓉之流的憎恶。而对尤三姐的"泼辣"的性格刻画，似乎稍嫌不足。京剧尤三姐有"闹酒"的情节，最能反映尤三姐反抗贾府恶势力的刚烈性格，真所谓"嬉笑怒骂皆文章"。电影《红楼二尤》似乎没有把"闹酒"作为重头戏，这关系到编剧、导演和演员对《红楼梦》的解读。

《辞海》是这样写的：尤三姐，《红楼梦》中的人物。大胆泼辣，敢作敢为，坚决要求婚姻自主。她是贾府的穷亲戚，因失去依靠而寄居贾家，但对卑劣、丑恶的贾府子弟十分鄙视。当贾珍企图娶她为妾时，她针锋相对，嬉笑怒骂，进行了强烈而巧妙的反抗，迫使贾珍不得不自认失败。后因其未婚夫柳湘莲怀疑不贞而要退婚，她遂自杀以明志。在她的性格中，曲折地反映了当时市民的某些思想和特点。

这段注释非常重要。同样是反封建，林黛玉有林黛玉的方法；晴雯有晴雯的方法；尤三姐有尤三姐的方法。据说北大图书馆藏脂京本有这样两句话，"竟是他（尤三姐）嫖了男人，并非男人淫了他"。作家刘小川评说，高鹗头脑冬烘，不理解曹公原意，所以删了这话。尤三姐是曹雪芹笔下塑造的一个挑战臭男人的泼辣女性，是"典型环境中的典型人物"。另外，电影《红楼二尤》的剧本改动，也明显有悖于曹雪芹的原意。"佐料"加了不少，表面的热闹篡改了《红楼梦》原有的意境。

从1948年到1950年，言慧珠一连拍了三部电影。出镜率之高，其风头几乎要盖过她的舞台名声。在拍电影的同时，言慧珠的舞台演出也未停歇。1948年9月，言慧珠和叶盛兰在中国大戏院演了一期。1949年秋，在天蟾舞台演了一期。言慧珠的名字，随着她的银幕形象和舞台艺术，红遍了大上海，红遍了大江南北。

一次，梅兰芳收沈小梅为徒，思南路87号梅公馆群贤毕至，花团锦簇。当拜师仪式完毕后，梅兰芳与来宾们在花园里合影留念。梅家花园的草坪与隔壁的一所中学仅隔一道竹篱笆墙，这一情景忽然被学生们发觉。于是学生们不仅扒在篱笆墙上争着看拍照，还模仿当时在民主德国举行的世界青年联欢会上一种流行的欢呼方式，一边鼓掌打节奏，一边喊着"梅兰芳"、"言慧珠"！

艺术给了她张力，丽质给了她人缘，言慧珠赢得了属于自己的生存空间。

言慧珠一生拍了三部戏曲片、四部故事片。相比之下，她的故事片要逊色于戏曲片。尤其是到了20世纪五六十年代，言慧珠的表演艺术进入了高峰期。她和梅兰芳、俞振飞先生拍摄的昆剧电影《游园惊梦》，和俞振飞拍摄的《墙头马上》，堪称戏曲史上不朽的经典。可惜言慧珠英年不永，未能把《西施》、《洛神》、《太真外传》、《花木兰》等梅派经典流传下来。而这些梅派早期剧目，除了言慧珠外，数十年来尚无出其右者。艺在人身，艺随人走，人亡艺亡。看来传统艺术的抢救工程，远远没有结束。

第四篇　听唱新翻
杨柳枝

一、谁唤起窗外晓莺啼

5月的上海，春风依旧熏人。隐约可闻的炮声慷慨地传递着春天的信息，人们将迎来一场改朝换代的世局突变。

新中国成立之初的言慧珠

辽沈、淮海、平津三大战役以后，国民党军队总兵力已经只剩下二百万人的家底。退守江南的蒋介石对着滚滚长江梦呓，当年孙、刘凭借长江天堑挫败曹操八十万人马，三国鼎立、划江而治、南北对峙的历史一定能重演。蒋"总统"言犹在耳，中国人民解放军百万雄师已经跨过了长江。4月23日上午八时，南京总统府上的青天白日旗如残破的风筝飘落下来，换上了我军血染的战旗。蜗居老家溪口的蒋介石只得含泪发出一声长长的叹息。南京失守，上海告急。驻守上海的国民党二十五万海陆空部队司令长官汤恩伯声称："我们的大上海，要成为攻不破、摧不毁的斯大林格勒第二。"汤恩伯的牛皮也吹破了。中国人民解放军以迅雷不及掩耳之势对上海形成合围，一举摧毁了汤恩伯精心构筑的外围阵地、主阵地、核心阵地等三道防线，光是钢筋水泥碉堡就有三千八百个，永久和半永久的掩体碉堡一万多座，电网、鹿砦数不胜数，还有两万多颗地雷。仅用十二天工夫，上海郊县全境解放。5月25日清晨，上海人民惊讶地发现，街道两旁的屋檐下，一排排解放军战士抱着枪正在酣睡。 5月27日，上海全境解放。不发一发炮弹，在瓷器店里消灭了老鼠。蒋介石原定固守上海六个月，人民解放军只用了十五天结束战斗。至此，远东第一大都市回到了人民手中。

历史在长期凝固后的瞬间释放，令人眼花缭乱。上海市民纷纷涌上街头，欢呼人民当家作主的节日。

欢庆的锣鼓惊醒了梦中的言慧珠。她打开收音机，广播员正以纯正的普通话播道：

"上海人民广播电台，同志们，告诉你们一个好消息：中国共产党领导的中国人民解放军已经进城了，上海解放了！……"

这一天，言慧珠没有擦粉点唇，也不知从哪里弄来一件蓝布褂，两根小辫上系一对黑色蝴蝶结，脚上是平跟黑皮鞋，风华绝代的女伶变成了一个女学生。她跑到女友许美玲家中。许美玲什么时候见过言慧珠这身打扮，惊讶得半晌合不拢嘴：

"你今儿怎么啦？像个地下党员呢！"

"先看看风向，观察观察。"言慧珠把小辫子往后一甩，俏皮地一笑。

这就是言慧珠的风格。什么话到她嘴里，就会变成个性化的语言。

对于言慧珠来说，旧的生活结束了，新的挑战开始了。她带着疑虑和迷茫走进了新的世界。她思索着该怎样去适应新的环境和新的生活。作为一代名伶，她珍惜自己已经获得的一切，但也必须为保护这一切重新设计人生。她对女友说：

"有人劝我去香港，我不想。那里是粤语的天下，能有多少京剧观众。也有人劝我去台湾。我跟我哥哥去了三天，就一个人回来了。我把存在香港的钱都拿回来了。"

女友问她，是否对拍片子还有兴趣。

20世纪50年代的言慧珠

言慧珠沉吟片刻，说："电影界的朋友倒是劝我参加剧影小组。但我的艺术信念仍是京剧。对梅先生的艺术，我始终热爱。"

女友又问："你还想着自己组班？"

言慧珠不假思索地说："只要政府允许，我当然要有自己的班子。"

许美玲的丈夫纪玉良，是言慧珠在"皇后"的老搭档。两人台上合作默契，台下私交甚厚。这时候纪也插话说：

"咱们是唱戏的。除了唱戏，还能干什么？我看政府会把咱们组织起来。"

言慧珠眼睛一亮，蓦地提高嗓门："可不是。不管哪朝哪代，有人听戏，就得有人唱戏。到时候，我言慧珠还是言慧珠。"

言慧珠一甩辫子，扬起头走了。

出了女友家，看到街上欢天喜地的秧歌队和军容整齐的解放军，还有一律短发布鞋的女兵，言慧珠的心情也变得好多了。不管怎么说，世道总是变了。如今组班唱戏，不用再受军阀流氓的欺侮了。眼下重要的是赶紧跟赵先生（芙蓉草）多学几出。听说仙霓社的朱传茗先生最近也闲着，再向他学几出昆曲。艺多不压身。一旦组班条件成熟，观众看的还是台上的玩意儿。

言慧珠做了一辈子"组班"梦。梦的尽头即是生命的尽头……

5月下旬，正是江南的黄梅时节。言慧珠的心情也随着梅季的到来，变得烦躁不安。她对外称病，埋头练功，空落落的皇家公寓（今复兴中路陕南村）寓所，只有她和女佣。对她来说，孤独和喧嚣都难以忍受。

言慧珠的自传里有这样一段话：

> 外面锣鼓喧天。电影界朋友动员我参加剧影小组，我要重新唤起对艺术的信念，天天跟芙蓉草学戏，和陶玉芝（工武旦、刀马，曾陪同梅兰芳练功）练功，又从朱传茗学昆曲，并收华华为徒。

看似恬静的生活里，言慧珠充分调动自己神经系统的高敏感度，字斟句酌地阅读每一天的报纸，企盼着从各种渠道捕捉到自己需要的信息量。

5月28日，她从报上看到，军管会主任陈毅正式接管了国民党上海市政府。接着有朋友来绘声绘色地告诉她：接管这天上午，陈毅市长坐在市长办公室内的座位上，周围坐着潘汉年副市长、淞沪警备区司令员宋时轮和夏衍，还有沙千里、周而复、刘丹等。陈毅市长称，赵祖康先生率领旧市政府人员悬挂白旗，向人民解放军交出了旧市政府的关防印信，保存了文书档案的这种行动深堪嘉许，并请赵祖康在工务局担任领导。

言慧珠对共产党的气魄和大度，不禁有了好感。国民党说共产党来了"共产共妻"；耳听为虚，眼见是实，国民党简直胡说八道。言慧珠走南闯北，见过张作霖的兵，见过孙传芳的兵，见过日本的"皇军"，见过国民党的兵。自古道"兵匪一家"。汤恩伯军队临逃跑时，挨家挨户洗劫一空，受害人至今心有余悸。可是，面对豪雨中不入民宅、露宿街头的解放军，上海市民箪食壶浆、敲锣打鼓，军民同欢。这就是民心所向。言慧珠也融入了庆祝游行的队伍。

但言慧珠最关心的仍然是共产党对旧艺人的态度。她在寻找一个最佳的喷发点和突破口。

不久，接踵而来的好消息令言慧珠眉飞色舞。她先从电影界的朋友那里获悉，陈毅市长对上海的知识分子问题做了多次重要讲话。而最令言慧珠感动的是陈毅市长对有名人物、知名之士的态度："这些人，一不跟蒋介石去台湾，二不去香港，三不去美国，这就表明，他们还是有爱国心的。"言慧珠感到，陈市长这番话简直就是对她言慧珠说的。在"江山易主"沧桑巨变的岁月里，我言慧珠坚持留在祖国，难道还不算是一个爱国知识分子吗？

在此，我们有必要强调一下，陈毅同志的这几句肺腑之言，在1962年的广州会议上向知识分子行"脱帽礼"时，他又重复了一遍。在此不妨实录其中的一段："十二年的改造，十二年的考验，尤其是这几年严重的自然灾害带来的考验——孔夫子三月不知肉味，有些人是两三年不知肉味，还是不抱怨，还是愿意跟着我们走，还是对共产党不丧失信心，这至少可以看出一个人的心。十年八年十二年还不能鉴别一个人，共产党也太没有眼光了！其实，一九四九年解放的时候，有些人不到台湾，不跑香港，就是不错的。"

陈毅是个军人，本质却是诗人。这才是中国知识分子肝胆相照的诤友。

1949年6月5日下午二时，上海市政府假基督教青年会，邀请上海科学、文化、教育、新闻、出版、文艺、戏剧、电影、美术、音乐、游艺等各界代表一百六十二人，举行了上海解放后文化界第一次盛大集会。在这次会上，陈毅市长一口气讲了四个钟头。会上气氛热烈，群情振奋。言慧珠没有参加这次盛会。但她从梅兰芳那里听到了陈毅市长的讲话内容。尤其令她兴奋的是，陈毅市长讲道："上海有几十家戏院、书场和大世界之类的游艺场所，直接间接依此为生的人大约三十万。要是硬干，这些人马上就会发生吃饭问题。"言慧珠何等聪明！她敏锐地意识到，京剧界原有的演出格局不会一下子打破，个人挑班组团也不是没有可能的。说不定她言慧珠大展宏图的日子还在后头呢！心情好了，淅淅沥沥的梅雨似乎也不怎么令人讨厌了。她立马直奔芙蓉草家，请老先生帮她温习旧戏。又约了陪梅兰芳练功的陶玉艺和她一起练功。在此期间，言慧珠还向朱传茗学了昆剧《游园惊梦》、《断桥》、《琴挑》等戏。言慧珠摩拳擦掌，处在了临战状态。

有梦就有追求。追求也许就是勃发的生命意识的律动。尽管人们的追求未必都能成功；就像世上有许多朝圣者，他们朝圣的路各不相同，但他们在这条路上都不会感到孤独。

1949年的言慧珠，经历了长期曲折的探索和正反两方面的磨炼，对京昆艺术的认知已经提升到了一个新的层面。她曾经游戏人生。她曾经玩世不恭。但她无意游戏上下五千年的传统文化。了解言慧珠的人都知道，她对京昆艺术抱着怎样的赤诚之心和一腔痴迷之情。

纪玉良的话果然不假。不过几天，言慧珠接到市军管会文艺处的通知，邀请她参加上海伶界慰问中国人民解放军义演。这次义演由梅兰芳、周信芳发起，共演三场。第一场是梅兰芳的《龙凤呈祥》，原定宋宝罗扮演刘备，梅兰芳考虑宋年纪轻，舞台上老妻少夫不相称，便让宋改在第二场生旦并重的全本

《王宝钏》中演薛平贵,杜近芳、言慧珠分饰前、后王宝钏,童芷苓扮代战公主。大轴戏是梅兰芳与周信芳的《打渔杀家》。第三场是周信芳的《大名府》和盖叫天的《一箭仇》。据邱声鸣著《京剧书画名家宋保罗传》一书中记载:"梅先生为人谦和厚道,每处理一件事都考虑得十分周详,力求皆大欢喜。便让宋宝罗到他家商量换戏的事,宋表示没有意见。梅先生十分高兴,把一把他画有红梅的扇子送给宋宝罗。那天刚好上海市长陈毅也为义演的事在梅家。梅兰芳在扇面上题款时,宋恳请陈市长给他写几个字。陈毅为人爽快,马上应允了他。想了想,便在扇面上题了一首《梅花诗》。"

言慧珠心头的阴霾一扫而空,看来共产党的天下还有我言慧珠的用武之地。

新中国成立之初的言慧珠

夏秋之交,言慧珠再次接到市文管会通知,邀请她参加上海解放、慰问党政军的盛大晚会。剧目有张二鹏的《武松打店》,黄桂秋的《春秋配》,李玉茹的《鸿鸾禧》,大轴是言慧珠和童芷苓的《樊江关》。言慧珠接到通知后,高兴得多喝了一杯威士忌。这样体面的一台晚会,她言慧珠唱大轴,这面子够瞧的。她对共产党的好感和敬仰不免又添了几分。

演出那天,言慧珠早早来到后台。人称言、童铢两悉称,今晚言的薛金莲,童的樊梨花，同台较劲，自然不可轻心。言慧珠正在扮戏，前台传来消息，陈毅市长也来出席晚会。强烈的表现欲望使言慧珠几乎进入了亢奋状态，把一出《樊江关》演得精彩纷呈。

演出结束，陈毅市长向演职人员做了热情洋溢的讲话，鼓励艺术家们为振兴繁荣上海的戏曲事业作出贡献。陈毅市长的儒帅风度和渊博的知识言慧珠早有耳闻；上海文艺界对陈毅市长幽默、风趣、妙语连珠的讲话，几乎已经形成了一股"陈毅热"。此刻面对着既朴实无华又具有诗人气质的儒帅，言慧珠还是生平第一次接触这样的共产党高级干部，一种仰慕之情油然而生。但她高度注意的仍是陈毅市长对艺人组班的态度。只有摸准风向，才能扬帆起航。

这一年，新中国发生了一系列令人振奋的喜事。7月初，全国文学艺术界第一次代表大会在北平召开。9月21日到30日，中国人民政治协商会议第一届全体会议在北平进行。10月1日，毛泽东同志在天安门城楼向全世界庄严宣告：中国人民站起来了。

数千年的中国历史，顷刻间浓缩在八个字的豪言壮语中。言慧珠意识到世界已经发生翻天覆地的变化，她必须在新的天地里重塑自己的人生。

从9月14日到10月26日，言慧珠在"天蟾"演了一期。贴了《霸王别姬》、《贵妃醉酒》、《生死恨》、《玉堂春》、《王春娥》、《宇宙锋》、《四郎探母》、《红鬃烈马》、《洛神》、《贩马记》等十余出梅派经典。正如她在自传中所说："初步放弃噱头戏，专演梅派戏，受到观众欢迎。"

自传中有个内容值得我们注意：

> 为纪念故去的朱（桂芳）老师，演了一场他去世六年我再没演过的《廉锦枫》。这是他给我的开蒙戏。

寥寥数字，师徒情深。这倒使我们对言慧珠和朱桂芳的关系有了进一层认识。现今有些青年演员，在谈到自己的艺术成长过程时，都喜欢抬出"重量级"、"大师级"的人物，对于某些名不见经传的"奶师"，能避则避，避不了就轻描淡写。须知道，没有奶师"画龙"，大师焉能"点睛"。相比之下，言慧珠还是颇有人情味的。

这一年的年底，言慧珠京剧团成立了。

我们应该承认，新中国成立之初，神州大地吹拂的是一股祥和的春风。按照七届二中全会决议办事的刘少奇和周恩来，一再强调要团结一切可以团结的人，要花大气力团结京剧和地方戏的旧艺人，这才迎来了文学艺术界的春天。

"好风凭借力，送我上青云"。一阵春风又把言慧珠送上了九重天。然而，她也许做梦也没有想到，等待她的竟是另一种命运。

二、繁弦急管唱东风

言剧团在春天里诞生，在波浪里前进，在夹缝中生存，在风雨中消失。我们很难以有限的篇幅对言剧团三年的历程作事无巨细的记载，但我们有理由把言剧团的成败兴亡放在20世纪50年代初的历史天空下鸟瞰。

言剧团成立之初，在不到三个月的时间里，推出的第一个拳头产品是为"太平天国百年纪念隆重演出"的新创剧目《洪宣娇》。对此，我们不能不再一次赞叹言慧珠的机灵和追逐时尚的敏感。抑或言慧珠的身边本来就不缺高智商的参谋和智囊团。

《洪宣娇》根据当时负责天津文化工作的阿英同志所写的同名话剧改编。主要描写太平天国成立以后，领导层为争权夺利，展开了错综复杂的矛盾斗争，甚至相互倾轧、残杀，终于招致天国沦亡。洪宣娇是个悲剧形象。她曾经是江湖班子里的好角儿，练就一身好功夫。长得纤腰丰臀，艳丽动人。跟着哥哥洪秀全起义后，同清军作战英勇无比。领导层出现矛盾，她奋力调停；终因回天乏力，不能扭转局势，她自己也变成权力斗争的牺牲品。

在抗战期间，《洪宣娇》一剧曾经轰动话剧舞台。1942年，抗战进入相持阶段，投降派的言论甚嚣尘上。进步话剧演员凤子在桂林演出的《洪宣娇》，起到了鼓舞民心的作用，一度红得

京剧《洪宣娇》，言慧珠饰洪宣娇

发紫。湘桂大撤退之前,桂林号称抗日大后方,进步文化人士云集,人称"文化城"。

但是,长期浸淫于传统京剧的旦行演员,很少会把关注的目光投向这一近代题材。把《洪宣娇》搬上京剧舞台,言慧珠是第一个,也是唯一的一个。全剧三十场,文武并重。言慧珠全方位地展示了自己允文允武的优长。在洪宣娇同天王争论国事的唱段中,言慧珠把《凤还巢》的 [西皮三眼] 和《骊珠梦》的 [反调]、[原板] 加以变化,设计了既新颖又不失梅腔韵味之美的唱段。最精彩的是剧尾大段凄婉悲凉的 [反二黄] 唱腔。导演言少朋在天幕前垂下一道纱幕,每当洪宣娇唱到(缅怀)一位曾经并肩出生入死的战友时,纱幕后就出现这一人物的造型,取得强烈的艺术震撼力。洪宣娇与清军有许多爆炽激烈的开打,极为繁重,酷似《刘金定》的"女杀四门"。

1950 年 3 月,言慧珠率剧团赴天津演出,《洪宣娇》首演于天津中国大戏院。

关于天津之行,言慧珠的自传里有这样一段话:

> 五〇年春节阿英派鲁藜来接我(去天津演出)。我特地把在香港的哥哥叫回来协助。但到天津受到鲁多方刁难。吃住都很差。住后台。不能不去找阿英。结果满腔热情而去,不满而回。

鲁藜是如何刁难言慧珠的,言在自传里没有更多记载,无非是"天寒地冻"的缘故罢!如果仅仅因为吃住较差和住后台,这只能说明言慧珠对于在新的历史条件下组班是缺乏精神准备的。20 世纪五六十年代,大角儿掮铺盖、住后台是常有的事。即使在七八十年代,笔者和纪玉良、王正屏等老先生或张学津、李长春等中年角儿跑码头,都是自备铺盖住后台的。另据李蔷华女士告知,高盛麟先生也和大伙一样住后台。看来养尊处优的大小姐还在用昔日的奢华衡量百废待兴的新社会。

言慧珠从天津回沪,继续拍摄因一度缺乏资金而停拍的电影《影迷传》。接着又到苏州演了一期。从苏州回沪,接拍电影《红楼二尤》。正在此时,朝鲜战争爆发,上海戏曲界开始筹备盛大的捐献飞机大炮义演活动。言慧珠遂投入《花木兰》的复排。应该说,对政治从来不感兴趣的言慧珠,是要求自己努力跟上新政权的步调和节奏的。

1951 年,戏曲界的义演活动逐渐进入高潮,演员们纷纷使出自己的看家本领。上海舞台，异彩纷呈。

6月21日至22日，京剧"妇委会"假座天蟾舞台举行盛大义演，美艳坤伶，闪亮登场。第一天的剧目是全部《王宝钏》、《周瑜归天》、《樊江关》。言慧珠在大轴《樊江关》里饰薛金莲。李玉茹饰樊梨花。

第二天的演出更为别致。开锣是《女起解》，第二出是全部《红娘》，压轴是言慧珠的《宇宙锋》，大轴是全体坤伶反串《八蜡庙》。《八蜡庙》中的三个主角，分别由白玉艳、言慧珠、李玉茹扮演。李玉茹扮演的是花脸应工的费德恭，勾紫脸，紫箭衣，挂开口扎，穿着厚底耍大刀。李玉茹有《大英杰烈》、《辛安驿》的底子，演来有声有色。白玉艳以武旦反串武生黄天霸，她那《擂鼓战金山》中梁红玉的开打与《挑滑车》一样繁重，演来也轻车熟路，功力不凡。言慧珠家学渊源，文武老生行当中的耍髯口等技巧丝毫不偷工减料。特别是三人"三见面"的开打，观众一下子炸了窝。曹慧麟、董明艳、赵晓岚、陈正微等坤伶，有的勾大花脸，有的画小花脸，有的戴上髯口扮老生。这台戏别出心裁，卓有特色，剧场坐得满坑满谷，许多人只得贴着墙看戏。

从两天的剧目安排来看，言慧珠占尽了春光。

7月中旬，一场声势浩大的京剧老艺人会演在人民大舞台举行，将京剧界捐献飞机大炮义演活动推向了沸点。这些老演员中，年岁最高的要数李仲林的外祖父郭蝶仙（74岁），已在安度晚年，一听国家有事，剪去了胡子，粉墨登台。年纪最轻的梅兰芳和周信芳，也都已58岁。他们为观众推出了一台极为少见的精彩剧目。

言慧珠见这轮演出没有她的角色，急得直跺脚，要求在梅兰芳的《龙凤呈祥》里扮个宫女。梅兰芳笑着说："有你的活儿。"言慧珠寻思，大大小小的活儿都分派完了，再说这轮义演出场的都是老前辈，她除了给梅先生跑个宫女，还会有什么戏份。当她得知梅兰芳安排她为这场演出担任报幕时，她高兴得差一点要蹦起来。她知道先生这是器重她，给了她这个光彩体面的差使。她也知道自己便装登台自有一番旁人难以企及的风韵，数遍了上海滩的坤伶，这活儿非她莫属。

到了演出那天，正戏还没开场，言慧珠先得了个碰头彩。尽管她只穿一袭素净的便装，脸部化的是淡淡的话剧妆。但少妇的风情，正是她的迷人处。甫一开口，清脆的嗓音如呖呖莺啭，清晰的吐字如珠走玉盘，说是报幕，这第一出戏倒是先被她唱了。

台上的《龙凤呈祥》演到《洞房》一场，言慧珠的心提到了喉咙口。过去演这出戏，不管多大的角儿，一概都是八个宫女。今天给梅先生跑宫女的倒有十六位，而且一个个都是美色欲滴的青春靓女。而梅先生已年近花甲，如此大的年龄反差，言慧珠怎能不为先生捏一把汗。台上响起了 [慢长锤]，每有一对宫女出场，台下必响起一阵热烈的掌声。据说有人计算，这一天 [慢长锤] 足足打了八分多钟。等到梅兰芳扮演的孙尚香在 [西皮慢板] 的"过门"中款款上场时，只见他不整冠，不捋袖，仅仅一个眼神，台下的掌声就涨了几个分贝，全场的观众都把双手举过了头顶。言慧珠嘘了一口气，先生那出神入化的功力怎不令她暗暗艳羡。言慧珠在今后的十余年中，包括在她的戏曲教育生涯中，不止一次地谈到此事。

什么是强烈的艺术感染力？看来与讲求人物神韵有关。神，属于中国古典美学的重要范畴。它既可体现艺术品内在的精神和韵味，又可体现创作者个人的神采和气质。前者是客体之神，后者为主体之神；将两者高度统一，把审美主体之气和艺术品内在的生命之气圆通融合，才可传达出一种不可言喻的、超出言辞之外的深层的审美功能。

这就是梅兰芳的美。一种"清水出芙蓉，天然去雕饰"的美。言慧珠体悟到了这种美。

这一年的义演，好戏连台，形成了上海戏曲演出市场的一道人文景观。人民大舞台的老艺人会演，原定两场。结果观众踊跃，一票难求，于7月18日增加一场。

12月，上海文艺界抗美援朝支会京剧分会筹备会在大世界举办为时七天的大规模义演，不仅上海的艺术家，如周信芳、赵如泉、言慧珠、童芷苓、李玉茹等全部登场，正在上海演出的杨宝森也参加了义演。言慧珠被安排在一进门的中央广场。言慧珠除了演了《樊江关》等剧外，还反串言门本派《让徐州》。言慧珠的言派老生戏颇具功力，绝非一般意义的反串。她扮相潇洒飘逸，大嗓脆亮，唱腔隽永，言味十足。加之该剧自言菊朋独创新腔灌制唱片以后，仅在上海的舞台上露演过一场，因此观众的情绪特别高昂。言慧珠扮演的陶谦刚一出场，后排观众就蜂拥向前，争睹这位"平剧皇后"的风采，竟将沉重的铁架木条坐椅推翻，压在前排观众的身上，压伤了好几个人。言慧珠的琴师卢文勤当时正在台上为她操琴，亲眼目睹了这一盛况。

在这里，必须补一笔的是，言慧珠重新整理复排的《花木兰》，在上海市举行的1951年春节演唱竞赛中，以参赛剧目荣获一等奖。

1951年9月，言慧珠率团赴汉口与中南京剧院合作了一期。笔者搜集到一份当年汉口报上的大幅广告，预告言慧珠隆重献演"梅派代表作，绝响二十载"的《太真外传》一、二、三、四本，并登有言慧珠扮演的杨玉环剧照。据言慧珠的学生华华介绍，言慧珠在汉口几乎演遍了梅派经典，而《花木兰》尤其受到欢迎，连贴连满，演了三场。平素很少饮酒的言慧珠，吃宵夜时竟也喝得酩酊大醉。她在自传里写道：

> 汉口一期，天天满堂，收入甚丰，助长了我个人英雄主义单干户的思想。

从1951年到1953年，言慧珠在"争取抗美援朝战争最后胜利"的口号下，推出重新整理加工的梅派名剧《花木兰》，起到了鼓舞人们斗志的社会效果。

艺术必须有开有阖。从《花木兰》到《洪宣娇》，言慧珠是在不断的开阖中曲线前进的。

1952年春节，言慧珠京剧团在中国大戏院演了一期。笔者手头有一份言剧团演出于中国大戏院的报纸广告。打炮戏仍是《洪宣娇》。广告词特意注明："农民革命推倒满清"；"激昂慷慨，悲壮沉痛"；"幕幕紧张，场场精彩"；"言慧珠小姐主演"。

老观众们还注意到，言慧珠对《扈家庄》、《天女散花》这类传统剧目也开始动了"手术"。她把《扈家庄》改编为全本《一丈青扈三娘》，由小生演员姚玉刚扮演王英，剧中尽情发挥言慧珠唱、念、做、打诸方面的潜能，给人一种新的视觉享受。看来四十年后的《扈三娘与王英》，并非始作俑者。

《天女散花》是梅兰芳创作于20世纪20年代的剧目。1917年12月1日，该剧首演于北京吉祥茶园（即后来的吉祥戏院）。梅兰芳扮天女，李寿山扮如来佛，李寿峰扮维摩诘，高庆奎扮文殊，李敬山扮伽蓝，姚玉芙扮花奴。梅兰芳参考了敦煌的各种"飞天"画像，根据古画《天女散花图》的具象和意境，亲手设计了象

京剧《梁山伯与祝英台》,言慧珠饰祝英台

征天女在碧空御风而行的"长绸舞"。1919年第一次去日本访问演出,被日本人誉为"梅舞"。由于其中的"云路"一场尤其精彩,故后来的青年演员都只演这一折。天长日久,知道《天女散花》全貌的人反而越来越少了。

大凡敢于对传统经典动手术的人,他们的特点就是善于在继承和创新之间寻求最佳切入点。整理不是复制,改编不是出格。言慧珠加工的《天女散花》,主要是对碎场子做了技巧处理上的微调,增强了可看性,力求碎场子不碎。所以,言慧珠的《天女散花》,从来是唱大轴的。

强烈的创作欲望,使言慧珠又把她那不安分的目光瞄准了地方剧种。她带着学生华华和一位话剧导演,特地去观摩了范瑞娟、傅全香演出的越剧《梁祝》。言慧珠集编、导、演于一身,亲自动笔,从一度创作开始,便投入了移植改编的全过程。1962年,笔者还是个学生,观摩过言慧珠校长的《英台抗婚》一折。

大幕在［节节高］的曲牌中拉开,舞台上八字排开的两张桌子上,摆着凤冠霞帔等花红彩礼。言慧珠扮演的祝英台,梳古装头,穿古装袄裙,外罩红色绣花云肩,垂地的长佩点缀着娇艳的牡丹,真是美丽极了。她看到满台的花红彩礼,以为是梁山伯来提亲,一双传神的眼睛突然放出光来,而且是随着对聘礼的一一浏览,眼神呈有层次的递进,一闪一亮,真是细腻到了极致。一段［南梆子］,唱出了祝英台的喜悦之情。当她得知父亲把自己下嫁给马文才时,恰似身在万丈高崖坠入谷底,先是和父亲据理力争,用的是［西皮流水］转［快板］的板式,节奏由慢到快,京剧界的行话叫"对咬"。最后撕心裂肺地喊出:"难道你要活活逼死你亲生的女儿!"把祝英台的心理活动有层次有节奏地表现出来。《英台抗婚》是一出完整的折子戏,具有独立的观赏性。窥一斑而知全豹。《梁祝》的移植改编无疑是成功的。如果不是后来的坎坷岁月和一系列不公平的遭遇冲击了言慧珠的艺术道路,《梁祝》完全应该成为京剧舞台上的保留剧目。

"复制"与"求变",言慧珠有她的一定之规——"移步不换形"。大凡成功的艺术家,都有能力沟通历史与未来,这是中国传统文化的"软实力"。

京剧《梁山伯与祝英台》,言慧珠饰祝英台

1953年，言慧珠带着复排的《花木兰》和新编的《春香传》《梁祝》等剧目，赴无锡、南京、南昌、青岛等地演出。前后演了两个多月，上座率极高。光言慧珠一人，收入就有好几万。正好华园的主人要出国，她便以两万五千元钱买下了这幢花园洋房。（十余年来，坊间有文章流传，都说言慧珠以八千元买下华园。笔者经向言慧珠的儿子言清卿和言的管家傅玉英证实，此说系以讹传讹。）

说到言慧珠买楼，还有一段趣闻。

言慧珠自1947年定居上海，最先住在皇家公寓（今陕南村）。她挑班唱戏拍电影那几年，就是在这里度过的。故言慧珠生前常说："'陕南村'是我的黄金时代。"大明星夺人眼球，粉丝也就多。有个大学生模样的年轻人，迷上了言慧珠。言慧珠出门，他在后面跟。言慧珠闭门不出，他在楼下等。不管刮风下雨，天天守在陕南村。一天，保姆对言慧珠说，盛一盆水泼他一身，谅他就不会缠你了。言慧珠觉得那年轻人不像是歹人，就在茶缸里装了四分之一的水朝楼下泼去。保姆说这点水管啥用，装了满满一盆水，泼了那年轻人一身。言慧珠探头朝窗外一望，见那年轻人淋得像只落汤鸡，不由嗔怪保姆粗鲁。不想那年轻人在楼下高兴得只差手之舞之、足之蹈之："我看见言慧珠啦！"气得言慧珠哭笑不得，从此把这年轻人称作"神经病"。后来她看中法华路上一幢花园洋房，悄悄移居。不想一个月后装修完毕，刚住进新居，第二天推开窗户一看，那年轻人又在楼下守望。这才花了两万五千元买一座属于自己的产权房，倒也称心。言慧珠花了一万多元把华园装修一新，花园里的一切都按照练功的要求重新布置。园内的台阶扩展为宽大的平台，统统铺上红色的防滑地砖。从此，言慧珠吊嗓、踢腿、下腰、舞剑、耍绸、跑圆场，包括排戏，都在华园内。

红花绿树，丝竹管弦，但见佳人舞翩跹，真个是良辰美景，姹紫嫣红开遍。

1953年的言慧珠，显然不会意识到，眼前的花团锦簇，不过是夜空里划过的一颗流星，留下了一道美丽的弧光而已。

三、"我爱花木兰"

在这里，我们不得不暂时中断对言慧珠剧团历史进程的记载，把眼光定格在言慧珠最钟爱的《花木兰》上；因为艺术承载着艺术家的道德体系和价值体系,《花木兰》是言慧珠无法割断的生命之链。

笔者最后一次观摩言慧珠的《花木兰》是在1961年。至今笔者还清晰地记得,改装后的花木兰,一声呐喊:"嘚,马来呀!"总能获得满堂彩声。出场一个亮相,地道的武小生做派,又帅又脆,令人雌雄莫辨。这一场"走边",花木兰手执马鞭和单头枪,在〔新水令〕和〔折桂令〕的曲牌中,有许多优美的造型和身段,表现出"旦辞爷娘去,暮宿黄河边,不闻爷娘唤女声,但闻黄河流水鸣溅溅……"的意境。演员如果没有文武兼修的功底,这场

京剧《太真外传》,言慧珠饰杨玉环

戏是演不下来的。最后《求亲》一场,花木兰有一组心理外化的身段:已改女装的花木兰双手攒袖,走了三个男子台步,然后左右翻袖,掩面妩媚一笑,在场面(乐队)起"尾声"中急下。这时候,一至三楼的观众一齐朝前涌去,喝彩声几乎震耳欲聋。这一组镜头烙在笔者脑海里将近半个世纪,没有因为岁月的流逝而使美感蒸发。

这一年,言慧珠四十有二。谁也不会想到,她的生命只剩下五个年头了。

《花木兰》是言慧珠一生上演剧目中演出频率最高的一出戏。她为它付出的心血最多,接触的观众面也最广。1951年,上海市举行春节会演,言慧珠感到花木兰的爱国主义精神,有着一定的现实意义和教育意义,就大胆地试着把剧本改编了一下,参加了会演,获得了会演的表演一等奖和剧本奖。

1953年,言慧珠参加"中国人民赴朝慰问团"赴朝演出,在两个月的时间里,《花木兰》连演了十七场,成为京剧演出率最高的剧目之一。后来在慰问中

京剧《花木兰》，言慧珠饰花木兰

国人民解放军演出中，她也经常上演这出戏。她曾撰文说："战士们的掌声、笑声给了我极大的鼓舞。同时，战士们的英雄气概也深深地感染了我，使我对表演这个人物得到了很大启发，有助于我探索花木兰的内心世界，领会她的精神面貌，使我进一步塑造这一英雄形象和设计唱词、唱腔、舞蹈动作有了最可贵的依据。"

不过，如果我们把言慧珠对《花木兰》的感情仅仅定位于她对某种社会因素的承应，不免又落进了用政治替代艺术的窠臼。艺术的魅力就在于它在剥离某种社会内容的时候，依然有着自身的审美价值。即使是在时代风云起伏、政治高速旋转的时期，艺术的观赏性和感染力仍然是不可抗拒的。

言慧珠发表于1961年的《花木兰》剧本中的《前记》，为我们探索她的审美心理结构提供了依据。

如果有人问我："你所扮演的角色中，最喜欢哪一个？"我说："我爱花木兰。"我过了廿来年的舞台生活，所演的京、昆旦行角色大多数是"行不动裙、笑不露齿"的古代妇女，不是闺阁千金，就是宫廷贵妇，偶尔也演演扈三娘、穆桂英、樊梨花、梁红玉之类的刀马戏，但我对这些角色的感情总不及对花木兰来得深厚。因为我除了欢喜演自己的本行旦角之外，对于反串老生、小生，甚至武生，也很感兴趣。花木兰替父从军，女扮男装，可以任我发挥，所以我演这个角色感到特别过瘾。

我们在前面提到过，艺术家的审美心理结构是个很隐秘的领域，其中包括时代风气、社会习俗、地理环境、文化教育、师友交游等诸方面的因素对演员心灵的渗透和熏染。花木兰是个千百年来流传于民间的马背上的女英雄。言慧珠的祖辈如果没有移居古都北京，她何尝又不是一个驰骋在科尔沁草原上的马背上的娥眉。

《木兰辞》这首美丽的诗歌，为后人提供了很好的素材。无论是梅兰芳的京剧《花木兰》，还是常香玉的豫剧《花木兰》，都是观众喜闻乐见的不朽经典。

言慧珠的《花木兰》，最早得益于朱桂芳的传授，那时叫《木兰从军》。后来，又经梅先生指点，并先后向京剧前辈名家徐碧云和昆剧"传"字辈老艺术家方传芸请益。言慧珠在《前记》中说："最初，我是完

京剧《花木兰》，言慧珠饰花木兰

全按照梅先生的路子演出的。那时候，我认为尊敬老师，就必须一腔、一字、一抬手、一投足都丝毫不能改动。这种思想一直要到新中国成立后才逐渐解放出来。"

千门万户，先立其"大"。言慧珠对《花木兰》的修改首先是从剧本开始的。她在《前记》中有这样一段话，是她改编剧本的重要的心理依据。

> 按照剧情的需要，全剧先后要改两次装（先是女扮男，后是男改女），不能因为改装，加上许多不必要的过场戏，把戏拖松，降低演出效果，并且现在一个晚会演出一般包括休息不过三小时左右，在时间上也不允许场子冗长拖拉……

梅先生演《花木兰》，木兰女装时是按传统京剧闺门旦的扮相，梳大头，穿花褶子。京剧旦行梳大头的过程十分繁复，从包头、贴片子、插花等，至少有近十道工序。按照剧本要求，前半部女扮男装时，仅仅穿插了一段花弧为女儿买枪买马，当他回家时，木兰必须已经改装完毕。后半部男换女装，中间仅有元帅到花府求亲的一点穿插。这两段情节最多都不能超过十分钟，否则台上会很冷。所以，梅兰芳早年演《木兰从军》，因为女扮男、男改女的改装过程，是上下两本分两次演全的。

1949年以后的言慧珠，意识到时代的嬗变已经引起观众结构的演变，加上生活节奏的日益加快，广大观众的审美心理与过去的有闲阶层已迥然不同。尤其在朝鲜战场上，过去京剧舞台上那种为了角儿"赶场"（后台换装的术语）或休息的"垫场"戏，显然不适应志愿军战士的欣赏要求。要把梅先生的演出本合二为一，首先必须压缩改装过程；改装过程缩短了，冗长拖拉的碎场子也就精简了。

言慧珠对花木兰的容妆做了如下改动：（一）花木兰别家前，是个年轻的姑娘，给她梳一个古装偏髻，再在发髻上系一块淡雅的绸巾，绸巾两角斜翘，显得英爽活泼，也符合戏曲传统化装劳动人民女儿的手法。（二）凯旋的花将军，已驰骋沙场十二年，改装时不能不和别家前的扮相有所区别。花木兰就在最后一场改梳正中的高髻，穿绣花帔，显得仪态雍容。这样做也为了"赶场"便利，因为梳古装头确比梳大头快得多。后台预先把发髻、发饰都插在头套上，临时只要把两条片子贴好头套往头上一戴，稍加修饰，就完成了"当窗理云鬓，对镜贴花黄"的整装工作。演员还可以在八分钟内，从从容容喝口水，等候出场。

仅仅是从容妆上做了改革，便使剧本简炼而生动，我们从中可以领略到一种构思与布局的从容。

言慧珠对原演出本做的第二个重大改动，更强调《花木兰》的喜剧气氛。言慧珠在《前记》里提到：

> 我觉得这出戏的主题思想和花氏父女的性格，宜于用明快爽朗的线条和节奏来表现，适用喜剧手法处理。

这时候的言慧珠，当然不懂什么叫"革命现实主义和革命浪漫主义相结合"的大道理。但她能把握艺术的特质，提纯美感。言慧珠认为，花木兰替父从军时大致只有十七八岁，这个女孩子的武艺既然是她父亲所授，那么她的英勇机智、爱国思想，也一定受到父亲平日的熏陶和影响。父亲往往把木兰当作第二个自己，女儿也有着以继承父志为己任的光荣感。根据这一想法，言慧珠把全剧的场子、唱词、唱腔、念白等重新做了富有喜剧色彩的处理。

比如花老夫妇一个不服老，一定要应召入伍；一个为爱护病后体弱的老伴，不放他去，因而发生了争执。这是一种喜剧性的舞台冲突。言慧珠对这场戏的艺术处理，先是用哄的办法两边劝架；然后说服父母同意她女扮男装替父从军；最后以 [二六] 转 [流水] 的板式，直抒花木兰为父尽孝和为国尽忠的胸臆。一曲唱罢，以一个武小生身段的亮相，增添了喜剧效果。

最后《求亲》一场，把喜剧因素挥洒得酣畅淋漓，尤其受到观众欢迎。抗敌胜利，元帅欲招花木兰为婿。花木兰是个女子，阴阳倒错，为的是保家卫国。如今元帅要招她为婿，岂不难煞羞煞人也。情势迫使她不得不婉拒尚书郎之职，"乞借明驼千里足，送儿回故乡"。这位爱惜将才的元帅，请下圣旨，亲自到花府求亲，与花父闹了许多误会，才明白自己心目中的坦腹东床，原来是个巾帼英雄。同时，投军人丙和丁也为花将军奉旨完婚赶来贺喜，错把换了女装的花木兰认作新娘，所谓"扑朔迷离，雌雄莫辨"，使剧情达到了高峰。言慧珠认为：

> 这样处理可能浪漫主义气息过浓了一些，但我觉得无损于主题，无损于花木兰这个英雄人物，而每次演出观众很感兴趣，效果很热烈，因此就大

胆地决定把它保留下来。

都说言慧珠学梅是"死学"；其实在传统艺术领域苦苦守望的人，其特点是在寻求传统与创新之间的那杆标尺。1953年的言慧珠，显然已经寻到了那杆标尺，那就是以竖向继承为"基因"，以横向借鉴为"营养"，催生一种活泼泼的舞台表演艺术。

应该承认，新中国成立之初，是言慧珠艺术创造的兴奋期。从《花木兰》、《一丈青扈三娘》、《天女散花》的整理改编，到《洪宣娇》、《梁祝》、《春香传》的移植创作，都是在1950年至1953年之间完成的，其间还拍摄了影片《影迷传》和《红楼二尤》。

遗憾的是，成功的喜悦往往会滋长言慧珠的"狼主"脾性。一次，她在人民大舞台看北方来的一个剧团演出

京剧《花木兰》，言慧珠饰花木兰

的《花木兰》，发觉舞台上的表演分明源于她的手稿。她当时不知道是谁卖了自己，只觉得一腔无名火直往上蹿，把一堆水果皮狠狠地往地上扔。这时，过来一个剧场工作人员，轻轻拍了她一下，请她不要随地丢掷果壳。这下不得了，言慧珠把工作人员当作了出气筒："你拍我干什么？这么没礼貌！走！找你们经理去！"大舞台经理原本是演员改行的。言慧珠以为经理会买她大角儿的账。没

想到经理说："你是违反了剧场的制度，工作人员没有错。"言慧珠像被告一样讨了个没趣，气鼓鼓地转身就走。事后得知是大哥言少朋把剧本做了"人情"，气得她把少朋大骂一场。

四、红装素裹七十天

这是一段很值得记述的历史。虽然这段历史不过短短七十余天，但言慧珠在自传里用了"毕生难忘"四个字。我们今天记叙言慧珠的一生，自然也不容放过这多姿多彩的七十天。因为就在这段日子里，言慧珠焕发了新的生命意识。

言慧珠曾经有过两次参加"中国人民赴朝慰问团"赴朝演出的机会。一次是1952年国庆前夕，解放军总政治部的陈沂部长召她参加第二届赴朝慰问团。因这一年国庆，周信芳、袁雪芬等几位院长都将赴京，故时任华东京剧团秘书长的周玑璋挽留言慧珠排演国庆演出剧目《白蛇传》。第二次是1953年，言慧珠主动向马彦祥请求赴朝演出，终于如愿以偿，踏着"雄赳赳，气昂昂"的节奏，

言慧珠在朝鲜

跨过了鸭绿江。

这一年3月，言慧珠率团先是在南京演出，后到无锡。6月，到了北京。在长安戏院、东安市场、前门的"大众"、北城的一个戏园献演，仅《西施》、《花木兰》两出戏，就红遍了半个北京城。来邀角儿的，都点名要《西施》、《花木兰》。在北京期间，她除了正常营业演出之外，抓紧一切空余时间赶排赴朝剧目《梁山伯与祝英台》。8月，剧团回上海休整，冒着酷暑高温，在人民大舞台公演十天。其中《梁祝》一剧，目的就为倾听各方的舆论和意见，以便加工提高。

"人是要有一点精神的。"言慧珠的可贵就在于对艺术的认真。也许她的一生不曾有过那一份超然物外、遗世独立的超脱，但她在奔赴一个不为名利所左右的冰天雪地的时候，没有放弃这一份认真和执着。

9月，接到北京有关方面通知，言慧珠率团赴京参加赴朝前的学习整顿。言慧珠剧团和由谭富英、裘盛戎为团长的北京市二团并为一个演出团体，编制为"华北行政区"赴朝慰问团第六总分团，总团长是贺龙元帅。

言慧珠(右一)和中国人民志愿军指战员在一起

慰问团在天津集中出发,途经沈阳,歇了三天。言慧珠为当地军民演了《花木兰》、《春香闹学》等剧目。三天之后,来到与朝鲜隔江相望的丹东。丹东市位于辽宁省东南部。世世代代,中朝两国居民生活习俗互相影响,浓郁的民族风情和异国情调在这里汇合。而此时此地,隔江两岸已然成为两个世界。

火车从丹东驶过鸭绿江。就从这条不及黄河汹涌,不及长江宽阔的小河上,言慧珠融入了朝鲜战场,开始了她"红装素裹"七十天的战斗生活。

1953年10月,朝鲜战场已经停战。就在这一年的7月27日上午10时,由朝鲜人民军最高司令官金日成、中国人民志愿军司令员彭德怀为一方,和联合国军司令官,美国人克拉克上将为另一方,在板门店签署了停战协议。

但是,停战后的朝鲜依然弥漫着战时的气息,满目疮痍。山的外壳已被炮火刮去,裸露出如裹尸布一般冰冷的白色。就连雪花也失去了诱人的银光。隔江眺望,这壁厢,雪花犹如百合花似的随风飞舞,整个世界宛若一块用银丝刺绣成的洁白的手帕;那壁厢,雪地上仍残留着屠杀的血腥味,罗贯中描写的"山如玉簇,林似银妆",已被千疮百孔的废墟代替。欢迎慰问团的朝鲜人民,也大多是老人、妇女和儿童。

言慧珠第一次身历其境地感受到了战争的残酷。

到了平壤,朝鲜高级领导设宴为慰问团接风,还特地杀了一头牛。在朝鲜,言慧珠所在的慰问团,主要是慰问由杨成武、杨勇统率的中国人民志愿军第20兵团,人称"杨家将"。据跟随言慧珠一起到朝鲜的薛浩伟和傅玉英回忆,慰问团的绝大部分时间,是在颠簸的军车上度过的。下基层,下连队,一直演到"三八线"。一次,司机把方向搞错了,差一点开到板门店。

战后的朝鲜,没有一条平整的公路,每隔几米,就是一个坑。每到一地,跳下车就化装演出。言慧珠从没叫过一声苦。

写到这里,笔者想起一朵花絮,颇有意味。

1968年,笔者所在的上海戏曲学校有二十余位同学光荣参军,有几位被分配在广州军区空军部队。一次,部队召开文艺工作会议,一位司令员号召部队的文艺工作者要向地方学习,特别提出要向言慧珠学习。笔者的那几位部队同学听了大惊失色。因为,"反动学术权威"言慧珠早在1966年"畏罪自杀",难道这位司令员不知道吗?是的,他不知道。他只知道言慧珠在朝鲜的表现,这

言慧珠(左二)和赴朝慰问团成员在一起

给他留下了历久弥新的印象。

这是一座最能改造人的舞台。言慧珠遏制了灵魂上的浅薄,渴望精神上的进取。她在朝鲜战场上的行为,博得了志愿军战士的赞美。

据说,言慧珠在朝鲜时,不顾长途颠簸,常常是一下汽车,直奔病房,不假弦索,不施粉黛,开口便唱,直抒胸臆,使得志愿军伤病员无不动容。她为志愿军官兵演得最多的剧目,是《花木兰》和《梁山伯与祝英台》。仅《花木兰》一剧就演了十几场。和其他仅以传统剧目为演出内容的艺术团体相比,言慧珠带的这两出戏更受志愿军官兵的欢迎。因为,《花木兰》弘扬了爱国主义精神,《梁祝》体现了反封建的主题。战士们说:"言慧珠演的都是好戏。"

言慧珠的演出态度尤其认真。在零下几十度的冰天雪地里演《梁祝》,

她从不多穿一件夹衣。每次慰问演出结束，部队领导和战士们都非常感动，纷纷把用燃烧弹壳制作的花瓶，用降落伞做成的手绢，送给言慧珠和其他演员们。据言清卿告诉我，他的妈妈把这些特殊的礼品一直珍藏到"文革"期间。

在朝期间，言慧珠参加了所有的慰问活动，包括吊唁墓地、慰问哨兵、做艺术介绍等。她在自传中写下这样一段话：

> 在朝鲜七十天中，是我毕生难忘的，受到生动的国际主义、爱国主义的教育，发现了人与人之间真正的友爱，也懂得了恨什么，爱什么，懂得了阶级立场。对于志愿军产生了由衷的敬爱。记得有一次，英雄温良绪问："团长！您是在祖国哪一个单位里？（按：在编制上我是京剧团副团长）我们的英雄当我团级干部那样看待，甚至于有的战士管我叫首长，这真使我惶愧，使我无法回答，感到在我们英雄面前，说出我们还是个私营的剧团，有些难以启齿了……回国后下决心，一定要靠拢组织。

赴朝归来，正赶上1954年元旦。言慧珠心想，朝鲜有个《春香传》，越剧做了改编，自己为什么不搞一个京剧《春香传》呢！于是她自己动手写剧本，请薛浩伟一起琢磨唱词；薛写的唱词稍逊文采，她又请许姬传润色，请黄宗江加工。那段春香和梦龙"撞钟"的唱词，许姬传写得尤其生动。可惜这些美丽的诗句，都随着言慧珠一起羽化了。

1954年春节，言慧珠带着《春香传》在无锡演出，用的是孙柏龄的班底。这时候，中央有关方面发来通知，要她赴京参加"全国人民慰问中国人民解放军"代表团。农历三月，她在北京演了《花木兰》、《梁祝》、《西施》等剧。并三次进中南海，为毛泽东、刘少奇、周恩来、朱德等中央首长演了《天女散

言慧珠对志愿军战士讲话

花》等剧。

在朝鲜，言慧珠满怀深情地为志愿军演出；在国内，她一丝不苟地为解放军服务。今天，我们回眸这段一气呵成的历史过程，难道不应该为言慧珠的在天之灵佩上一枚"人民艺术家"的勋章吗?!

第五篇　东边日出
西边雨

一、共谁同唱送春词

20世纪50年代前期，言慧珠和成千上万善良的中国知识分子一样，心头也曾弥漫着一片明媚的春光。她要求自己努力跟上时代的脉搏，迎来自己新一轮艺术生命的勃发。

言慧珠在自传里写下这样一段话：

五二年夏季，参加文艺整风学习，认识有所提高。

新中国成立初期的这场知识分子改造运动，是建立在毛泽东对知识分子队伍的基本估价上的。由于中国共产党对旧知识分子采取"包"下来的政策，就必须确立马克思主义在意识形态领域的指导地位，改造他们浸染了几十年的封建思想和英美意识，使资产阶级、小资产阶级知识分子的"毛"附到无产阶级的"皮"上。这也是毛泽东从延安整风开始就一以贯之的思想。

昆剧《断桥》，梅兰芳饰白素珍，俞振飞饰许仙，梅葆玖饰小青

毛泽东在1950年6月撰写的那篇《不要四面出击》的文章中指出："对知识分子，要办各种训练班，办军政大学、革命大学，要使用他们，同时对他们进行教育和改造。"

不过，我们应该承认，1956年之前的毛泽东，对中国社会国情的分析，尚能符合客观实际。所以，总体来说，在这场运动的过程中，虽然存在着要求过急过高，方法上简单甚至粗暴，有伤害知识分子感情之处，尚没有引起大的社会折腾。至少它还没有伤害到像言慧珠一类演员的感情。

但是，言慧珠不可能想到，从1951年9月到1952年6月进行的这场全国性的"知识分子思想改造运动"，虽然重点是在教育界和高校，但已经揭开了无产阶级改造资产阶级、小资产阶级知识分子的序幕。接下来的"批判俞平伯"、"批判胡适"、"批判胡风"及"肃反斗争"等四大政治运动，很快就波及整个文化艺术界。

高速旋转的政治机器已经隐伏着言慧珠大起大落的结局。

事实上，从朝鲜回来，言慧珠已经有了参加国家剧团的愿望。我们可以从前一章里读到她的心声。我们没有理由怀疑言慧珠在朝时的真性情。言慧珠好话歹话都说，就是不说假话。

但人生的悲哀就在于美好的憧憬总是和坎坷的命运结伴而来。言慧珠有了靠拢组织的愿望，有关"组织"却纷纷向言慧珠关上了大门。绕树三匝，无枝可栖。

1954年夏秋，言慧珠接到梅兰芳从北京拍来的电报，说北京正在筹备梅兰芳舞台艺术纪录片拍摄，其中将有一组梅兰芳单独为言慧珠"拍曲"的镜头。言慧珠接到电文后欣喜若狂，逢人便说，这可是梅先生给爱徒的特殊待遇。8月，言慧珠赶到北京。摄制组却取消了梅兰芳为她单独授艺的一组镜头，使她一腔热情怀抱冰。她努力争取在《断桥》一剧中饰演小青。可是，自1947年李世芳因飞机失事命殉崂山之后，小青一角一直是梅兰芳的儿子葆玖担任，言慧珠又未能如愿。虽然梅兰芳安排她作为自己试镜的"替身"（拍摄前期工作），也算是梅先生对这个高足的信任。但言慧珠已是心内怏怏，预感北京之行凶多吉少。

那时，北京京剧界已开始体制改革。言慧珠有参加中国京剧院的愿望，向有关方面表示："希望能参加组织。"但当时的北京已重振昔日京剧帝都的雄风。大小院团，人才济济。即使艺术上不如言慧珠的，也早已"占山为王"。有关方面以"机构编制很严，不随便吸收"为由，把门窗关得严严实实。

为了能在北京演出，有人主张言慧珠与北京市京剧四团合作。由于吴素秋有病，不能经常演出。原来的当家老生杨宝森已退出四团，剧团需要主要演员。而言慧珠这里有少数艺术骨干，缺的是群众演员。双方没有经过周密考虑，签了三个月合同。结果发现行当重叠，矛盾重重。吴素秋病好了，重登舞台。常言说：一个槽上拴不住两头叫驴。南北两个名旦碰到一起，结果闹出一场窝囊气。

为了参加北京市第一届戏曲会演，言慧珠服从北京市文化局安排，和北京市京剧四团合作。言慧珠的参赛剧目是由越剧移植的京剧《春香传》。演出

吴素秋便照

后获得各种奖项，内外行一致好评。同时参加会演的有吴素秋的《陶学士醉写风光好》。此时的吴素秋风头已很难盖住言慧珠，戏亦平平。于是矛盾更加尖锐，言慧珠被骂，被气，处处受人掣肘。副团长姜铁麟三次在后台破口大骂言慧珠（见言慧珠自传）。有关方面又不出面解决。言慧珠写信给北京市文艺处长王亚平；对方不见。言慧珠结果一时激愤，大量吞服安眠药。

戏班里有句行话，唱好了是"戏饭"，唱不好是"气饭"。可言慧珠唱好了，吃的还是气饭。1954年岁末，《春香传》没演几场，剧场没有了。为了好让剧团渡过年关，言慧珠只得跑到北京市文化局。年关岁底，在北京市文化处的院子里，言慧珠在风雪里站了两小时，请求让她们这些人有机会演出，好暂时过年。

京剧《春香传》，言慧珠饰春香

可是没有结果。就这样，她消极了。团体垮了。身体也垮了。她在北京自杀过一次。（见言慧珠自传）①

言慧珠经医生抢救醒来，不吃不喝，拒绝治疗，唯一的一句话就是："我要和文化部长通话。"梅夫人福芝芳闻讯赶到医院，又急又心疼。言慧珠神色黯然地对梅夫人说："香妈（即福芝芳），我没死成呀！"梅夫人不知道用什么语言安慰眼前这个性格尤其偏犟的学生。她唯一能做的就是把言慧珠接到家里调养，就像当年学戏时的情景一样，言慧珠依然和葆玥同住一室，同睡一床。

这是言慧珠一生中的第三次自杀。一个女人动不动就自杀，想起来真叫人不寒而栗。

至此，我们不妨从心理学的角度对言慧珠一生的自杀"情结"作一解析。纵观中外艺术史和文学史，有两类艺术家和艺术大师尤其容

---

① 言慧珠在京自杀原因，一说与北京京剧四团合作不愉快，无端遭到吴素秋丈夫姜铁麟辱骂；二说因取消了梅兰芳和她单独授艺的电影镜头。笔者以为还应以言慧珠的自传为准。

易走上自杀的道路。一类艺术家和作家，他们的艺术创造完全是自省式、拷问式的。他们既拷问读者的灵魂，更拷问自己的灵魂。他们是燃烧自己体内的能源来创造艺术的。如屈原、曹雪芹、纳兰性德、亚里士多德、卡夫卡、凡·高、塞尚、福楼拜、莫泊桑、海明威，及当今的川端康成、海子、顾城等。他们生活在低处，灵魂却在高处。现实世界的种种社会现象和他们内心的理想王国永远走不到一起。这也许就是这类艺术家非死即疯的主要原因吧！

另一类自杀的艺术家大多是过度的"完美主义者"。按照弗洛伊德的理论，极度自尊中往往隐藏着危机。人们只看到他（她）们呼啸来去，旁若无人，我行我素，大形于色。却没有注意到他（她）们恣肆狂放的背后，潜伏着焦虑、脆弱、敏感、暴躁，甚至是极其脆弱的厌世情绪。世事常常不可能尽如人意，也不一定都能完成每个人的内心设计。完美主义者的自我期许太高，失望之下便万念俱灰；竞争的残酷使他们难以容忍心灵的脆弱，过分的获得又使他们特别恐惧失去。等到他（她）们红颜几乎消尽，心灵无所归属，光环日趋暗淡，身体被疾病缠绕的时候，于是选择了那个从来没有一个旅人回来过的王国。

台湾女作家三毛用一双丝袜绝于人世；张国荣从文华大楼二十四层跃下。言慧珠和三毛、张国荣一样，显然属于后一种典型。

人是一个能量系统，在面对外界强刺激时，不仅需要消耗大量的生理能量，也需要消耗大量的心理能量。困扰言慧珠一生最大的苦恼，就是安眠药的不断升级和如同魅影一般追随着她的"死结"。

"生存还是毁灭？"这是一个值得思考的问题。

偌大一座北京城，容不下一个言慧珠。她只得含悲忍泪回到上海，思谋着另投门路。她把生平的社会关系和艺术上的合作伙伴仔细地筛选了一遍，期盼着从满天的积云中见到一缕阳光。但是，想着，想着，她非但没有感受到阳光的和煦，反而觉得一阵阵透体

吴素秋和姜铁麟

冰凉。

言慧珠想到，1951年3月，她率言剧团赴天津演出，"马少波针对演出质量不高，要我参加组织。"（见言慧珠自传）言慧珠当时只想到回上海后如何提高艺术质量，却没有意识到马少波是在暗示她尽快靠拢组织。言慧珠的艺术细胞异于常人，政治上的迟钝亦不同于常人。

言慧珠想到，弟弟言小朋所在的总政文工团，早就向她伸出了热情的双手。陈沂部长曾命言小朋写信问言慧珠："二姐愿不愿意来北京参加总政文工团？"言慧珠叫弟弟来上海面谈。言小朋和刘元彤（"元"字辈的一位旦角演员）受命特地来沪和言慧珠谈"公事"（工资待遇等问题，戏曲界谓之公事）。言慧珠一口答应。据越剧演员王文娟回忆，当时"总政"下设京剧、越剧、评剧、话剧、歌唱、舞蹈六个团。1952年7月26日，她和徐玉兰、言慧珠一起到了北京，为庆祝"八一"建军节演了几场。徐玉兰和王文娟留在北京加入了"总政"，却发现言慧珠失踪了。

陈沂部长对言慧珠还是非常赏识的。1952年又亲自打长途电话给言慧珠，

京剧《宝莲神灯》，吴素秋饰三圣母

邀请她参加第二届赴朝慰问团。言慧珠此时正临时受聘于华东京剧实验剧团排演《白蛇传》，未能成行。"总政"两次向言慧珠敞开了大门，言慧珠和它擦肩而过。我们有理由做此推想，言慧珠当年如果毅然加入"总政"，政治地位恐怕不会在她弟媳王晓棠之下；至少可以躲过"文革"中的那场劫难。因为党对部队文工团是加以保护的。

难道是命运安排，言慧珠难逃一劫？

言慧珠想到，当初上海市人民京剧团也曾经向她伸出过热情的双手。人民京剧团的前身是大舞台共和班，1951年11月20日改制为上海市人民京剧团，主要演员有纪玉良、李仲林、王熙春、赵晓岚、赵德钰、王正屏、筱高雪樵、李桐森、李秋森等。还有中国人民解放军24军的部分文工团团员。人民京剧团的业务负责人林鹏程曾对纪玉

良夫妇说："你们如果能动员言慧珠参加'人民'，那可是大功一件。"为此，许美玲几次和言慧珠谈到人民京剧团求贤若渴，欢迎言慧珠加盟。言慧珠信誓旦旦，表示愿意。为此文化局戏改处处长刘厚生还特地向上级打了报告。可言慧珠转眼又变卦了。1955年3月，人民京剧团和华东实验京剧团合并成立上海京剧院，那里有童芷苓、李玉茹等"一窝旦"（花旦），再也不稀罕你言慧珠了。看来这一扇大门也关上了。

人们常说：人生的道路是漫长的，但最关键的也就是那么几步。言慧珠就在那几步上失误了。

棋错一着，满盘皆输。

历史发展到1956年，中国进入资本主义工商业改造的"新阶段"，戏班陆续公私合营。对于"底包"演员来说，都巴不得参加国营剧团。一来名声好听，二来有铁饭碗可捧。言慧珠麾下的人马早已作鸟兽散。早先还可以东演演，西唱唱，现在连属于自己的"场面"（京剧乐队）也没有了。就连和她最默契的琴师黄天麟也去北京傍了吴素秋。赋闲在家的言慧珠，明显感到了人们对她的冷落。前来邀她演出的场馆也越来越少了。即使她退让到不谈"公事"的地步，仍然无人问津。一次，江西一个剧场来人邀她赴赣演出，她兴奋地满口应承。可来人回转江西，一纸公文打到上面，如石沉大海，杳无音信。言慧珠颓丧地对小姐妹许美玲说："看来没有人要我了。"

"春去也，闲煞旧蜂蝶。"一天，言慧珠又来到许美玲家，不由分说地拉着她就往外跑。两人来到设在南市区的京剧界梨园公会。言慧珠一进门，就说要找领导。里边除了一个看房子的，别无他人。那人问："言慧珠同志，您来有什么事？"

"要唱戏呀，到这儿来登记。"

看门人瞪大眼睛，看着言慧珠，无法应答。这里是流散艺人排队登记的地方，眼前的大角儿是怎么啦？言慧珠自己想想，也觉得好笑。过去是人家请她参加剧团，她要"看风向"、"谈条件"，放不下她心头的"组班梦"；现在是她要求靠拢组织，没人理她。她给上海京剧院周信芳院长打过电话；给文化部夏衍部长打电话……可还是没人找她。

五六年，上海进入社会主义改造。中国人民政协、上海第一届委员会第二次会议，我当了政协委员。学习周总理关于知识分子问题报告，我决

心放下包袱，要求参加组织。（见言慧珠自传）

言慧珠是在什么情况下加入上海京剧院的？

据说国务院周恩来总理到上海视察工作，有人向他汇报了言慧珠的情况。总理语重心长地对京剧院领导讲：像这样有影响的艺人，我们应该要。尽管她思想上有某些缺点，但旧社会过来的，总难免嘛。我们要团结她，不要推出去。

言慧珠万万没有想到，她进上海京剧院的事情，竟惊动国家总理亲自过问，一时激动得泣不成声了。不过几天，京剧院副院长陶雄就来找言慧珠。陶雄说："李玉茹是第一个参加我们剧团的，因此根据当时的情况，她的工资定为1 300元。童芷苓第二个进京剧院，她的工资1 100元。你现在要求进步了，就不必计较那么多，咱们零头不算了，凑个整数，每月1 000元吧。怎么样？"

陶雄说罢，静候着言慧珠表态。因为，自打这三位红坤角从北边相继来到上海，言、童、李的排序早已在人们心目中约定俗成。一方面，言慧珠比童芷苓长三岁；童芷苓比李玉茹长一岁。另一方面，恐怕也不无艺术上的原因，包括上海滩广大观众的认同感。如今"言、童、李"变成"李、童、言"，眼前这位"狼主"会接受吗？

不想言慧珠欣然表态："那两位比我早进步，我晚进步，就照领导的意思办。"

1956年5月，言慧珠终于成为上海京剧院的演员。虽然她和李玉茹、童芷苓工资不等，但在评定文艺级别时，三人都是国家二级演员①。

人们以为：言慧珠进了国家剧院，从此便可太平无事了。偏偏言慧珠是个喜欢争长论短的人，无风三尺浪，下雨一地泥，到了京剧院也没有个安生的日子。不久，便闹出一场风波来。

其实，在这种好角儿扎堆的体制下，要想风平浪静谈何容易。

二、"我要演戏"

令人感慨的1956年。

令人怀想的1956年。

这一年春，毛泽东同志在一次中共中央政治局的扩大会议上提出，艺术问题上

---

① "文革"前，国家评定艺术职称分为文艺十六级。上海只有一位一级演员，就是京剧艺术大师周信芳。

的"百花齐放",学术问题上的"百家争鸣",应当成为我国发展科学、繁荣文化艺术的方针。①

有学者认为：回溯数千年的中国历史，即使最鼎盛的时代，也没有哪一个帝王有如此的气魄，欲建构"百花齐放，百家争鸣"这样雄伟的宏图。

中国只有一个毛泽东。

1956年5月，言慧珠是迈着轻盈的脚步走进上

京剧《宇宙锋》，言慧珠饰赵艳蓉

海京剧院的。她自信在这个知识分子的春天里，她言慧珠一定能在上海京剧院打出一片新天地。她列了一份演出计划，把自己这一二十年里演过的剧目统统捋了一遍。特别是梅先生早期创作演出的《太真外传》、《洛神》、《西施》、《花木兰》等经典剧目，在上海除了言慧珠，还有谁拿得起这些剧目？

言慧珠踌躇满志。

可是，言慧珠过于乐观了。等她走进京剧院的大门定睛细看，不禁倒吸一口冷气。京剧院的演出格局早已尘埃落定。一团以原上海市人民京剧团的角儿为主体阵容，基本保持连台本戏风格，兼演老戏。二团由童芷苓坐镇。三团是青年团。李玉茹主要随一团演出，同时拥有在全院调动演员为她配戏的特殊待遇。全院行当重叠，好角儿狭路相逢。"卧榻之旁，岂容他人鼾睡。"何况在人们眼里，言慧珠是只"老虎"。

而最令言慧珠感到棘手的，是京剧院有着"一窝旦"，号称十大花旦，个个是一顶一的拔尖人物。这里有：言慧珠、童芷苓、李玉茹、王熙春、金素雯、陈正薇、袁灵云、张美娟、赵晓岚、华华，又吸收了王丽君。

---

① 《中国共产党历史大事记》，中共党史出版社2006年版，第220页。

李玉茹深受院领导重视,《奇双会》、《红娘》、《周仁献嫂》等戏,都和俞振飞同台。加上当红小生黄正勤和名丑孙正阳充当左膀右臂,新戏老戏,一出接一出,占尽天时、地利、人和。童芷苓的二团,小生有哥哥童寿苓;老生有弟弟童祥苓;二旦有弟媳张南云;老旦有大嫂李多芬。"童家班"实至名归。加上童的戏路历来与言、李不同,蹊径独辟,《尤三姐》等戏很受观众欢迎。在童、李争胜的情势下,其他旦角只能享受挂起来的待遇。袁灵云进京剧院后,没有和观众照过一次面。其他如王熙春、金素雯、陈正薇等在家里闲得发慌。

言慧珠名义上进了国家剧团,一没有自己的"班底",二没有自己的"场面"。一年来领导没有和她谈过一次话。她拟的演出计划交上去后也被打入了"冷宫"。于是言慧珠也成了坐冷板凳的编外角儿。

1956年8月,童芷苓、李仲林、王正屏等参加中国艺术团出访东欧,演出了《贵妃醉酒》、《闹天宫》、《通天犀》、《秋江》等剧目。没有言慧珠的份。

10月28日,以周信芳为团长并领衔主演的中国上海京剧院演出团赴苏联访问演出,历时两月余。随行的有李玉茹等。也没有言慧珠的份。

凡有出国任务和外地巡回演出,好的鼓师、琴师都被带走了。言慧珠只能留守"大营"。

一次,李玉茹、童芷苓先后出国访问,其他角儿率团到外地演出。恰巧市里有个重要晚会,言慧珠只能在东拼西凑的情况下应付这场差事。临时从戏曲学校借来一个打鼓的,从新民京剧团借来两把胡琴,从另一个新国营剧团借来个打大锣的,再配上京剧院的青年演员和她同台。晚会是军民联欢,言慧珠以为唱个热闹喜庆的剧目就能对付过去了。没想到领导点名要看她的《宇宙锋》。《宇宙锋》是梅兰芳千锤百炼的经典剧目,从演员到乐队的配合必须严丝合缝,旗鼓相当,来不得半点凑合。言慧珠硬着头皮把戏唱下来了,其质量可想而知,回到家就大哭一场。

唱戏的都知道,梨园界最敏感的是三个问题:一是名次;二是包银;三是戏码。如今"言、童、李"变成了"李、童、言",言慧珠忍了。三个红坤角的包银数她最低,言慧珠也忍了。她想不通的是,从1956年5月1日进京剧院工作,到1957年5月为止,整整一年时间,她只演了十三场戏。于是她牢骚满腹,怨气冲天,逢人便说,遇人便讲:"进了京剧院,戏都唱不成了。"她到商店买东西,店员都认识这个漂亮女人，遂问："您怎么不演出了啊？"

她嘴巴一撇，没好气地说："我呀，在京剧院的墙角里长毛了，我在发霉。"

但是，要她为了演戏去低声下气求人，休想！她不想迎合谁，谁也休想迎合她。当了半辈子的"狼主"，为此也不知道结下多少冤家。

四百多个日子太突兀了。言慧珠还没有来得及从荆棘丛中劈开一条生路，就被一场防不胜防的暴风骤雨卷入了人生的谷底。她必须为此付出代价。

1957年5月1日，上海各大报纸都在头版头条刊登了"中共中央发出关于整风的指示"。同日，中共上海市委邀请戏曲、音乐、美术、舞蹈人士座谈，主题为"寻找阻碍艺术花朵开放的原因"。座谈会由上海市委书记柯庆施亲自主持。周信芳、童芷苓、袁雪芬、尹桂芳、徐玉兰、丁是娥、王雅琴、刘天韵、胡蓉蓉、吴湖帆等都在会上发表了意见。（见1957年5月1日《文汇报》）

5月6日，《文汇报》邀请上海京剧院王熙春、洪谟、陈正薇、刘梦德、霍新涛、童芷苓、魏莲芳等举行座谈会，讨论"上海京剧院为什么问题这么多"。其中提到："十大花旦犹如光杆牡丹，拿手好戏竟被无形取消"；"言慧珠演出，也找不到与她配戏的小生演员"等等。（见1957年5月9日《文汇报》）

"双百"方针和整风运动的提出，给了言慧珠说话的自由空间。舞台是言慧珠的生命。"我要演戏"的情结贯串了言慧珠的一生，直至她生命的终结。她在政协的座谈会上，在报纸上，在各种可以说话的场合，把"我要演戏，让我演戏"的心声恣意地发泄了一通。1957年5月9日，她的《我要演戏》一文在《文汇报》全文刊出。

我 要 演 戏

新中国成立后有多少前辈艺人，有多少留在国外的艺人，都被争取团结在党的周围。又有多少老艺人重新恢复了他们的艺术青春，有多少过去被埋没了的人也被发掘出来，为祖国的社会主义事业献出力量。但就是在今天，百花齐放、百家争鸣的蓬勃景象里，对我个人来讲，总觉得是默默无闻。

我曾试图将这个症结找出来，我感到党是正确的，但是执行党的方针任务的个别人，对人的关系搞得并不那么好。新中国成立初期，我的政治认识不够，而我又是在京剧界里最活跃的一个，当时各地成立国营剧团，都将我当作争取目标，因为当时我的政治认识不够，我没有参加。直到我赴朝慰问演出，从志愿军战士们的身上，得到了教育。回国以后，便争取到革命大家庭里来，可是我得到了冷遇。我不知道是不是因为我解放初期的那一段经历，给有些负责同志造成了那样一种印象。以为言慧珠难搞，因为我是听到过这种传言的。并且在上面说过的印象之外，还说我爱告"御状"，我倒没想到这也成了我的一个罪名。1954年冬天，我带了一个团依附在北京市京剧四团演出《春香传》，成绩很好，但后来我们被迫不能演下去了。我们在北京的十冬腊月，年关岁底，在北京市文化处的院子里，风雪里站了两小时，请求能让我们这些人有机会演出，好暂时过年。可是没有结果。就这样，我消极了，团体垮了，身体也垮了。我在北京自杀过一次，后来到上海来将养。痛心的是，我回到上海后，北京朋友来向我说，所有在北京遭遇的一切都不必外传。我表示，不外传，为了维护影响是可以的。可是事情总是瞒不住的，而在一些传言中，说我是乱搞男女关系，生活腐化，不得已才出此下策。我自从北京到上海后，消沉极了，从此不打算唱戏了，行头也全卖了。直到上海进入社会主义高潮后，我被周总理的关于知识分子的报告和毛主席在《中国农村社会主义高潮》序言中的话所感动。因此，我重新振作起来，在政协会上我说我要工作。我感到共产党是正确的，毛主席是英明的，但我感到有些执行党的政策的党员同志，太缩手缩脚了，对我们这些从旧社会来的人，有些害怕的样子。

我知道自己，有些责任应该是自己负的，我的毛病，脾气，自己都知道改，我要搞好自己的工作。我希望能给我机会演出，给我一些条件帮助我的工作。但这一年多以来，我白白拿国家的许多钱，浪费了那么多时间。我当然不知道领导人是不是至今仍认为：这位小姐不大好惹，对待得不得法，就又要生事故！

我感到过去和我差不多的人，今天都比我工作得好；我还是愿意说，我自己应负的一些责任我愿意负，愿意改正，通过这些，我来改造我自己。我想，要是不帮助我一些，不给我条件，不给我戏演，把我搁起来，那我永远便站不起来了。

我对发生在我周围的任何大事小事都要异常小心地对待，否则便会飞来各式各样的罪名的。我实在感到有时我做的本是好事也会忽然变成坏事。我对这种种感受甚深。我不敢相信，我这生龙活虎的一个人现在会变得如此消沉。

我在上海京剧院，1956年5月1日开始工作，我正式演出却只有十三天。我曾经算过，照我每月拿一千元的薪水，按实际演出的价值，一场戏便将是一千元。我曾在这样的条件下面演出过，从戏曲学校借来一位打鼓的老先生和一把弦子，在新国营剧团借来个打大锣的，从新民京剧团借来两把胡琴，从京剧院里调来一些年青人来给我配戏。这次演出任务事先并不知对象是谁，为何演出。直到到了松江才知道是为了军民联欢，向战士和农民弟兄演出。我想这总该排些热热闹闹的剧目，可是领导上却排定了《宇宙锋》。打鼓的和打锣的就根本没合作过，在台上便不和谐，我这个演员在台上更可想而知了！

我的身体本来不好，有点神经衰弱，但真正造成我身体不好的原因，在于这样一些失败的演出后，夜里回家睡不着，因为实在痛心！这样，对不起观众，对不起自己，更对不起国家。京剧院的领导，一年多来，没有一次找我去谈过有关京剧艺术上的问题。我曾将我过去的剧目开过一张单子给领导，希望能够看看，有没有基础演出。结果无人问津。我在院里什么都不讲，因为一讲，便会认为是吃戏醋，闹小圈子。请问：我们得不到发展，得不到合理使用，难道不要呼吁吗？我在路上遇到熟人，人家都不知道我在上海，都问我："你在哪里工作？"我去买东西，店员也这样问我。我怎么回答呢？我说："我在这儿，京剧院，在墙角儿里，身上都长毛了，我在发霉！"

言慧珠人也率性，文也率性，快人快语，绝不矫情。可惜她毕竟是个"政盲"。她也当然不会知道四十年后有位作家写下这样一段格言："智慧是灵魂的事，博学是头脑的事，更糟的是舌头的事。"在中国历史上，说真话的人有时要付出昂贵的代价。

5月28日，言慧珠在《文汇报》上又发表了《给亲爱的观众的一封信》。

给亲爱的观众的一封信

自从《文汇报》发表了《我要演戏》一文，每天都由单位里、报馆里，还有其他各部门转来大批观众的来信。我们虽然没有见过面,可是我们已经是朋友了。在祖国广阔的土地上,各省各地,工厂、部队、学校……我有那么许多亲爱的朋友,伸出了热情的手,支持我,鼓励我,这一股暖流,使我浑身都有了力量。我不再消沉,不再落寞,我站起来了。

……

朋友们!你们是那么关心我的工作问题,告诉你们:我接到一个庄严又艰巨的任务——到上海戏曲学校去工作。培养第二代是何等神圣的职责,我感到惶恐又兴奋,我爱那些学生,他(她)们是未来的接班人,是祖国的花朵,我一定要尽自己的力量学着做好一个园丁,小心翼翼地爱护这些嫩苗,无论是帮着前辈们剪剪枝,除除草,浇浇水,看着这些花朵的成长,这是多么愉快、光荣的工作啊。

……

在此,言慧珠向人们传递了一个重要信息,她将要把工作重点转移到戏曲教育的岗位上。热心的观众无不为一位艺术家离开她心爱的舞台而惋惜不已;善良的人们也为心直口快的言慧珠不能在京剧院立足而愤愤不平。但笔者却要提醒读者不要忽略一个细节:在此之前的5月1日,俞振飞已经走马上任上海市戏曲学校校长一职。此后的事实证明,正是在上海市戏曲学校这块土地上,俞、言从此开始了黄金搭档的辉煌时段,同时也开始了俞、言之间扑朔迷离的黄昏恋情。

5月19日到6月中旬,曾经把言慧珠拒之门外的中国京剧院,盛情邀请言慧珠在北京舞台与叶盛兰先生合作演出《得意缘》、《贩马记》、《穆柯寨》、《凤还巢》、《生死恨》、《吕布与貂蝉》、《游园惊梦》、《玉堂春》等剧目。这是言、叶1948年在上海中国大戏院同台之后的又一次合作,也是最后一次合作。被人称为中国传统戏剧表演精粹的华筵,当代中国戏曲舞台最佳生、旦

京剧《得意缘》,言慧珠饰狄云鸾,叶盛兰饰卢昆杰

的绝配、绝演和绝唱。说它"绝"，是因为自这次演出之后，叶盛兰成了"右派"；言慧珠虽然经过检查侥幸逃过一劫，但两人从此再也无缘同台。

欢乐的春天已经走到了尽头。

言慧珠从北京回到上海，炎热的夏阳笼罩着申城。从"阳谋"到"阴谋"的定性，仅仅是几十个小时的事情。曾经激荡千百万知识分子心灵的"双百方针"，也被厘定为无产阶级和资产阶级两家的争鸣。那些曾经热烈拥护"双百方针"的人，也是最容易被打成"右派"的人。"反击资产阶级右派分子猖狂进攻"的战斗号角吹响了。历史书写了悲怆的一页。

舞台上那么机灵的言慧珠，哪里会想到政治风向的陡转竟如此叫人头晕目眩。上海京剧院里批判她的大字报，一张接着一张。最要命的是，《我要演戏》这篇文章在《文汇报》发表以后，引起了台湾方面的"关注"。而20世纪50年代，海峡两岸正处在敌对状态。台湾对大陆广播趁机借题发挥："慧珠女士，听说你在大陆受到排挤、冷落、歧视，我们深表同情……"（大意）台湾当局的态度，使大难临头的言慧珠犹如雪上加霜。《文汇报》点名批判她的话是"发泄不满情绪"，"猖狂向党进攻"……

言慧珠哭着跑到好友许美玲家，诉说自己的迷茫和委屈。她不明白自己为了

京剧《得意缘》中的言慧珠

189

京剧《凤还巢》，言慧珠饰程雪娥

争唱戏，怎么竟闹到身败名裂的地步。她嘴里反复念叨着："我只是想多演戏，并不想反对共产党呀！"她不明白大字报的"调门"为何一张比一张高，原来的朋友变成了冤家，原来的冤家巴不得给她戴上"右派"分子帽子，永世不得翻身。但有一条她是明白的，如果自己当了右派，心高气傲的她从此就是一摊泥、一堆屎，别说演戏，在人前连头也抬不起来了。她甚至又想到了死。许美玲知道这个言二小姐人缘差，如今是墙倒众人推。但仍然好言宽慰她，只要认真检讨，群众会谅解她的。

一天，上海文艺界在文化广场收听毛泽东的《正确处理人民内部矛盾》的录音传达。刚传达完毕，扩音器里传出了包括言慧珠在内的一串名字，叫这些被点名的人到后台去。言慧珠第一次在众目睽睽之下，屏气敛息而行。会场上的人无不以为：言慧珠的帽子戴定了。有人幸灾乐祸，有人暗暗为她惋惜。

到了后台，上海市文化局局长徐平羽已经坐在那里了。他对言慧珠说："言慧珠同志，你的那些话，说明你有极端的个人主义，应该深刻检讨，取得群众的谅解。如果对抗下去，矛盾就有可能转化。"

在上海戏剧界，有两个真心替言慧珠着急的人，那就是俞振飞和《解放日报》的许寅。许寅是资深记者，新中国成立前曾是中共地下党的外围。他对政治运动的游戏规则，自然比只懂得唱戏的俞、言更有悟性。他提出第一步由俞振飞出面去找徐平羽，希望领导能宽大言慧珠，否则，这个女人很可能走向绝路。第二步是帮助言慧珠写好这份检查。俞振飞跑去找了徐平羽。徐平羽说：

"她发言影响很不好,人缘也不好,很难过关。唯一的办法是深刻检讨。"又说:"要她自己深刻检讨是不可能的,你和你的朋友去帮帮她吧!"

有了徐平羽这番话,俞振飞心里有了底,约了许寅一齐来到华园。为了让她写好检讨,俩人费尽唇舌。言慧珠不是不想检讨,而是对检讨毫无信心。

许寅火了,指着未满两岁的孩子对言慧珠说:"你不做检讨,戴上帽子,你自己怎么过日子暂且不说,小清卿怎么办?"

小清卿,是言慧珠和第二任丈夫薛浩伟生的儿子。三十六岁生子,她把满腔的心血都倾注在儿子身上。她此刻仿佛被电流击中,双手紧紧抱住孩子,泪水洒满衣襟……

许寅继续开导她:"徐局长批评你是资产阶级个人主义,说明你还是人民内部矛盾,你就从这里开始挖错误根源,认真检讨,接受大家的批评。"

言慧珠抬起泪眼,向许寅投来求助的目光。俞振飞和许寅当即表示,徐局长要我们帮帮你,我们自然会义不容辞。

言慧珠希望许寅在华园住上几天,帮助她写好这份检查。许寅可犯愁了。瓜田李下之嫌,他不能不考虑。何况眼前的这个漂亮女人历来是梨园界招人耳目的人物。可面对言慧珠无助的目光,许寅终于应允了。在华园楼下客厅的沙发上,许寅挨过了几夜。

言慧珠终于低头了,到京剧院向领导表示接受批评。

为了一纸检讨,言慧珠度过了多少不眠之夜。她本来就有严重的神经衰弱,如今更好比昏惨惨油灯尽。回首前尘往事,任你怎样炽烈,怎样惨淡,怎样羞于启齿,只有在众目之下一一摊牌了。她想起小时候,为了得到一枚钻戒,几天几宿睡不着觉,千方百计要弄到手。这件事多么能说明自己从小就是一个极端自私和无聊的人呵! 10月,在美琪大戏院召开的上海文艺界大会上,言慧珠就从一枚钻戒检讨起,一直检讨到自己在当前这场运动中的表现。她在这块曾经让自己大红大紫的红氍毹上,拿起血淋淋的手术刀解剖自己,把内里的筋骨血肉和灵魂都掏出来,自觉向所有人低头。

如今的80后、90后可能很难理解,一个人为什么对自己的人格要做这样残忍的切割。善良的年轻人哪里知道,在那个年代里,中国的知识分子人人都可以是"在灵魂深处爆发革命"的爆破手。

京剧《二进宫》，言慧珠饰李艳妃

言慧珠的坦诚，感动了在场的许多人。当然，再多的群众被感动，也未必过关。言慧珠检查结束，徐平羽表态了："言慧珠同志的检查很深刻，态度也很好，戴不上右派帽子。"一锤定音。这时再有人认为她该是右派，也没用了。

散会后，徐平羽在楼梯口遇到俞振飞，主动对这位校长解释道："戴上帽子容易，可就毁了一个人才，再要培养一个像言慧珠这样的演员多难呀。所以，今天我竭力主张不戴她帽子。何况，她的检查确实写得很好。看来，她的文采也不错嘛！"

据说言慧珠的这份检查，后来还上呈到周恩来和刘少奇的手里。1958年底，中共八届六中全会在武汉召开期间，俞振飞、言慧珠和上海京剧院赴会演出。刘少奇和周恩来就亲口对她说："你的检讨很好啊！"

事隔半个多世纪，我们更清楚地知道，当年领导上海市"反右"运动的市委文教书记石西民，也是不主张给言慧珠戴帽子的。前不久东方电视台纪实频道播出的"我的父亲石西民"，由石西民的女儿披露了这一细节。

但是，有一个细节似乎也不容疏漏。笔者在查阅资料时，发现1957年7月10日的《人民日报》上，刊登了言慧珠的一篇《陈仁炳的鬼把戏》的文章，其中写道：

> 陈仁炳表面上摆出一副好像替我鸣不平的伪善面孔，骨子里却是贩卖向党进攻的私货，不惜捏造事实，假借名义，挑拨上海京剧院的领导和演员的关系。我们京剧演员饱尝过旧社会的贫困、压迫、侮辱的痛苦，在社会主义社会地位提高了，生活安定了，一切条件都优越了，今昔相比，我敢说任何一个京剧演员打心眼里都会感到社会主义社会比旧社会的社会制度好

一千倍、一万倍！陈仁炳的挑拨伎俩是徒劳的。

这是言慧珠的一个非常艺术化的政治亮相。她在身中雕翎之后，立马拔出带血的箭头转身射向了曾经为她鸣不平的民盟骨干陈仁炳。否则，她怎么可能轻易过关。吁！"潘多拉盒子"一经打开，其幽灵将盘旋中国大地许多年。

至此，我们对言慧珠在1957年的叙述总算可以结束了。但有一片花絮却很值得玩味。石西民、徐平羽等领导费尽心机地保护了言慧珠。可当时分给京剧院的右派帽子配额有三顶，其中两顶分别戴在了小生演员何毓如和丑角演员苗胜春的脑袋上，原本属于言慧珠的那顶该戴在谁的头上呢？"两利相权取其重，两害相权取其轻。"青年演员陈正薇为争唱戏也曾经口无遮拦，这顶帽子就摁在了她的头上。

唐代刘禹锡有诗曰："沉舟侧畔千帆过，病树前头万木春。"令人欣慰的是，这种荒唐的游戏规则，毕竟已经成为历史的陈迹。

三、笔者和薛浩伟的对话

己丑年的清明，是在淅淅沥沥的春雨里度过的。正应了唐代诗人杜牧的两句诗："清明时节雨纷纷，路上行人欲断魂。"仿佛言慧珠的在天之灵也收到了信息，笔者将在清明的第二天，赴安徽合肥会见她的第二任丈夫——薛浩伟。

4月5日的天气变得出奇的好。丽日中天，春风和煦，是个旅游的好日子。笔者在安徽艺术学校的教师公寓里，见到了八十三岁的薛浩伟先生。老人身板硬朗，精神矍铄，虽然年过八旬，没有一处赘肉，看得出年轻时是个伟岸帅气的男子汉。

由于事先通过电话，薛浩伟对于1953年的朝鲜之行，做了认真的回忆，并在纸上列了纲目。除了他之外，恐怕没有第二人能如此详尽地描绘言慧珠在朝七十天的历历往事。

午饭以后，我们的交流切入了第二个话题。我说：

"名人的婚姻，尤其是名女人的婚姻，格外受人注目；像言慧珠这样漂亮的名女人，她的婚姻就会经常成为人们茶余饭后的谈资和作家笔下的素材。您能在这方面为我们提供一些当年的情况吗？"

薛浩伟一改先前的谈锋，心情也变得沉重起来。看得出，对于那一段前尘往事，他已经缄默了数十年。他对我说：

"几十年来，有许多方面的人，包括上影集团，都来向我了解我和言慧珠的这段婚恋，我从未透露过一个字。今年春节，清卿（薛浩伟和言慧珠唯一的儿子）来合肥过年，也很想知道妈妈的更多情况。我对他说，你妈妈含冤而去四十多年，我应该保护她，也不想影响你母亲在你心灵里的形象。终究这一切已经成为历史了。"

笔者说："春节是我鼓励清卿来见您的。我对他说，血浓于水，毕竟他是你的生身父亲。同时，我也希望清卿能为我做点工作。因为，没有您的支持，言慧珠这本书将会留下缺憾。"

笔者期待着他说出真情，他却依然有一种难言之隐。看来要打开他的话匣子，还须动一番脑筋。笔者沉吟片刻，决定单刀直入：

"现在有许多版本，说到您和言慧珠的婚姻，包括你们的骨肉清卿，几乎都用'春风一度，暗结珠胎'八个字来概括，又说您是一个不该闯入她生活圈子的人，而言慧珠则是稀里糊涂地结下了这一段孽缘。难道事实的真相真是如此吗？"

薛浩伟终于开口了：

"我认识言慧珠是在1951年到1952年之间。那时候她是言剧团的团长、角儿，我不过是团里的二路老生。团里的当家老生有迟世恭和言少朋。当时我见了她，也不过点点头而已。毕竟身份不同，地位也不一样。"

笔者问："你们后来是怎么走到一起的呢？"

他说："1952年，不知道是什么原因，他们兄妹反目了。言少朋从此离开言剧团，后来远走青岛。据外界传说，是为了包银（薪酬）问题，言少朋不满妹妹的吝啬。花脸刘连荣也是为了包银离开言剧团的。"

笔者此刻突然想起，还在笔者求学期间，就经常听京教组的老师们谈起，言慧珠对"下人"过分苛刻，被人称为京剧界的"犹太"。看来她对为她鞍前马后效力的亲兄长也不宽容。

薛浩伟继续说道：

"那时迟世恭和言少朋的包银相同，演一场拿八十分。做个换算，如果这一天的营业收入是一千元，其他演职人员分掉三百，言慧珠就拿七百。在这个问题上，言剧团始终存在着隐患。

"言少朋一走，言慧珠就要我把少朋的活儿都接过来。特别是《西施》的范蠡、《太真外传》的唐明皇、《花木兰》的花弧，戏份都很重。我的个头给她配戏很合适，包银只有二十分。所以，她后来干脆要我把迟世恭的活儿也接过来。1953年到青岛演出，我就开始唱《四郎探母》的杨四郎、《空城计》的诸葛亮了。迟世恭是什么时候离开剧团的，我想不起来了。"

言慧珠择偶的标准，永远离不开功利，这从薛浩伟那里进一步得到了证实。

可是，笔者又想到，在这半年多的调查采访中，不少人谈到言、薛的关系，无不众口一词地认为，是薛浩伟善于献殷勤、"小服低"，所谓"比高力士对杨贵妃还要认真"，从而使言慧珠心存感激之意，才不得不和这个"挎刀"老生配对的。对于这一说法，笔者始终心存怀疑。因为，言慧珠的一生是个想在婚姻中寻找天堂的人；尽管她每一次婚姻的结局都是从天堂坠入地狱。

笔者试探着说道："我认为，言慧珠是爱过你的。我对清卿也是这样说。"

薛浩伟沉入了对往事的回忆：

"言慧珠确实是不遗余力培养我的。1953年春节，我们从北京到上海，言慧珠决定让我向陈秀华学戏。当时有个叫郁庆庸的人，负责言剧团的对外业务，相当于过去的'经励科'。他对我说，言小姐要把我介绍给陈秀华学戏，路费报酬等一切问题我都别管，由言小姐负责。这样，我白天演出，晚上到陈秀华先生那里学戏。这样的机会是很难得的。"

陈秀华，祖籍北京，生于1888年，光绪十四年（戊子），卒于1966年。祖父是小生演员陈寿山，清宫内廷供奉；父亲是青衣演员陈啸云。曾拜师贾丽川学习谭派老生，艺名陈喜奎。倒仓后开始教戏，成为谭余派名师。在"春阳友社"和余叔岩本人以及许多余派名票一同长期切磋余派艺术。民国二十年应李桂春之邀来上海，担任李少春的老师，还教过谭富英、杨宝森、孟小冬、刘宗杨、梅葆玥、周正荣（亲授《打棍出箱》和《三娘教子》）。《中国戏曲志》上海卷里有他的条目（875页）。是京剧史上腹笥极宽、造诣深厚的老生名师。

薛浩伟补充说："我到青岛演的戏，都是陈秀华教的。"

笔者问："听说言慧珠还请了余叔岩的琴师王瑞芝为您教戏，应该说，她在您身上是寄予很大希望的，也是不惜工本的。"

回忆这段往事，薛浩伟的神情似乎变得有点兴奋：

"王瑞芝在香港长期和孟小冬在一起。他一回来，言慧珠就对我说，王瑞芝回来了，你是不是跟他学戏。我说我已经跟陈秀华学了不少戏了。她说不一样的。没想到我跟王瑞芝学《武家坡》，一句[倒板]'一马离了西凉界'，一个礼拜也没学好。王瑞芝教戏很有办法，他先让我学第二句腔比较丰富的[原板]，学扎实了，再学第一句，感觉就不一样了。后来又学了《战太平》、《珠帘寨》等。跟他学戏，受益匪浅。懂得了四声、尺寸、劲头、感情……"

笔者不想打断薛浩伟的谈兴，因为，这样我才可以全方位地解读言慧珠。

"王先生真是知识渊博，什么扎金针、发气功、弹古琴都会，使我长了不少知识。现在我也在研究京剧字韵，什么平、上、去、入，阴、阳、上、去，五音四呼，十三辙，变辙，等等，都是那时候打的基础。王瑞芝不但给我说戏，还把谭（鑫培）、余（叔岩）、杨（宝森）各种唱法，分析给我听，用小胡琴拉，小胡琴调。每天上午练功，下午休息，晚上吊嗓，吃完宵夜还要学戏……总之，跟王瑞芝学戏这一年多，终身难忘。"

笔者默默地听着，暗暗地想着，所谓"终身难忘"，是否也包括言慧珠呢？笔者问：

"听说言慧珠为了培养您，是动了真感情的。她做了一辈子大小姐，为了您居然围上围裙包饺子、熬鸡汤。您吃饺子不爱吃饺子边，她还用碗口把边切下来。还为您买了许多谭、余、杨的唱片。是这样吗？"

薛浩伟没有回答。但我看得出，他表面的平静掩盖不了心潮的扑腾。言慧珠是蒙古族人，常以"狼主"自诩，即使在自传上也这样写着："狼主"就是女王的意思。薛浩伟虽然得到了她的培养，但若稍不顺她的心，遂她的意，这位大小姐的脾气也是众所周知的。

笔者接着提出第二个敏感问题：

"听说言慧珠为了要您和前妻离婚，曾给了您六千元；后来离婚时，为了儿子归她，又给了您六千元。这笔数目在今天可是个天文数字呢！"

薛浩伟苦笑着说：

言慧珠、薛浩伟和儿子言清卿合影

"我1950年订婚，前妻是苏州一家戏院经理的女儿。这一年冬天，我在北京老家，她找来了。我到石家庄演出，她要跟着去，后来生了个女儿。由于家里反对，不久就离婚。我是先离后结，六千元钱从何谈起。

"1955年仲春，丁芷云应约到上海中国大戏院演出，邀我同来。一天，许美玲跑来告诉我，说慧珠在北京自杀了一次，回来在家养病，你去看看她。我去了。我们就在这时候萌生的爱情。不久就有了清卿。清卿是1956年4月出生的，从时间上推算，应该是对得上的啊！"

笔者说："据许美玲老师告诉我，言慧珠怀孕以后，几次哭到许美玲那儿去，说是再不结婚就不行了。可是有些朋友都反对言慧珠嫁给您。女强男弱，至今仍是年轻人谈婚论嫁的大忌。许美玲问言慧珠，你心里到底爱他吗？言慧珠说，爱呀！许美玲说，既然爱，你就嫁，听那些闲言碎语干什么？后来是许美玲陪着言慧珠到徐汇区民政局。言慧珠第一次当众拿出了她和白云的离婚证书。"

薛浩伟继续说道：

"清卿生下来，要报户口，我给孩子取名薛幼伟。言慧珠说，这不像冯六爷（梅党首领冯幼伟）的名字吗？是她去改的户口，叫言清卿，说是将来长大了对咱俩都亲，我也无所谓。1960年我们正式离婚。我从三方面考虑，决定孩子归她。第一，她在大上海；第二，她有钱；第三，孩子不用跟着我到外地农村去闯，吃这份苦。因为那时我进不了上海的剧团。我们的离婚证书还在，如果我真拿了她六千元钱，离婚证书上会写明白的。'文化大革命'抄家，我什么钱也没有。"

笔者不由暗暗吃惊。几十年来，关于言、薛婚姻的传闻，都说言慧珠为了占有丈夫和孩子，花了一万二千元钱。难道这一切都是"三人成虎"？半个多世纪前的一笔风流债，我到底该相信谁呢？

沉默良久，薛浩伟突然以两种截然不同的感情语气说了一句话。前半句是："我感激她对我的培养……"后半句是："可我还是'恨'她！"

一个"恨"字，虽然说得很轻，却已经实实在在地飘进了笔者的耳膜。笔者心里寻思，薛浩伟恨言慧珠什么呢？是言慧珠的任性、暴躁、自命不凡、蛮不讲理？还是因为……笔者突然想起一位心理学家曾经说过："男女之间有许多区别，其中之一就是女人的爱因为崇拜而炙热，男性却因为女人的强大而有可能挫折了心中的温柔。"

言慧珠和薛浩伟的婚姻，赞成者不多，反对者不少。据说就连对学生的婚姻从不发表意见的梅兰芳先生，也不赞同言、薛联姻。但是，1955年的言慧珠，已经三十有六。作为一个奔四十的女人，她不可能再像过去那样把巨大的网络罩向全社会。她要考虑花落何处，她要筹谋叶落归根。她选择了薛浩伟，是因为这个仪表堂堂的男人并没有因女人的强大而挫折了心中的温柔。可是，言慧珠毕竟是个艺术上的唯美主义者，生活上的"完美主义"者。从心理学的角度说，过度地追求"十全十美"，常常会导致心理障碍。譬如，总是苛求他人，批评周围的社会群体。尤其在婚姻问题上，如果婚前的期望值太高，必定会影响婚后的和谐。言慧珠曾经煞费苦心培养薛浩伟。可她忘了最根本的一条，一个艺术家的成功是由多种元素综合而成的。婚姻是一系列社会因素的结合。言、薛到了后期，由于薛浩伟在艺术上未能达到言慧珠的期望值，再加上其他各种因素，过去的优点消失了，以往曾经忽略的缺陷暴露了、扩大了，夫妻感情开始走向低谷。多重矛盾埋下人格缺陷的种子。薛浩伟在华园的日子并不好过。

没想到薛浩伟对这段过程只字不提，却说了这样一段话：

"1956年，她虽然进了上海京剧院，但一年仅唱上十三场戏。她缺小生，要我改小生。隔行如隔山，改行哪有这么容易。后来因为嗓音的原因，加上一出《十五贯》风靡全国，她迷上了昆曲，决定改京从昆。我们同台唱京剧的机会少了，我只能一个人四处搭班跑码头。没想到她一迷上昆曲，就移情别恋。有人把她在出访西欧归途中发生的事告诉我，我还不信。直到1959年，我从江苏演出回来，在她枕头旁发现了一大沓风花雪月的信，才知道我们的夫妻关系已名存实亡。1960年，我们正式办了离婚手续。我也从此离开上海。'文革'之前，她突然给我来了一封没头没脑的信，信里责备自己太自私，很后悔……我当时想，我现在家也有了，孩子也有了，过去的事还提它干什么，所以，也没回信。"

听着薛浩伟的叙述，笔者想得很多很多。言慧珠的择偶态度，是否也熏染了民国时代资产阶级个性解放的风气：两情相悦时则暂结琴瑟，互相厌烦时则折柳分钗。言慧珠曾经抱怨自己一生没有遇见一个倾心爱她的男人，其实她自己又何尝以一生去倾心爱过一个男人呢？西方人把婚姻比作围城。城外的人拼命想杀进城里，城里的人却拼命想杀出城外。言慧珠这一辈子就在城外城里杀进杀出。

第六篇　道是无晴
　　　　却有晴

一、把栏杆拍遍

言慧珠摄于20世纪50年代

冬日可爱，夏日可畏。金秋的阳光最诱人。"晓来庭院半残红，唯有游丝千丈，胃晴空。"

1957年10月里的一个清晨，上海市戏曲学校的喇叭里，传达了这样的通知："同学们，九时召开师生员工大会，欢迎新校长。"

大家屏住气，看着一个身材高挑、满身金黄的女郎从眼前掠过：金黄色的毛衣，点缀着淡紫的小花，橙黄色的西装短裙，浅黄色的高跟鞋……古代评女人，三十岁称半老徐娘。这一年言慧珠三十有八，依然宛若牡丹添新红，柳丝嫩于金。

"这就是著名京剧演员言慧珠，我们的新校长——"俞振飞开始详细介绍，可谁有心思听？

她的学生梁谷音在一篇怀念文章里，曾这样描述："要紧的是赶快享受这眼前的美人吧，一睹为佳。她那么娇，娇得有点妖；那么艳，艳得有点野。身材、五官、腰腿，找不出一丝不足，过分的完美使人怀疑她的真实。"

忽然，一个女生轻声叫道："呀，新校长没有穿袜子？"几十双眼睛"刷"地扫向那光洁又修长的一双玉腿。后来，她们才明白，新校长是穿了袜子的，那袜子叫玻璃丝袜。

昆剧《牡丹亭·幽媾》，言慧珠饰杜丽娘

她的另一个学生张洵澎也说，言校长没来学校之前，她们的主教老师朱传茗（昆剧"传"字辈名家）经常告诫她们，走在淮海路上，多注意太太、小姐们的举止，因为昆剧闺门旦，塑造的都是闺阁千金，气质是第一要紧的。自从言校长走进她们的生活里，朱传茗便说："这下好了。你们要找太太、小姐的气质，就从言校长身上找吧！"

一树桃李笑东风。言慧珠乍到戏校，就给学生们带来了美。将来她还要一招一式地教会学生如何在京昆舞台上创造美。在她的言传身教下，她的学生杨春霞、张洵澎、华文漪、李炳淑、梁谷音、王英姿、夏慧华等，后来果然都成为创造美的行家里手。

"以昆为主，京昆并举；演教结合，教学相长"，并非是言慧珠在经历了"反右"风波之后的权宜之计。她的艺术知觉是很敏锐的。她以开放的理念和探索的精神，对京昆艺术做全方位的审视和考辨，最后结合自身条件，才做出这样重大的抉择。

言慧珠早年的嗓音又甜又亮，《大登殿》里一句平常的［散板］"内侍看过金角椅"，她就能唱个满堂彩。但是，我们从她的自传里看到，顽固的喉疾早已为她的嗓音埋下隐患。1947年，她因喉疾九个月没有登台。1949年，也因为喉疾静养数月。1952年前后，她个人组团，经常在外地连续巡回演出，一年要演两百来场戏，过度透支，使她高音窄毛，中低音发颤，而且动辄伤风感冒。过了而立之年，她的扁桃腺炎频繁发作，声带开始水肿、肥厚，影响闭合。1953年，她去医院做了切割手术。但手术后的嗓音竟然全面"塌方"，唱起来感到伤疤处的新肌肉很不习惯，连最低的"叭叭调"也上不去。尤其是开口音，几乎是一音不出。许多人都说她开刀开坏了。后来经过潜心研究科学发声，才得重登舞台。但总是恢复不到以前的脆亮响堂了。这就是言慧珠改京从昆的真正原因。

另一个使言慧珠改京从昆的原因，是昆剧《十五贯》在全国产生的强大的冲击波。

还是在"反右"以前（1956年初），浙江昆苏剧团带了改编后的《十五贯》和一批昆剧经典来上海光华戏院演出。言慧珠识货，天天去看戏，对周传瑛、王传淞的表演拍案叫绝。青年演员朱世藕等的精彩表演，也令她赞赏不已。昆剧不上座，营业惨淡。当言慧珠从周传瑛那里得知，剧团想到北京演出的盘缠都凑不足时，她主动提出和"浙昆"合作两场，剧目是《小宴·惊变》，言饰杨贵妃，周饰唐明皇。海报一贴出，两天的戏票一抢而空。都说言慧珠惜财如命，两天的票房收入她却分文不取，以表示对《十五贯》进京的支持。周传瑛一行到了北京，《十五贯》一炮而红，连演四十六天，观众达七万多人次。毛泽东主席连看两次并指示："这个戏全国都要看，特别是公安部门要看。"周恩来总理观看演出后和全体演职员畅谈了五十分钟，指出"你们浙江做了一件好事：一个戏救活了一个剧种。《十五贯》有丰富的人民性和相当高的艺术性"。

"想不到如今春风一阵，竟吹绿了这枯柳残枝。这真是一桩天大地大的喜事……恨不得使出浑身解数，来响应党的号召，为复兴这个古老的剧种竭尽绵薄。" 俞振飞为昆剧的中兴发出了由衷的感慨。言慧珠也不禁喜上眉梢，她到底和昆剧结下了不解之缘。

从此，为窥昆剧之堂奥，取昆剧之真谛，言慧珠便紧紧抓住两个人（应该说是三个人）不肯松手。一个是昆剧"传"字辈专工闺门旦的名家朱传茗（梅兰芳曾聘朱为儿子葆玖说戏）；一个是文武一脚踢的方传芸（方生前长期担任上海戏剧学院表演系教授）；当然，言慧珠抓得最紧的是一年前刚从香港回来的俞振飞。

1955年春，在周恩来总理的亲自关怀和安排下，俞振飞偕夫人黄蔓耘从香港回转内地。先到北京和梅兰芳合拍了舞台艺术纪录片《断桥》。后回上海加盟上海京剧院。1957年5月，俞振飞出任上海市戏曲学校校长。

若论艺术上的果敢和泼辣，恐怕很少有人比得上言慧珠这个女人。她知道俞振飞30年代起就和梅兰芳、程砚秋合作，友情深厚。梅、程二位大师都向俞振飞请益过昆曲"俞家唱"法（俞振飞的父亲俞粟庐，人称"江南曲圣"）。抗战胜利后，他和梅兰芳连演十三场昆剧，轰动过整个上海。今日的俞振飞，更是昆剧界举足轻重的人物。言慧珠要在昆剧舞台上确立新的坐标，俞振飞是最佳拍档。只要与艺术有关的人和事，言慧珠从不轻易放过。她从来就是一个不达目的誓不罢休的女人。

俞振飞在北京拍完电影回到上海，言慧珠就设家宴款待俞振飞伉俪。菜肴精致，却不奢华。言慧珠就是要营造一个熟不拘礼的和谐气氛。

女人在情感方面的灵敏度都是超常的。俞夫人黄蔓耘对这位浪漫成性的言二小姐却是处处留心，步步提防。一次，许寅和几位曲友及俞门弟子在俞家做客，话题自然离不开昆曲。正说得起劲，门铃响了——

"哎哟！这么多贵客啊！你们欢迎我这个不速之客啊？"人随声到，风姿绰约的言慧珠出现在俞家客厅。

她一来，气氛就变。首先是女主人表现出明显的冷淡。言慧珠海阔天空，说长论短。俞振飞还偶尔应答几句，黄蔓耘却是问十答一，明显地表示不欢迎。言慧珠也感觉到了这种冷淡，伸出手腕看看表，借故起身告辞。送客之后，女主人才端出早已预备好的点心。过了不到半个时辰，电话铃响了。是言慧珠打来的——说自己的一只钻戒丢在洗手间里了。

气得黄蔓耘高声说道："你什么时候去过洗手间？自己好好想想。我这里可连影子也没有！"说完啪地一声，把电话挂上。这就是言慧珠的为人与做派。

等客人们一一告辞，黄蔓耘特地关照许寅："老弟！言慧珠这个人，你碰也勿要碰！肚肠七个弯八个转，侬直心直肚肠，弄伊勿过的。啥人相信她啥人倒霉，晓得哦？"

据许寅在《俞振飞的三次婚恋》一文中提到：几个月后，我另一位忘年交、武侠小说大师还珠楼主郑重写来封长信，再三关照："你务必听老大哥的话，不要同这位言'狼主'交什么朋友……"

许寅在文章中还大发感慨：

"真纳闷！言慧珠口碑为什么如此之差？"

之后不久，俞夫人黄蔓耘突然查出身罹肺癌，医治无效，不幸去世。正当俞振飞悲痛欲绝、意志消沉的时候，老朋友周传瑛为了冲淡他的悲哀，邀请他随浙江昆苏剧团同赴南昌、厦门等地演出。言慧珠听说俞振飞离开上海去了江西，急得失魂落魄。当她得知许寅打算去江西采访俞振飞和"浙昆"的演出情况时，立

昆剧《游园惊梦》，俞振飞饰柳梦梅，言慧珠饰杜丽娘

即赶到火车站，成了软卧车厢里的不速之客。

一路上，言慧珠对许寅毫不掩饰自己对俞振飞的感情，并大摆自己改京从昆的决心和有利条件：一来本人酷爱昆剧；二来京昆从来是一家，"跳行"并不困难；三来也是最重要的，俞振飞是振兴昆剧的主力军，他不是正好缺合适的搭档吗？……言慧珠固然希望和俞振飞同台演出，而俞振飞目前也确实缺少像言慧珠这样在个头、扮相、表演等诸方面都相当的搭档。用今天的时髦话，叫"双赢"。

许寅听了言慧珠一席话，预感俞振飞将面临一个复杂而棘手的问题。他在《俞振飞的三次婚恋》一文中说："可以毫不夸张地说，她是记者一生中碰到的最复杂的一个女人——有时候，真觉得她善良、可爱、大方；有时候，你会觉得她可恶、讨厌、吝啬；有时候，她会像孩子一样天真，对你无限信任，你叫她干啥就干啥；有时候，她又会像得了'怀疑症'，眼睛里没有一个好人。然而，尽管她的各色朋友，对她可以提出各种不同的看法，有一点却是众口一词：对艺术、对事业执着追求，刻苦上进，一丝不苟，尤其是戏德——对观众极端的负责，更可以同她的老师梅兰芳及周信芳、盖叫天、俞振飞等前辈相比。"

噫！在一千个人的眼里就有一千个言慧珠。

言慧珠一下火车就直奔剧场而来。俞振飞听见言的声音，连忙对青年演员沈世华等人说："就说我出去了，不在团里。"说着躲进了厕所。谁知言慧珠坐下执意要等。俞振飞总不能老呆在厕所里，只得出来相见，弄得沈世华他们很难堪："俞老师，你不是出去了吗？"俞振飞尴尬地笑着说："我回来上厕所。"言慧珠是个聪明人，只是抿嘴一笑。

俞振飞为何要躲着言慧珠?《俞振飞传》的作者唐葆祥认为俞"还沉浸在丧妻的悲痛之中,因而心绪不佳,不愿见她"。但是,如果仅仅因为丧妻之痛而不愿见人,却未听说俞振飞谢交绝游,不见任何人吧!至少他不会不见和言慧珠同路而来的许寅。俞、言之间扑朔迷离、一波

昆剧《贩马记》,俞振飞饰赵宠,言慧珠饰李桂枝

三折的感情纠葛,是随着时间、地点、条件的变化而变化的。我们也只能随着情节的展开而循序铺陈。

当天晚上,许寅把言慧珠改京从昆的想法,以及做俞振飞舞台搭档的愿望逐一转告,俞振飞对此却很有兴趣。因为,环视当时的昆剧界,俞振飞确实正为自己

昆剧《长生殿·小宴》,俞振飞饰李隆基,言慧珠饰杨玉环

没有一个合适的搭档而犯愁。而组织上希望他多多演出示范,一方面,可以为中兴昆剧登高一呼;一方面,可以培养新一代的昆剧接班人。于是,俞、言应南昌市文化局邀请,在新落成的江西艺术剧院,合演了《惊变·埋玉》,轰动南昌。

1957年11月,上海市文化局和剧协上海分会联合举办了昆剧观摩演出,邀请了北京、浙江、江苏等全国各地的昆剧团参加,是名副其实的南北昆会演。身肩上海市戏曲学校正、副校长之职的俞振飞和言慧珠,又合演了《惊变·埋玉》、《断桥》等剧。

1957年底,由京剧院的老

编剧苏雪安执笔，朱传茗作曲填谱，尝试将汤显祖《牡丹亭》原作五十五出浓缩为《闺门训女》、《游园惊梦》、《写真离魂》、《跌雪投观》、《魂游冥判》、《叫画冥誓》、《回生婚走》、《硬拷迫认》等八场戏。俞振飞饰柳梦梅，言慧珠饰杜丽娘。1958年晋京演出时，得到中央领导和文艺界同行的一致赞扬。

昆剧《长生殿·惊变》，俞振飞饰李隆基，言慧珠饰杨玉环

在这几年里，言慧珠沉醉在昆剧美妙的轻歌曼舞和高雅的诗意中。俞振飞、朱传茗、方传芸无不承认，言慧珠在艺术上确实聪明过人。她把昆剧细腻和诗化的肢体语言，以及字清、板正、腔纯的"俞家唱"，都学得十分道地。她和俞振飞合演的《牡丹亭》、《长生殿》、《琴挑》、《断桥》等剧，包括后来创作的《墙头马上》，堪称昆剧史上的经典。尤其是言慧珠身上的闺门旦气质，影响了戏校整整一代人。

应该说，古老的昆剧，是最初牵动俞、言关系的一根原始红线。不论言慧珠耍了多少小聪明，使了多少小手腕，她在和俞振飞相处的日子里，毕竟为传承昆剧的精粹和丰富昆剧的家底，作出了令人瞩目的贡献。社会是群体性的组合。我们毋庸讳言人和人之间自古就存在的相互利用的关系。我们需要研究的是这种利用关系所承载的价值体系和道德体系。新的社会秩序和人际关系的建立，就在于价值观和道德观的和谐统一。

言慧珠一生的失误，恰恰就在于她没有在价值观和道德观之间寻求和谐。

二、出访欧洲

萧伯纳说："人生有两大悲剧，一个是没有得到你心爱的东西，另一个是得到了你心爱的东西。"我经常玩味萧伯纳这两句轻松俏皮的人生格言，深感他竟

以如此深入浅出的语言刻画了世上有些人在占有欲未满足前的痛苦和满足后的无聊。这和庄子说的"物物而不物于物",是否有着异曲同工之妙呢?

俞振飞五十五岁丧妻,其心灵上的痛苦不言而喻。这在他的《悼念黄蔓耘二首》中有生动的体现。

> 喜写平安傍琐窗,归装甫卸住春江。米盐夫妇惊长别,剔看银钉影不双。
>
> 中年哀乐晚清愁,止水心情几度秋。每向图帧寻旧梦,梦回唯见月当楼。
>
> 一九五六年八月,吾妻黄蔓耘因癌症而逝世,每睹遗墨,怅然良久,不能释怀。

言慧珠在俞振飞鸳鸯失伴的当口,试图把丘比特箭射向这位虽然人过中年却依然风度翩翩的昆剧泰斗,谁不暗暗佩服她心机之缜密和目光之敏锐。可惜她忽略了两点。第一,俞振飞虽然是个风流才子,和亡妻黄蔓耘却有着极深的感情。否则,他的诗里就不会沿用"止水"一词。第二,俞振飞即使有了续弦的念头,也不敢把目光投向这位京剧界出了名的"狼主"。

俞、言是怎么走到一起的呢?这一段风花雪月就发生在出访西欧的旅途中。

1958年,文化部决定派中国艺术团出访欧洲七国,其中大多是西欧资本主义国家。这次出访,与其说是文化交流,不如说是政治性很强的外交活动。为此,周恩来总理在年初就在北京亲自主持了筹备会,反复强调:

"外国来的剧团,不管是哪个国家,都演本国的剧目,在国内怎么演,到中国也怎么演,至于中国人懂不懂,是中国人的事情,他演他的。但我们老是凑合外国人,生怕他们听不懂。最早出国演的那些《雁荡山》,既无念白,也没唱词,就是翻滚打斗。这次是不是改一下……"

周总理又说:"出去演出,不能北京老是李少春,剧目老是《三岔口》或《闹天宫》。这次出去,我们要拿出一些好的剧目来……我看昆曲很能代表中国的传统艺术,是不是向这方面想想。"(大意)

今天,当我们再次认真回味周恩来总理的这番讲话时,怎能不对一代伟人深邃的思想和智慧所折服。何为爱国主义?说到底,就是对自己国家和民族的文化认同。周恩来总理对当时出访演出内容的纠偏,这种现象今天不存在吗?

在会上,周总理当场点将:"俞振飞,你来一出吧!"

"昆曲剧目很少呀。"俞振飞感到为难。

言慧珠(左四)、俞振飞(左三)、李玉茹(左五)、张美娟(左六)等出访欧洲

昆剧家底厚实，剧目丰富，人所皆知。俞振飞显然还没有从以往的心理定势扭转过来。程砚秋说话了：

"我演出的京剧《女儿心》，是根据传统昆曲《百花赠剑》和《百花点将》两出小戏改编的。出处是明代传奇《百花记》。这次是不是可以用昆曲单演《百花赠剑》，出场人物就只限于男女主角了。"

早在20世纪40年代，程砚秋和俞振飞就合力创排过《女儿心》，情节曲折动人。程砚秋认为，单演《百花赠剑》一折，改成一出爱情戏，昆剧载歌载舞的表演手段，一定会受到国外观众的欢迎。

"好啊，就演这出吧！可以由俞振飞和言慧珠主演。"周总理高兴地说。

有人提出言慧珠出国不合适，是否换个演员？

总理笑了："人是会变的，我们应该相信人嘛！言慧珠在艺术上很有成就，况且她是俞振飞最好的搭档。"（大意）

其实，早在艺术代表团筹备之初，周总理就打电话给中共上海市委，指出代表团由两部分人组成，一是中央歌舞团的演员；一是上海京剧院的演职人员和上海市戏曲学校的师生，并点名俞振飞和言慧珠为代表团成员。吴晗和屈武分别担任前、后团长。

俞振飞、言慧珠和朱传茗（兼笛师）带着戏校张洵澎、杨春霞、梁谷音、华文漪、王英姿、岳美缇、王芝泉等一批昆剧班学员来到北京。没想到这批色艺双佳的小演员一到北京，宛如电影《秋翁遇仙记》中的花仙从天而降（电影《秋翁遇仙记》中的仙女由这批靓女扮演），立刻吸引了北京戏剧界内外包括中央首长的眼球。结果中央领导决定，为了不使半年的出访任务荒废这批学员的学业，忍痛割爱，免去了这班姑娘随团西游的使命。包括张洵澎在《百花赠剑》中的江花佑一角，也换了京剧院的陆玉兰。

程砚秋是这次出访团的艺术顾问。据俞振飞回忆：

> 自那天以后，他就每天冒着严寒，抱病为我们加工排练。从开始搭架子，一直到最后演出的服装、道具，他是样样关心。比如，百花公主出场用

言慧珠（左二）出访欧洲

宫灯、令旗、印剑以示身份；公主掏翎子时的许多身段，海俊与公主双双对月下拜时，江花佑上场偷觑，海俊一面拂袖示意江花佑退下，一面又笑嘻嘻地与公主对拜……这些剧中最生动的地方，都是经过程砚秋同志精心设计和安排的。他日日夜夜，不辞辛劳，和我们一起工作。谁能想到他倏忽离开了我们，《百花赠剑》竟成了他的绝笔呢！

在《百花赠剑》排至中途时，程砚秋因心肌梗塞住进医院。《百花赠剑》在北京文联大楼作第一次演出时，又从医院传来程砚秋因病医治无效溘然与世长辞的噩耗。俞振飞和言慧珠不禁失声痛哭。俞振飞在无限悲痛中写下这样一副挽联：

　　三十年无愧相知，风风雨雨，暮暮朝朝，共几番把激愤情怀，托豪竹哀丝，滔滔尽化荒山泪；

　　千万唤有谁承应，海海江江，腾腾沸沸，都一般以英雄姿态，作高歌怒吼，浩浩新翻薤露歌！

俞振飞、言慧珠参加了程砚秋的公祭，送别了风雨同舟数十年的老搭档、老朋友后踏上了访欧的旅途。

言慧珠和俞振飞在艺术顾问程砚秋的帮助下，创排了一出美仑美奂的昆剧折子戏《百花赠剑》，该剧从此成为昆剧舞台上的保留剧目。言慧珠在剧中有许多诸如掏双翎子的精彩表演，向西欧观众展示了中国传统戏曲艺术的魅力。

写到这里，我不禁又想起萧伯纳的名言，感到自己对这段名言的理解简直肤浅透顶。正如一位作家所说："如果把立足点移到创作上，以审美的眼光看人生，我们岂不可反其意而说：人生有两大快乐，一是没有得到你心爱的东西，于是你可以去寻求和创造；另一是得到了你心爱的东西，于是你可以去品味和体验？"

言慧珠为艺术作了可贵的寻求和创造，当然也体味到了创造的甘苦和收获的喜悦。但是，这个敢爱敢恨的女人，她在为中国传统文化做出优秀成绩的时候，为了获得她所需要的另一种"心爱"，也不惜在归途中制造了一段惊世骇俗的绯闻。

该出手时就出手。这就是言慧珠。

从1958年4月至10月，中国艺术代表团出访欧洲，历时半年，先后访问了法国、瑞士、比利时、卢森堡、英国、捷克、波兰七个国家，共演出一百零二场，观众达九万多人次，最后转道莫斯科回国。

言慧珠有记日记的习惯，加上俞振飞也出身于书香门第，两人在访欧途中记下了耳闻目睹的点点滴滴，回国后整理成册，取名《访欧散记》。笔者撷取其中部分花絮，以飨读者。

言慧珠、俞振飞(右)和外国友人合影

在巴黎的时候，我们曾希望看一看莫里哀的戏，可是得的回答却是没有。偌大法国，现在就没有一个剧团排演莫里哀的戏，偶或有之也只是幕前插曲，要窥全豹，简直休想。到了伦敦，我们又希望看一看莎士比亚的戏，可是得到的也是同样的回答：没有。据说在今天的英国，要看莎士比亚的戏，只能到莎士比亚的故乡斯脱拉福去；在伦敦却只有一年一度，就是每年四月莎翁诞生那一天。不在这个地方，不到这个时间，要想欣赏莎翁的杰作，那就只有进图书馆或者博物馆了……

这段文字饶有意味。它有利于帮助我们解读言慧珠的多侧面的内心世界。我曾听说，言慧珠当年在巴黎一下飞机，面对五光十色的现代化国际大都市，也曾忘情地抚掌感叹："太美了！太美了！"于是"文革"中有人以此作为言慧珠迷恋西方资产阶级生活的一条罪状。今天，我们读着这段文字，从中看到的却是她对传统古典艺术的依恋和向往，以及为资本主义社会里传统文化的流失感到惋惜。同时，这段文字对我国目前的现实也不无启示。一个国家，在现代化建设的进程中，唯有具备高瞻远瞩的目光和明智，才会高度重视本国和本民族的传统文化和文化传统的传承，使两个文明同时提升。

我们的《百花赠剑》全戏一共唱了二十三分钟，是当天全部节目中时间最长的一个。演出以前，我们老怕台下观众嫌沉闷，老怕外国观众接受不了，在演出过程中，这个迷信完全打破了。尽管我们演的是昆曲，是眉目

言慧珠在西欧

传情的典型的东方式的谈情说爱，也尽管台上台下有严重的语言隔阂，但
是他们对于我们的戏，还是能够接受、能够理解、能够欣赏的。他们一边看
戏一边发出愉快的笑声，而且很多人都笑得恰到好处，笑在节骨眼上，并不
是有笑没笑瞎笑笑敷衍了事。不仅对于戏的情节和表演方法，就是对于我
们每一样东西，不论是头上戴的、身上穿的、手里拿的，也不论是服装、道
具，他们都觉得非常新鲜有趣。这里面特别使他们感到兴趣的，要算是百
花公主头上的一对翎子（雉尾）。……在演出中，百花公主只要在翎子上稍
为耍一耍，他们就乐开了。戏演完了，我们就出去谢幕，谢了三次，台下的
掌声还在催个不停，于是又出去补了个第四。回到后台，舒了一口气：不远
万里而来，总算没有辜负祖国的重托……

中国艺术代表团的精彩演出，征服了西方的"蓝眼碧瞳"。就连血管里流淌着
蒙古族血液的言慧珠，也不明白这些西方观众为什么这样容易激动，动不动就欢

呼、鼓掌、跺脚、撞椅子。日记本、节目单、手帕，甚至头巾等物，都可以是索取中国演员签名的纪念品。后来她听一位法国朋友说，这样的盛况在巴黎也是罕有的奇迹。至于西方报纸对中国传统艺术的报道和赞美，更是连篇累牍，不乏真知灼见。

《法兰西晚报》做了一个非常醒目的标题：《北京歌舞团征服了巴黎》。

《法国新闻报》报道：

> 中华人民共和国再一次给我们带来了最辉煌、最高贵的节目，我们这里有哪一个国家演得出这样好的戏呢？……

法国共产党机关报《人道报》报道：

> 当巴黎国际戏剧节的帷幕为中国京剧（法国人一般把中国戏叫京剧——本书作者注）打开时，巴黎公众又重新燃起了三年前的激情。这是一个五彩缤纷、乐声缥缈、轻歌曼舞的节目，是全世界共享的节目。……我们又被引到了金碧辉煌的神话世界中，如梦如痴。……

没隔几天，《人道报》又以很长的篇幅评述了中国的文戏的表演艺术：

> 中华人民共和国这次派来的剧团，在表演中增添了不少抒情的成分。例如在《拾玉镯》这一出戏中，那位年轻的姑娘，在一位佳公子把一只玉镯放在她的门口以后，她做了不少表情。还有《百花赠剑》的公主，当她发现一位年轻的壮士藏在自己的房间里，一开始想杀他，后来反而渐渐地产生了爱情，同时又按捺不住自己的感情，不得不曲折地向他透露了自己心中的爱意。这些短剧充满了幽默，演员的表演也非常细腻，就是开玩笑也开出那么精致、那么含蓄，而在另一个琐碎的地方又表达出严肃的情态，那娇羞、装俏、作假、装心机的种种表演，即使是莫里哀和缪塞也不能否定，至于马利窝则更不能不赞许了。……

对于《百花赠剑》，西方资产阶级报纸

昆剧《百花赠剑》，俞振飞饰海俊，言慧珠饰百花公主

213

和评论家们，都有很高的评价：

> 我们知道，姿态和表情的优美还不是这次中国演员的绝技，最精彩的是他们出台的刹那——他们都不是在走路，而是在舞蹈。我们可以说，由民间兴起的中国戏曲真像"鬼灵精"那么可爱。

> 我喜欢《赠剑》中所表现的中国式的含蓄的表情和艳丽的服装，百花公主和她的侍女在耍弄她们头上的两根长翎子的时候，能够充分表现出她们的恐惧、贞操、喜怒和宽容。

> 这是一出充满着人情味的小喜剧。一个公主在缓慢地转恨为爱，柔情蜜意地以轻盈的体态、细腻的表情来传达她的情怀，这在戏剧表演中达到了最高的境界。

> 中国京剧团在西方的演出是文化史上的一件大事。看了他们的演出，使我们有点厌倦西方对于戏剧的矫揉造作的分类了。出现在我们面前的中国京剧，竟能如此自然地将各种各样的舞蹈、歌唱、哑剧、话剧和武打熔化在一起。她们以最微妙、最精细、最高度的准确性的动作把戏表演出来，这是世界上最年轻而又最富有生命力的戏剧。我们应该向东方学习。

短短一两百字里面竟用了五个"最"字。东方戏剧已经影响西方戏剧，是一种不可忽视的文化现象。俗话说：这山望着那山高！现在我们的一些东方戏剧家，却正在起劲地把脖子伸得老长老长地望着西方，对自己的老祖宗，则对不起，忘得一干二净。以致现在有些出访单位在剧目的选择和安排上，老是迎合外国人的胃口，以致引起西方观众对中国京剧下的定义是："太极加杂耍。"误解源于误导。这难道不是一出文化悲剧吗？

艺术是没有国界的。言慧珠在《访欧散记》中曾这样写道：

> 我们可以充分看到，尽管有严重的语言上的隔阂，西欧的观众对中国戏的歌、舞和表演三者紧密结

昆剧《长生殿·小宴》，俞振飞饰李隆基，言慧珠饰杨玉环

合的特殊的表演艺术还是能够欣赏的。如果我们在这方面多做些宣传解释的工作，那末毫无疑问，它一定会收到更大的效果，产生更大的影响。这是我们在出国表演的半年中体会很深的一件事。

一个张扬的女人；一个时尚的女人；一个曾经是不拘小节、游戏人生的女人；一个历经坎坷、命运多舛的女人；她竟矢志不渝地坚守在传统艺术这块寂寞的领地上。从这点上说，我赞美言慧珠！

在出访欧洲的半年里，仅《百花赠剑》一剧，就演了八十一场。言慧珠和俞振飞还献演了昆剧经典《长生殿》中《小宴》、《惊变·埋玉》等折子戏。而最使言慧珠欣喜不已的，是她在瑞士度过了她的四十岁整寿。

言慧珠在《访欧散记》中提到：

> 九月二十三日，我们在伯尔尼演出《惊变·埋玉》。冯铉大使招待各国使节看戏；看完以后，又举行酒会款待嘉宾。我们卸了妆，也去参加这个酒会。在酒会上，阿联驻瑞士武官哈马德发现我就是那个"王后陛下"非常高兴，就拉了我到处介绍，要大家为我这个"王后陛下"干杯。最后，又兴致勃勃地邀请我们大家到他家里做客。盛情难却，第二天，九月二十四日，正是我的四十整寿，下午三点钟，我们团里的主要演员和负责同志，在冯铉大使带领下，二十余人浩浩荡荡来到了哈马德武官的家里。
>
> 这位武官一定是位非常好客的先生。为了招待我们，他把家里打扮得漂漂亮亮，埃及的坐褥，埃及的烟枪（抽烟丝的烟枪），再加上许多埃及的小玩意，一进门就使人觉得好像来到了这个具有几千年古老文化的古国。另外，他还准备了大量的鲜花、美酒、点心、水果。他的一家人都陪着我们饮酒、谈笑，不断地表示对中国人民的尊敬和友谊。

言慧珠在学校接待外国友人

在向我们殷勤劝酒的同时，他还专门请人为我们表演了埃及的音乐和舞蹈。其中有两个小孩子，浑身漆黑，在客厅里大翻跟斗，好玩极了。最凑巧的，是他还准备了一个很大很大的蛋糕，点起了大蜡烛，而且饮酒的时候，又不止一次地同我碰杯，祝我这个"王后陛下"健康，好像他真的知道今天就是我的生日、专门为我祝寿的一样。

……

从1958年4月至10月，中国艺术代表团在出访欧洲七国的半年里，言慧珠几乎游览了法国、英国、瑞士、比利时、卢森堡、捷克、波兰等国的主要名胜古迹，会见了罗伯逊等世界名人，同时以精湛的艺术博得了国际声誉。

但是，在归国的列车上，就是这位以东方艺术的含蓄美征服了无数西方观众的艺术家，一扫"眉目传情的典型的东方式的谈情说爱"的路数，公然演绎了一出西方式的浪漫故事，大胆泼辣而又缠绵凌厉地向俞振飞发动了势不可当的进攻。

真是个一半"魔鬼"一半美女的尤物。

三、有心情那梦儿还不远

过了四十岁的女人，韶华易逝，青春难驻。何况是一个要在舞台上扮演妙龄少女的中年妇女。艺术造诣的不断提升和嗓音扮相的日趋衰老，永远是女性演员无可奈何的悲剧。

但是，言慧珠有梦。只要有梦，就有希望，就有追求，就有地火一般炽烈的激情。

言慧珠勤学苦练的劲头在梨

言慧珠摄于20世纪50年代

园界是出了名的。她每天清晨起来，在华园的空地上，正反二十圈圆场，是必修之课。然后是踢腿、下腰等一系列基本功训练。据言清卿对我说："我童年时就记得家里有一条高高的长凳，妈妈每天要在长凳上练腰，脑袋和双腿垂在长凳的两边，练一次至少一刻钟以上。"

言慧珠的腰腿条件并不好。尤其是她的腰，行话叫"回笼腰"。今天练软了，明天又硬了。所以，她演《贵妃醉酒》，准备工作最起码二十分钟。1957年她在北京和叶盛兰同台十天。叶盛兰看了她的《贵妃醉酒》，惊呼："慧珠，想不到你的腰还是这么好！"据说她怀儿子五月身孕，演出《霸王别姬》，照样舞剑下腰。

言慧珠吊嗓也另有一功。人家是唱完一曲喝口水，歇口气。她却是在每一曲的间歇手之舞之、足之蹈之，一会儿"卧鱼"，一会儿下腰，一会儿踢几腿。人到中年，她练的就是这口气。所以，她年过四十演歌舞并重的《花木兰》，依然举重若轻。

现在的年轻人也许会感到诧异，如今，人到四十活跃在舞台上的女演员多着呢！古人云"半老徐娘，风韵犹存"嘛！

据流沙河先生考证，徐娘确有其人，是梁元帝萧绎的妃子徐氏。查《南

京剧《贵妃醉酒》，言慧珠(中)饰杨玉环，和学生们同台演出

史·后妃传》，原文应作"徐娘虽老，犹自多情"。是谁把"多情"改作"风韵"，史无记载。但"风韵"较之"多情"，内容自然更宽泛。这位徐娘是个大美人，应该是毋庸置疑的。她和言慧珠谁更美，历史将为我们留下一个神仙也解不开的谜。但有一点也是不容怀疑的，即使言慧珠驻颜有术，但她如果随着岁月的流逝而消磨了功力，那么，她在舞台上的风韵就会打折扣，也不可能神完气足地塑造各种类型的历史人物。这大概就是我们如今看某些演员的戏，总觉得缺这么一点东西的缘故吧！缺什么呢？韵！

这就是言慧珠在四十岁后越发勤学苦练的原因。

言慧珠艺术上的黄金时期，出现在她四十岁后的几年里，这是一个值得我们重视的学术性的课题。也许她的嗓音没有过去亮堂，也许她的扮相不如年轻时滋润，但她的艺术造诣，她塑造人物的技艺，却是在中年之后渐入佳境。艺术也是一门学问，需要有个厚积薄发的过程。步入中年后的言慧珠，沉醉在昆剧雅致蕴藉的轻歌曼舞之中。唱一支曲子，曲情与诗情合一；舞一记水袖，恰似吴带临风。上下五千年吴文化的清秀古雅，把言慧珠的舞台表演艺术一步步引领到"意到神传，笔精形似"的境界。

在那个时期，言慧珠塑造的《奇双会》中的李桂枝，《长生殿》中的杨玉环，《牡丹亭》中的杜丽娘等艺术形象，堪称是同辈坤角中的佼佼者。

据《戏考》第四十册载，《奇双会》原为汉剧，京剧排演，改为吹腔。自梅兰芳唱红此剧，遂成为梅派保留剧目。京昆小生一行中，俞振飞尤擅此剧，曾和梅兰芳、程砚秋长期合作。言慧珠宗梅，又得朱传茗、方传芸传授，表演细腻传神，刻画人物有度。在20世纪五六十年代，该剧已成为俞、言屡演不衰的保留剧目。二人旗鼓相当，各擅胜场，有璧合之妙，是笔者迄今为止看到的一对最佳生旦范例。

《长生殿》是俞振飞和言慧珠常演常新的剧目。一个把"尽日君王看不足"的风流天子刻画得活灵活现；一个把"回眸一笑百媚生"的贵妃娘娘演绎得栩栩如生。可以说，从京剧《贵妃醉酒》、全本《太真外传》到昆剧《长生殿》，言慧珠是在一步一个脚印地提升自己的艺术品位。笔者只要闭上眼睛，脑海里至今还会呈现言慧珠扮演的贵妃娘娘那种"侍儿扶起娇无力"的娇柔神态。

俞振飞和言慧珠的另一扛鼎之作，就是汤（显祖）翁的"临川四梦"之一的

《牡丹亭》。《游园惊梦》是其中一折。言慧珠饰演的杜丽娘，既继承了梅兰芳的端庄和华贵，又发挥了自己女性娇美的优势，演来别有风采。1960年，该剧被搬上银幕。梅兰芳饰杜丽娘，俞振飞饰柳梦梅，春香一角由言慧珠扮演，终于圆了她与恩师同登银幕的梦。有专家评点说："言慧珠演的虽是丫环，却与乃师一样自重身份。言慧珠亦是绝顶聪明。她是在陪乃师演戏，在学乃师的做派。"

言慧珠在昆剧《断桥》、《琴挑》、《阳告》等剧中，都有出色的表演。她把白素贞对许仙爱、怨、恨的复杂心理，表演得丝丝入扣。把尼姑陈妙常面对风流书生潘必正以琴挑情的特殊的表达爱情方式，从分寸感和层次感上把握人物，使剧情的发展和人物的刻画显得恰如其分、顺理成章。尤其是她表演的《阳告》中精神极度崩溃的敫桂英，刻画敫桂英在自杀前的那种无助、恍惚、失常、迷离的眼神，时至今日，她的学生梁谷音还忘不了那双富有震撼力的眼睛。至于言慧珠的唱，精通昆曲的人都知道，她的唱法既不是以朱传茗、张传芳为代表的"传"字辈的唱法，也不是江苏省昆剧院的张继青的风格，而是忠实继承了风行

俞振飞(左一)、言慧珠(右一)为学生辅导昆剧《百花赠剑》

百余年的"俞家唱"。毫不夸张地说，在京剧旦行演员中，能把昆曲唱得这样精致的，唯言慧珠一人。

至此，我们不禁又想起言慧珠费尽心机紧追不舍俞振飞的种种细节。笛里宫商，夫唱妇随，虽然是好景不常的姻缘，言慧珠毕竟赢得了新的艺术平台。

罗曼·罗兰曾说："一棵树不会太关心它结的果实，它只是在它生命液汁的欢乐流溢中自然生长，而只要它的种子是好的，它的根扎在沃土中，它必将结好的果实。"

我非常欣赏这段格言。

不同的是，言慧珠关心她结的果实。她的艺术种子是扎根在传统文化的沃土中的。她结出了好的果实。这果实，既是她的舞台表演艺术，也是她致力的戏曲教育。她为新中国培养了一批优秀的艺术人才。言慧珠京昆并举，培养的人才个个也是一专多能。

在现代京剧《杜鹃山》中扮演柯湘的杨春霞，进校时原是昆演班学员，因她京剧唱得尤其出色，易昆从京。言慧珠为她传授了《宇宙锋》、《凤还巢》、《霸王别姬》等剧，从唱、念、做、打全方位地打好基础，使她成为京昆"两门抱"的演员。1961年，她以一出《断桥》征服香港观众，好评如潮。

昆剧闺门旦人才可谓千金难求。而戏校昆大班却培养了一个如百花斗妍的闺门旦群体。其中的华文漪更如青云出岫，独领风骚。她以特异的禀赋和超凡脱俗的气质，不仅获得言慧珠的青睐，而且还得到梅兰芳和俞振飞的赞赏。1959年，《墙头马上》刚进入一度创作，华文漪就被内定为李倩君一角的青春版主演，得到言慧珠的亲炙。至今年近七旬，风采依然不减当年。

1960年4月，言慧珠和俞振飞带着李炳淑来到锦江饭店会客厅，向毛泽东主席提出引进李炳淑的要求。毛主席认为上海师资力量雄厚，有利于人才培养，与时任安徽省省委书记的曾希圣商量，把在戏校培训的李炳淑落户于上海。喜得言慧珠忙对李炳淑说："还不快谢谢主席，谢谢曾书记。"后来李炳淑果然脱颖而出，成为一代京剧名家。她拍摄的电影戏曲片《白蛇传》和《龙江颂》，传遍大江南北。

言慧珠经常以师生同台的方式，对学生进行传、帮、带，使学生收到"取法乎上,得乎中"的效果。她不但把《百花赠剑》一剧亲授给学生张洵澎,而且每逢自己演出,总要张洵澎饰江花佑一角。由于张洵澎长得酷似青年时的言慧珠,言慧珠亲昵地称她"言慧女"。

若说师生同台,梁谷音可谓得天独厚。《墙头马上》一剧,从舞台到银幕,梅香一角都由梁谷音担任。一次,言慧珠到学校小剧场,和哥哥言少朋商量排练京剧《芦花河》一事。正赶上梁谷音演出昆剧《思凡》,一出场就把言慧珠吸引住了。言慧珠在哥哥身边挤了半个座位,一直看到戏结束,才在观众的掌声中想起自己的来意。

戏校高级讲师王英姿,《醉杨妃》一路戏尤其出色,当年在观众中曾有"活杨妃"的称号。她细腻传神的表演,娇柔妩媚的风采,颇具言慧珠的神韵。

1960年,言慧珠收上海京剧院演员夏慧华为徒。这是她为繁荣京剧、广育桃李而作的举措。"文革"结束后,为了纪念恩师,夏慧华是全国第一个复排全本《西施》的演员。

言慧珠在广采博收的同时,也把自己生命的液汁欢乐地流溢在莘莘学子的心田,培养了满台的"小言慧珠"。难怪一位和言慧珠相交甚厚的话剧导演说:"我给华文漪导戏,怎么发现她一笑就像言慧珠。"

是的,言慧珠爱笑,仿佛时时刻刻在和人比看谁笑得最美。

1959年,刚过四十岁的言慧珠笑得最开怀。这一年,言慧珠遇上两件喜事,言家的兄弟姐妹实实地火了一把。

第一件,言菊朋的长子言少朋和夫人张少楼,在首都北京演了《卧龙吊孝》、《让徐州》、《文昭关》等大量言派经典,掀起了一股言派热。为此,《人民日报》和新华社专文介绍,有关方面发出了抢救言派

京剧《四郎探母》,言慧珠饰铁镜公主,周云敏饰杨四郎

的呼吁。消息传来,《新民晚报》资深记者张之江想到,言菊朋的爱女言慧珠也以反串言派名剧著名,于是对她作了采访。抚今追昔,言慧珠感慨万千:

十六年前,父亲以衰暮之年,在北京"三庆"园演了全部《大保国·二进宫·叹皇陵》之后,就一病不起了。他在弥留中,虽还念念不忘他那精心琢磨的言腔,但对京剧艺术的前途不敢抱有任何幻想,内心是非常愤懑和痛苦的。他怎么会想到:今天,在百花齐放的艺术园地里,他的这株枯树会得枝叶重生的呢?

……

我觉得我父亲晚年的《骂曹》和《卖马》最好,他在生活中经过一番波折,饱谙人情的冷暖之后,把剧中人的心情和自己的心情溶而为一了。在《卖马》中,他那句"遭不幸困至在天堂下,还你的饭钱,无奈何只得来卖它……"听了令人落泪。在《骂曹》中,他把祢衡怀才不遇,反而无端被人贬辱的心中愤懑不平的情感体会得最为深刻……

言慧珠在谈到自己经常反串言菊朋晚年杰作《让徐州》的时候,一扫脸上的哀容,以无限兴奋的心情说:

在我父亲的艺术生活的大半世中,都不能得到正确的评价,想不到直到今天,才由党给了他公正的评价,并要在舞台上重见言派戏,使我父亲的一番心血不致淹没。我们,作为他的后人,怎么不要在自己的岗位上更加勤奋上进呢!所以,不仅是《让徐州》,凡我所知道的关于我父亲的艺术创造,我都愿意贡献出来。

此后,言慧珠不仅自己经常在舞台上反串父亲的言派经典,还把《让徐州》传授给了京演班学员李永德。1961年秋,言慧珠和俞振飞在上海大众剧场演了一期。一次夜场,言慧珠的双出。前面是《穆天王》,大轴是言门本派《卧龙吊孝》。言慧珠的孔明,扮相清癯,韵味隽永,使人一时不辨雌雄。若非家传,安能有此功力?观众以无比热烈的掌声,庆贺言派艺术在新中国的百花园里绽放出新的生命。当时笔者就坐在台下,一阵阵掌声使我激动得不能自已。四十八年过去了,此情此景恍若眼前。

写到这里,笔者仍觉意犹未尽。此"意"非我意,而是久久盘旋在言慧珠胸臆间的肺腑之"意"。

家祭毋忘告乃翁

　　还在今年四月间，我妹妹慧兰自兰州来信，说到她已经摆脱了家务牵累，做了评剧演员，并且得到了观众的欢迎。正在为她高兴，弟弟小朋随"上海之战"摄影组来上海拍摄外景，又给我带来了一个好消息：这个小弟弟现在不但是会演戏，而且会劳动，会打仗，还被部队评为"五好"战士。当时，我虽然尚在病中，但接连接到这样两个好消息，也不禁大为高兴。姐弟两人畅谈解放十年来的变化，真是越谈越痛快，越谈越欢喜。事情也真有那么巧：我们一家人里面倒有五个剧种的演员（哥哥少朋和嫂嫂张少楼京剧，弟弟小朋和弟妹王晓棠话剧电影，妹妹慧兰评剧，我现在则唱昆曲），莫怪人家要开玩笑，说光从我们一家就可看到百花齐放了。

　　谈到这些，想到这些，实在抑制不住心头的兴奋，但在兴奋之余，一个念头立即浮了上来：如果爸爸活着该多好！如果他老人家能够知道，他过去认为毫无前途的儿女，一个个都生活得那么好，生活得那么有出息，该有多好！

　　也就在这个时候，我又想到了放翁的名句："家祭毋忘告乃翁"。觉得应该写一点什么，来告慰泉下的老父。可是，刚一提笔，十六年，不，近三十年的往事都一齐涌现在心头。胸中似有万语千言，一刹那却不知从何说起。笔迟迟未落，而父亲的音容笑貌，已经占满了我的脑海：苍白的头发，苍白的脸色，苍白的嘴唇，完全坏了的牙齿，终年蕴藏着无限哀思的眼神，脚

京剧《卧龙吊孝》，言慧珠反串孔明

上拖着破鞋，身上披着烂皮袄，衰老、疲惫、愤懑、悲怆……脑子里一浮起他老人家晚年的窘相，自然而然地我就想起了他那凄苦的心情。

在我爸爸一生之中，得意的日子很短，失意的日子很长，所以，心情舒畅的时候很少。但在中年的时候，他至少还有两点希望，能够借以安慰自己，支撑自己。第一，在艺术的道路上，自己辛勤跋涉了半辈子，终于自成一家，虽然眼前不红、不卖钱，但总有一天，会得到社会的承认，会得到发扬光大的机会；第二，尽管自己不济，但还有如许儿女，总有一个能够走上自己愿意看到他们走上的道路，为言家争气，为祖宗争光。

有了这两线希望，纵然遭遇坎坷，他也还能在生活中保持一定的乐趣。可是，到了晚年，在他看来，这两个希望却是完全、彻底地幻灭了。

首先，自己的艺术，多少年来始终不为人重视，生前尚且如此，身后更可想而知，有谁愿意去学这一门既难学而又不卖钱的玩意儿？眼看自己花了毕生精力创造的"言腔"，后继无人，衰亡有日，这一种绝望的痛苦，对于一个有强烈事业心的艺术家来说，确乎很难忍受。

其次，我们姐妹兄弟，除了妹妹还小，看不出前途如何，之外，其他三人所走的都是他所不愿意我们走的路。前程茫茫，后顾堪忧，这是另一种绝望的痛苦。这种痛苦，当然也不是一个曾经苦心孤诣地培养过自己儿女，并且一身兼严父慈母两重责任的父亲所能承担的。

不幸，我的父亲却带着这两种非常人所能忍受的痛苦，度过了他的晚年。十六年前，正是这榴明蒲暗的季节，他永远离开了我们，带着这两种绝望的痛苦到了另一个世界。尤其令人不忍的是，直到临终以前，他老人家还是念念不忘他的艺术，他的儿女，但是在当时当地，他又是完全绝望的——虽死而不瞑目；在这方面，他还不及陆放翁，因为放翁在临死之时，尽管国事日非，然而他至少还抱着一点希望，至少还有幻想"王师"有"北定中原之日"。而我爸爸却连半点希望——甚至幻想也没有！因为在那个时候，他决不可能想到会有今天这样一天，决不可能想到我们这些在当时看来不可能有前途的儿女，会生活得如此美好，如此幸福！

今天，我们姐妹兄弟都站起来了，都走上了他生前所无法希望于我们的道路，这对于他老人家说来，当然是一个很大的安慰。然而，这仅仅满足了他生前的一个希望，而且是一个比较次要的希望；对于他的另一个主要的希望——"言派"艺术的发扬光大的问题，在那个时候，做女儿的我，还不能有所禀告。也就是说，还不能充分告慰他老人家在天之灵。

那末，这是不是说，我也像他老人家一样，对于这件事感到绝望了呢？绝对不是。我完全知道，在我们这个时代，一切合乎人民需要的艺术，都有无限广阔的前途，"言派"自然也不会例外。总有一天，它会得到发扬光大的机会的。到了那个时候，再来写"家祭毋忘告乃翁"，岂不是更好！

正因为想到了这一点，当时就搁笔而起，但写这篇文章的愿望却时时刻刻挂在我的脑子里。

果然，不出一月，在党和政府的提倡下，我大哥（少朋）大嫂（张少楼）在北京演出大量"言派"戏，得到了各方面的重视，首都戏剧界人士专门为此举行座谈，《人民日报》和新华社也专文介绍，有关方面还发出了拯救"言派"的呼吁，提出了抢救"言派"的具体意见，这一切都说明，我父亲追

京剧《让徐州》，言慧珠（中）饰陶谦

求一生所未能达到目的,行将在今天实现了!而首先担负起这个责任的,又是他自己的儿子和儿媳(也是徒弟),这是一桩多大的喜事啊!

至此,我父亲生前的两大心愿都已找到了着落;做女儿的我,也就可以毫无遗憾地写这篇《家祭毋忘告乃翁》。

说也凑巧,今年恰恰是他老人家七十整寿。就在这一年,我们这一家发生了这么多的喜事。老人家泉下有知,一定会欢呼雀跃,引吭高歌的。而在欢欣之余,我相信他也一定会明白,我们言家所以会有今天,到底应该感谁的大恩,感谁的大德!

这是言慧珠写于1959年的文章。这一年正好是新中国成立十周年华诞。文字是从言慧珠的血管里流出来的。里面有她对党的"百花齐放"文艺政策的歌颂;也有对慈父的深切缅怀;细心的人还会发现,字里行间还隐藏着她对前尘往事的一份忏悔。

这一年,言慧珠面临的第二件喜事,将把她的艺术推向又一个高峰。

这是她生命中的最后一个高峰。

言慧珠便照

四、墙头马上因缘好

艺术创造是一种愉悦,是生命的律动,是心物交融、驭物神游的最美好的境界。它能使我们想起庄子笔下的《逍遥游》。

1959年,曾经是言慧珠无比怀想的一年。一出昆剧《墙头马上》,使她的艺术从最初的素描、临摹、复制阶段,步入了独立创造并建立个性化风格的境界。

据秦鲁沂《一代名伶言慧珠》记载,1959年7月间,周恩来总理到上海听取工作汇报时,听说上海搞了不少剧目，准备向国庆十周年献礼，于是向俞振飞、言慧珠推荐了元代杂剧家白朴的优秀作品《墙头马上》。

另据唐葆祥《俞振飞传》记载，俞、言从西欧回来，周总理同他们谈起，明年国庆十周年，准备拿什么剧目向国庆献礼？俞、言没有思想准备，一时愣住了。周总理接着说，我给你们推荐一个好题材：元杂剧中有一出《墙头马上》，主题是反封建的，有教育意义，你们可以改编一下。

两种记载，有一点是共同的，该创意源于周恩来总理。但从具体时间分析，《俞振飞传》记载的周总理的建议早于1959年，合乎艺术创造的规律。一出大戏，从一度创作到二度创作，是不可能在两三个月里急就章的。笔者于1959年3月8日进校，《墙头马上》已经开始运作。我的两个同班小学友秦玲玲和钟毓敏还在剧中担任端端和重阳呢！

应该说，周总理向俞、言推荐《墙头马上》，确实体现了国家总理统揽大局、高屋建瓴的大智慧，这不仅表现在他对古老的昆剧的高度重视，同时也说明他对俞、言艺术风格的认知和把握。谁都不会否认，俞振飞饰演的裴少俊和言慧珠饰演的李倩君，是昆剧演出史上的绝配。

剧情脱胎于白居易的乐府《井底引银瓶》，由元代杂剧四大家之一的白朴改编为《墙头马上》。原诗和原剧含有"止淫奔"的封建意识。经苏雪安（编剧）、杨村彬（导演）、朱传茗、方传芸（副导演）和俞振飞、言慧珠、郑传鑑、华传浩等的通力合作，把一出封建制度下的悲剧变成了讽刺封建礼教的喜剧。剧中李倩君一角，是言慧珠一生中独立创造的一个艺术形象。她把"妾弄青梅凭短墙，君骑白马傍垂杨，墙头马上遥相顾，一见知君即断肠"的敢于一见钟情便私奔的女子，刻画得个性鲜明、新意盎然。

我们只要从言慧珠《我演〈墙头马上〉》一文中，就可以看到她在艺术

昆剧《墙头马上》，言慧珠饰李倩君

创造中的严谨态度和令人折服的独立见解。

> 李倩君这样的人物，在我熟悉的角色中，的确非常少见。为了尽可能把她演好，我首先下了一番对比的工夫……

演员的最高任务是以技巧的全部魅力去塑造感人的艺术形象，这是艺术创造的"魂"。言慧珠首先把李倩君和她过去演过的角色逐一比较：拿身份来说，李倩君是"唐室宗亲、尚书之女"，作为"大家闺秀"，与杜丽娘、崔莺莺等人有相似之处；拿性格来说，她开朗、活泼、豪放、倔强、刚烈，则与杜、崔又不相同。这样的性格与谁相似呢？言慧珠再从《红楼梦》曹雪芹笔下的女孩子中去一个个地比较，最后总算找到了史湘云和尤三姐，论开朗、豪放、活泼，李倩君有似史湘云；论坚强、大胆、刚烈，则接近尤三姐；此外，风健婀娜，又近似《得意缘》中的狄云鸾，当机立断，敢作敢为又有点像穆桂英。

经过一番比较，言慧珠进一步阐发自己的观点：

> 当然，李倩君又决不是杜丽娘、崔莺莺、史湘云、尤三姐或者狄云鸾，她自她自己。这样的比较只是在按照戏曲角色必须划分行当的习惯去寻找一些性格特征的参考而已。她的特殊性格归根结底还是要从剧本所规定的情景、事件中去探索。

在这里，言慧珠已经涉及戏曲角色创造中人们经常会遇到的问题，即：以抒情写意的歌舞表演故事的中国戏曲和以模仿写实的科白塑造人物的西方戏剧，这两种不同戏剧体系的区别。也就是说，如何使剧本规定的情景、事件和戏曲的歌舞化的程式（行当也是程式）统一起来。

闻一多先生认为："差不多没有诗人承认他们真正给格律束缚住了。他们乐意戴着脚镣跳舞，并且要戴别个诗人的脚镣。……越有魄力的作家，越是要戴着脚镣跳舞才跳得痛快，跳得好。只有不会跳舞的才怪脚镣碍事，只有不会做诗的才感觉得格律的束缚。对于不会做诗的，格律是表现的障碍物，对于一个作家，格律便成了表现的利器。"

同理，对于一个艺术家，程式从来不是镣铐，而是塑造艺术形象的利器。换一种说法：程式是一种谱，而不是一把锁。

> 我们知道，如果按一般行当习惯来分，李倩君应该是一个"闺门旦"（在昆剧里叫做"五旦"），但完全用"闺门旦"那种行不动裙、笑不露齿有大家

规范的路子来演，就很难表现她开朗、活泼、豪放一面。按照旦角分工，一般有"青衣"（像王宝钏、柳迎春），"闺门旦"（像杜丽娘、崔莺莺），"花旦"（像金玉奴、孙玉娘），"刀马旦"（像樊梨花、穆桂英）之分。《墙头马上》叙述的是一对青年男女一见钟情的故事，在前面这些不同旦角所饰演的人物中间，有各式各样表演一见钟情的路子。可是哪一种路子都不适合李倩君的性格。因此在演这个人物的时候，从手势步法眼神以及唱念的声调、节奏，都要突破闺门旦的限制，重新设计……

戏曲有个很有趣的现象，同一出剧目，由不同流派风格的演员演绎出来，便会出现不同的艺术形象。譬如，同一出《玉堂春》，"四大名旦"便是四种风格（此外还有张君秋派和赵燕侠派）；同一出《四进士》，周信芳演来"老而辣"，马连良演来"老而滑"。我曾经突发奇想，如果由童芷苓来演开朗、活泼、豪放、倔强、刚烈的李倩君，一定也是很成功的。那自然是另一种风格了。这就是"应行当，演人物"。

言慧珠宗"梅"，她的表演路数不会脱离"梅"的大框框，但在具体细节上，必须向其他行当借鉴。譬如，第一场，李倩君的服饰、风度是按照闺门旦的样子，但为了使她显得活泼些，就多梳了个歪髻，手执团扇；至于身段、步法和唱念的语气、声调、节奏，就用了近乎花旦的路子，因为这一场主要在表演李倩君那种无拘无束、天真活泼的神态，如果完全照"闺门旦"的演法，就很难达到这个效果。其实，这也是梅的精神。我们前面提到过，梅兰芳演出《汾河湾》，当唱到"今日等来明日也等，等你回来我做夫人"时，做了一个幅度较大的花旦身段，以表现柳迎春与薛仁贵久别重逢、苦尽甘来的喜悦心情。

生活如过眼烟云，艺术却长留于世。"运用脑髓，放出眼光，自己来拿"（鲁迅语）。生活中的每一朵浪花都有可能成为艺术中的令人怦然心动的亮点。

戏名叫《墙头马上》，毫无疑义，"墙头"一场是很重要的戏，同时这场戏也很难处理。固然，"一见钟情"是中国古代恋爱特点，可是，各种旦角表演的"一见钟情"却有很大的不同。譬如崔莺莺、杜丽娘这些闺门旦的"一见钟情"，同孙玉姣、金玉奴这些花旦的"一见钟情"就大不相同。像李倩君这样的角色究竟应该怎么个"一见钟情"法？像杜、崔那样含蓄好呢，还是像孙、金那样明快好？根据我的体会，是既不能过分的含蓄，也不能

昆剧《墙头马上》，俞振飞饰裴少俊，言慧珠饰李倩君，华传浩饰裴福，梁谷音饰梅香

过分明快。一般戏中的女主角在恋爱的时候总是被动的，而李却是处处主动。在短短的几分钟既要表现出一个深闺少女初见异性的含蓄，又要表现出她很快地爱上了这个"骑白马傍垂柳"的"佳公子"，并且，约他当夜到花园相会。要把这种大胆的态度表现得恰到好处，的确很难。为此我们大家花费了不少精力，演成现在这个样子，可是总觉得不够满意。

"园会私奔"，这场戏份量比较重。刚开始李倩君焦躁不安地等待裴少俊，所着重表演的应该是一个天真无邪的少女对于爱情的憧憬和向往。等到裴少俊跳墙相会，她就完全浸沉于爱情的喜悦中了。这一段表演，我看用不着像一般闺门旦那样掩面娇羞，也不应该像一般花旦那样扭扭捏捏，而应该尽可能地大方、开朗。请看：当裴少俊对她说"片刻相逢成永爱"的时候，她便单刀直入，问他家中还有何人；裴答"尚未婚配"，她又立即以终身相许，并说"纵私订姻缘人惊骇，我今偏自调排"。这种态度何等光明磊落，何等大胆泼辣……

有人说，言慧珠演这类带有个性解放色彩的开放女子尤其对路。话近于谑，却也有几分道理。言慧珠善于把自身素质中浪漫、狂放的色彩和传统艺术的张力结合起来，在继承和创新中放纵自己的情怀，在古典和摩登之中寻找最佳切入点，从而使她的个体生命演绎出一种与众不同的风貌和迷人高妙的气韵。

"逼休"这场戏，是全剧的最高潮。在这里矛盾来了个总爆发，关系到全剧的成功，也是塑造李倩君这个人物的关键。……初稿本上的李倩君，遇见了裴行俭，就唱"慌忙地唬得人藏不迭"；无可回避时她又唱"你唠叨过些，你搜得太绝，是你家媳妇、孙儿你可信耶？"我们觉得李倩君在七年当中无日不希望早日把她与裴少俊的夫妇关系明朗化，突然遇到了公公，固然是有些惊慌，但按照她的性格，必不肯躲躲藏藏……

当裴行俭要她磨簪的时候，她忍气吞声，委曲求全，寄希望于万一；而在玉簪碎折，裴行俭再以游丝系银瓶汲水相逼的时候，她实在抑制不住内心的怒火，就以掷瓶于井里这一个断然的行动来作答复。这样处理，一方面表现了一个热爱丈夫、热爱子女的贤妻良母的无限深情，一方面表现了这个人物对于封建权势的蔑视和反抗……

戏最难掌握的倒是夫妻见面一场。李倩君与裴少俊之间的爱情是可以肯定的。在裴少俊写休书之后，我认为李倩君恨他的并不是"负心"，而是"懦弱"。她并不怀疑他对她的爱情，但痛恨他一到紧要关头便动摇了。所以开始相见，便相抱而泣，但当她一想到休书，一想到自己因丈夫懦弱所遭受的种种屈辱，便推开了他……

《墙头马上》剧情曲折，起伏跌宕，对演员的表演功力是很大的考验。言慧珠调动了几十年的艺术积累，精心塑造了昆剧舞台上的"这一个"。笔者曾问过许多旦角演员："你们看了《墙头马上》，最不易忘怀的是什么？"

她们说："最忘不了言慧珠的眼睛。"

言慧珠的眼睛会说话，会迷人，会勾魂。恐怕是没有人会投反对票的。但言慧珠的可贵，在于她的眼睛从不"胡说话"。所谓不"胡说话"，也就是不乱做

昆剧《墙头马上》，俞振飞饰裴少俊，言慧珠饰李倩君，郑传鑑饰裴行俭，华传浩饰裴福

戏，要用眼神准确地刻画人物在规定情境中的心理活动。就以《墙头马上》为例。她扮演的李倩君在墙头上乍见白马王子裴少俊时，那是一种青春少女的眼神，里面有爱慕、希冀、羞涩……就连念白都带着颤音。等剧情发展到七年以后，李倩君已经是两个孩子的妈妈。依然是这双眼睛，依然是那样迷人，但闪动的却是少妇的成熟的光芒。面对公公的威逼，她从无奈、愤懑到绝望，一切都在眼神的变化之中。最后夫妻团圆，她对丈夫爱恨交加、悲喜交集的心情，又在默默无言的眼神中凸显出来。尤其在银幕上，言慧珠的一双眼睛就是艺术品。这和她早年涉足电影圈、富有镜头感有着内在契合。

言慧珠爱美。对于李倩君这个自己一生中第一次独立创造的艺术形象，言慧珠更希望她美得没有半点瑕疵。还在剧本编写过程中，言慧珠就把一帮女友请到家中，替她想服式，配颜色。戏装的料子是在老介福精心挑选的。什么身份穿什么颜色，什么颜色配什么光片，什么衣服配什么颜色的花，她都有讲究。

言慧珠和俞振飞(右)在排练

她还拿出自己珍藏的金条，把翡翠头面和珠饰镀上真金，在灯光下更显得光彩炫目。从新中国成立前就当过她"跟包"，新中国成立后在戏校担任容妆教师的王明禄生前曾多次对笔者说："她（言慧珠）讲究，有些人就是'将就'。"

俞振飞生前也说："她呕心沥血，连服装头面都自己出主意。为了演出李倩君的特点和性格以及体现戏的意境，苏东坡的《蝶恋花》里'花褪残红青杏小'，她和学者专家研究了一遍又一遍。她从'墙里秋千墙外道，墙外行人，墙里佳人笑'的词句里悟出了多种身段。《墙》剧在中南海演出时，慧珠受到中央领导的表扬。"

1959年9月，乌兰夫邀请言慧珠赴内蒙古自治区作探亲演出，在呼和浩特演了七场，第一出戏就是俞振飞和言慧珠主演的《墙头马上》。言慧珠穿上蒙古族服装在家乡留影，喜得手舞足蹈。

9月底，演出团到达北京，参加国庆献礼演出。10月2日首演于中山公园音乐厅，后又在中南海怀仁堂演出一场，刘少奇、周恩来、贺龙、彭德怀、陆定一、周扬、夏衍等观看了演出，并接见了全体演职人员，祝贺演出成功。该剧还扎

梅兰芳看完昆剧《墙头马上》演出后与演员合影

1959年，言慧珠赴内蒙古演出留影

成彩车，由华文漪饰李倩君，蔡正仁饰裴少俊，参加了天安门国庆大游行。据说梅兰芳看了《墙头马上》，高兴地对言慧珠说："你这条路走对了！"田汉当即口占一对："墙头马上因缘好，再霸歌台二十年。"

1959年，向国庆十周年的献礼剧目还有梅兰芳的《穆桂英挂帅》。这就提醒我们理应注意一个意味深长的现象：梅兰芳的不朽之作《穆桂英挂帅》；马连良的经典之作《赵氏孤儿》；俞振飞、言慧珠的传世之作《墙头马上》；都是他们在六十岁前后创作成功的（这几位艺术家中，言慧珠是最年轻的）。这是否为我们验证一个道理：艺术修养的积累是一项长期的艰巨的体脑并用的劳动，任何投机取巧的"短期行为"，注定是没有生命力的。

五、载誉香江

1961年8月，上海市戏曲学校经过八年的辛勤耕耘，结出了第一批闪光的果子——1953年进校的昆剧班学员和1956年进校的京剧班学员同时毕业，成立了上海京昆实验剧团。这是迄今为止，上海戏校培养的最负盛名的具有高艺术素质的学员。尤其是新中国成立后培养的第一批昆剧班学员，他们以举世公认的实力，改变了昆剧濒于断层的局面，至今仍是中国昆剧界的中坚力量。

提到上海京昆实验剧团的诞生，我们不应该忘记曾经为新中国戏曲教育事业沤心沥血作出杰出贡献的戏曲教育家——周玑璋。当年这一百多名学员毕业的时候，他们以高超的技艺和青春靓丽的朝气，吸引了内外行啧啧称羡的目光。上海京剧院当即表示要把这批学员吸收建团。中共上海市委宣传部和文化局的主要领导都表示赞同。周玑璋则坚决反对。官司一直打到当时上海市委的主要领导柯庆施那里。一天，柯庆施召集石西民（市文教书记）、李太成（市文化局长）、吴石坚（上海京剧院院长）和周玑璋开会商量此事。周玑璋在战争年代曾留下腿疾。等他一瘸一瘸赶到现场时，众人早已就座。柯庆施开口便问："老校长，京剧院和戏校是一家人，还是两家人？"

周玑璋答："既是一家人，又是两家人。不同在于，一个是以演出为主的单位，一个是以培养人才为主的艺术团体。"

柯庆施又征求在座的各位领导的意见："大家看看，这批人才是分拨给剧团好，还是单独成立剧团好？"

周玑璋据理力争："如果把这些毕业生分到剧团，一定会被分别'吃'掉，不利于继续深造提高。"

当时在座的各级领导无不以为这个倔老头要挨批了。没想到柯庆施认为他说得有理。上海京昆实验剧团应运而生。

为了展现新中国在培养艺术人才方面的成就，周恩来总理决定以上海青年京剧团的名义去香港公演。孟波任团长，刘厚生任副团长，俞振飞、言慧珠任艺术指导。12月，剧团赴港。从12月21日首场公演到翌年1月21日，共演出三十九场，场场爆满，观众达六万六千多人次。剧团所带剧目，除了《杨门女将》、《白蛇传》两出大戏外，折子戏有数十出。俞振飞和言慧珠也演出了《贩马记》、《凤还巢》、《宇宙锋》、《让徐州》等剧。引起九

言慧珠和俞振飞

言慧珠摄于赴港前

龙、香港地区极大轰动，各报的评论文章有二千二百余篇。不仅海内外的观众和华侨纷纷来观看演出，就连台湾方面也有人按捺不住复杂的心情悄悄渡海而至。据说最高潮的演出是1月15日晚。当晚香港电台现场直播，成千上万的香港人站立在街头，聆听着广播电台传出的妙音。这晚登台的是俞振飞和言慧珠的《凤还巢》。香港人当然值得为了这个良宵在寒风中伫立。

香港观众反映，这个剧团阵容是那么整齐，人才呢，不是那么三个五个，而是几十个成百个；行当呢，生旦净丑，各色俱备，文武京昆，各有可观。至于文武场面、后台人员，也无一不备，而且全是这几年培养出来的青年后生。看到他们在台上，个个生龙活虎，精神饱满，一台无二戏；从主演到龙套，人人进入角色，个个身上有戏，给香港观众留下了深刻的印象。老作家霜崖先生写道："我坐在台下，觉得在台上演戏的仿佛个个都是自己家里的子弟，多年不见，如今个个成长了……请记住，在你们演出的时候，台下一再爆发出春雷似的欢呼和拍掌声，是对于你们艺术成就的喝彩，是对于艺术新人的祝贺，是对于一个健全的文化政策和一个新的国家的拥护。同时，更是亲人对于子弟们的抚爱。"（见《俞振飞传》）

言慧珠则对《白蛇传》里的四个白娘子尤其赞美。她特地撰文发表在1961年12月23日的《新民晚报》上：

华文漪主演《游湖》、《查白》、《说许》、《酒变》中的白娘子。她是昆曲演员，初演京剧，这个二十岁的小姑娘，她所扮演过的李倩君、林黛玉等角色，都给人以较好的印象。记得一九五九年冬天，我们在北京我和梅兰芳及振飞，演出《游园惊梦》时，二十个花神由我校昆曲班女生扮演，梅师母特别喜欢华文漪，对我说，这小姑娘的扮相多像你老师年轻的时候。

……

王芝泉主演《盗草》中的白娘子，武戏坚实，出手敏捷，身上干净利落，在扮相上刚健妩媚，婀娜多姿。……她是昆剧接班人中第一代打出手的武旦。

……

王君惠主演的《水斗》的白娘子，她可以说是多面手。……她能做、能打，并初步掌握了武戏文唱的特点。

……

杨春霞主演《断桥》、《合钵》、《毁塔》的白娘子，这个年仅十八岁的小姑娘，是京剧班年龄最小，而学龄最长的一个，能兼演京昆……

确实，当年的香港之行，足以引起海内外观众惊艳的，是刚从戏校毕业的一班色艺双佳的女演员。这也是言慧珠最引以为自豪的。

但是，要说在香港最出风头的女演员是谁，恰恰不是那些初出茅庐的青春靓丽的女学员，反而是年过四旬的言慧珠。谈到这个女子，人们都感到纳闷：她在学校时穿着朴素，待人和气，颇注意为人师表。可到了香港，她的"明星意识"一下子就被唤醒了，我行我素的脾气依然如故。她的发型天天变换，都是香港最时髦的样式。见了李丽华等老朋友，羡慕她们在香港青春常驻，于是整天发牢骚，说自己的衣服太少，要香港最高级的裁缝来酒店为她量身定做各式旗袍。珍珠

昆剧《贩马记》，俞振飞饰赵宠，言慧珠饰李桂枝

237

项链、翡翠钻戒再度回到了她的身上、手上，举手投足始终想着如何夺人眼球。后来香港《长城画报》的封面登了她的大幅美人照，看上去依然光彩照人，她失重的心灵才有了些许平衡。但在戏码安排上，她提出自己与俞振飞要轮流唱大轴，排名不分先后。言慧珠永远改不了一个脾气：她要压倒一切人，而决不被任何人压倒。孟小冬去看了她的演出，她兴奋得逢人便说："当年的梅夫人来看我的戏。她说我嗓子、扮相不减当年，表演比过去更成熟。"

言慧珠从不考虑收敛与改变。她不知道在当时的大背景下，张狂的背后会面临的险峻。丢了一副睫毛，她也要"作"；赴宴应酬少了套时装，她就关着门发火。酱菜也是香港的好。一次，一位"台湾朋友"邀请她"出海游览"，她也欣然同意。这可急坏了孟波、刘厚生等负责人，据说连远在北京的周恩来总理也被惊动了，"慧珠要走，就真的让她去吧。"周恩来对于这位我行我素惯了的绝世女子，却也无可奈何。最终，团领导想了一条妙计，请香港方面的一位头面人物刻意安排筵席，请言慧珠赴宴。言慧珠不假思索地选择了这位老朋友的聚会而放弃了出海游览。其实，她根本不明白出海游览意味着什么。还有一次，言慧珠为宝贝儿子言清卿挑选玩具，偏偏挑中了地摊上的一架美国出产的玩具飞机……这些大大小小的事情，对于言慧珠而言再正常不过了，但放在当时的环境来看，却是令人咋舌的离经叛道。果不其然，在香港之行结束后，人还没有回到上海，言慧珠在半路上就受到了批评。如果说言慧珠是"绝世作女"，大概不算太冤枉她吧！

也许正如龚和德先生所说："言慧珠太超前了，超越了她生活的那个时代，所以为时代所不容。"（大意）

还有一片花絮，似与本书无关，但却不可不提。

1962 年 1 月 24 日，上海青年京剧团赴港演出载誉归返广州，挟在香港一炮打响的余威，在东乐戏院连续四晚为广州市民献演这次赴港演出的拿手剧目，并特意在广州军区礼堂

京剧《宇宙锋》，言慧珠饰赵艳蓉，苏盛义饰赵高，朱玲妹饰哑奴

专门为军政人员及知名人士演了专场。不想这件事的阴差阳错，深深刺痛了一位老人的心。他就是中国当代鼎鼎大名的国学大师陈寅恪。

事情的经过是这样的：

中共广东省委确实为陈寅恪安排了观赏的戏票。由于春节临近，各类信函未能很快送达，等到戏票送递陈寅恪手中时，演出日期已过。陈寅恪勃然大怒。刚好广东省一位副省长兴冲冲前来拜访，陈寅恪把一腔愤怒都倾泻在这位副省长身上："你这个副省长到底管事不管事？"陈寅恪晚年爱发脾气是毋庸讳言的。但陈寅恪在这件事情上大动肝火，则有一些令人感兴趣的花絮。陆键东著的《陈寅恪的最后20年》中，有这样的记载：

> 当年轰动一时的上海青年京剧团，基本上是由俞、言负责的上海戏曲学校培养的第一批毕业生组成。其中的佼佼者，十年后随着"革命样板戏"而红遍全国，如现代京剧《龙江颂》江水英的扮演者李炳淑，《杜鹃山》柯湘的扮演者杨春霞，《智取威虎山》小常宝的扮演者齐淑芳等，正是在这个剧团初露头角。至于团内华文漪、蔡正仁等人，日后被誉为昆曲新一代的

京剧《杨门女将·探谷》，李炳淑饰穆桂英，于永华饰杨七娘，李永德饰采药老人，齐淑芳饰杨文广

左起：华文漪、王芝泉、王君惠、杨春霞在京剧《白蛇传》中分饰白素贞

优秀演员。这些名角，都在那一年远征香港和广州。一个剧团荟聚如此多充满了勃勃生机的新秀，排演了如此多的传统剧目，这在六十年代初十分引人注目。

对俞、言，陆键东则用了生动和诙谐的语言加以描述，足以引动人们的遐思：

在该团，群星拱月般簇拥出的两颗最耀眼的明星，当推俞振飞与言慧珠。俞、言的魅力不仅来自两人非凡的艺术才华，还来自两人很传奇的人生姻缘。昆曲大师俞振飞和言慧珠不久前刚结合，故剧团赴港演出时，香港传媒是以"年龄加在一起刚好一百岁的新婚夫妇"为题给予报道。所以，这两位艺术大家在舞台上合演《凤还巢》，具有超出了舞台艺术外的人生韵致。艺术名家的结合，其意义并非一般的两个个体生命的结合。

被公认为梅派（兰芳）艺术优秀传人的言慧珠，与昆曲艺术杰出的代表者俞振飞，在舞台上这种天衣无缝的合作，堪称一种绝唱。

陈寅恪本应可以现场感受俞振飞与言慧珠的万种风情。尽管他晚年双目失明，他却能用艺术的耳朵感应国粹的妙谛；因为他对祖国的传统艺术有一种无比深厚的眷恋和特殊的感应。尤其是当生命进入晚年时，对传统文化的怀恋和再认识，已成为他生命中不可或缺的重要部分。但这一切都轻轻地滑过去了。对于一个即使很狂热的票友来说，一生中也许亦不会有太多这样的机会聆听这

京剧《凤还巢》，言慧珠饰程雪娥，俞振飞饰穆居易

种"绝唱"。陈寅恪在晚年只有这么一次机会，却失去了。他留下了终生的遗憾。

1962年春节，俞振飞与他的新婚夫人言慧珠是在广州度过的。不知道这两位艺术大师是否听说广州有这么一位老人，有这么一件事：因为他们的到来曾经牵动了这位老人的喜怒哀乐。

演出结束，俞振飞、言慧珠和全体演员谢幕

俞振飞（左八）、言慧珠（左九）、杨春霞（右四）、王芝泉（右五）、张洵澎（右七）等在香港合影

六、百年"不"合

翻开二十五史，一切帝王将相、贵族士人的婚姻，几乎都是政治和经济的交换。即使在历史进入21世纪的今天，人们谈婚论嫁，恐怕也避免不了车子、房子、票子等物质条件。如何评价俞、言的婚姻，却叫人很难选择合适的语言；我突然想起中国的一句俗话：清官难断家务事。

笔者查阅了有关资料，发现许多作者对俞、言的婚恋，不是轻描淡写，就是语焉不详。究其缘由，无非两条。一、占有材料有限；二、为尊者讳。唯有《解放日报》的许寅，对俞、言之间的来龙去脉知根知底，叙述最为详细。因为，自1955年俞振飞从香港归返，俞老夫妇和许寅的关系非同一般。如果序齿的话，许寅比俞振飞年轻二十左右。但俞门弟子见了他都以"许叔叔"尊称。据笔者所知，俞振飞有不少文字是出自许寅之手。对俞、言的评价，许寅的文章和言语有一定的权威性。我们不妨从他《俞振飞的三次婚恋》一文中，寻觅俞、言当时的心迹。

1959年年底，俞言陪同梅兰芳大师拍《游园惊梦》，住北京前门饭店。我因母亲在京重病，专程前去照料。岂料我第一次到前门饭店，振飞就要

俞振飞和言慧珠

我与他同住。他的学生丁葆苔更没等我回答，就请服务员加了一张床，还偷偷地和我咬了一句耳朵："许叔叔你来得正好！先生实在吃不消了。"

住了几天，记者才懂得个中缘由：两位校长男的天天睡不醒，女的天天睡不着。睡不着就要找隔壁邻居聊天，一聊就没完了——分明内中有"蹊跷"！有了记者这个做了十多年长夜班的人在一起，俞老就从这"苦差使"中解放出来了。

回到上海，俞老却是忧心忡忡，有些事情欲言又止，好像有点尴尬。

一天，俞老向记者谈起此事，记者一本正经反对："你们只能在台上拜堂，不能在台下成亲！否则后患无穷！"一个星期天下午，言慧珠突然打来电话，说是有要事相商。匆匆赶到华园，一进门就见她脸色不对。屁股还未坐定便短兵相接——

"我同俞老的事你知道不知道？"

"略知一二！"

"你为什么反对？"

"你们两个睡不到一张床。如果假戏真做，决没有好下场！"

"为什么没有好下场？"

"简单得很：你要他，无非要他替你当配角、抬轿子，双方什么爱情也没有！强扭的瓜，甜不了！"当时有一股"小气候"——有些京剧演员又想重新组班唱戏。言慧珠寂寞已久，也想重组言家班。自挑大梁，让俞老"挎刀"，自可重振当年"狼主"雄风，打遍天下无敌手。

"你心里光知道俞振飞，根本没有我姓言的！"

"我心里首先想到昆曲。对于昆曲，他比你重要得多！"

……

许寅快人快语，观点鲜明。后来一些作者写到俞、言的婚姻，几乎都未超出许寅的范围。

譬如，秦鲁沂在《一代名伶言慧珠》中写道：

慧珠到了戏曲学校，对俞就产生了这个念头。她的性格是两面的，一是想借重俞振飞的艺术身价，使自己立于不败之地；另一是想得到一个博学多才、誉满中外的人为晚年伴侣。功利和爱情交织在一起，本来就是慧珠特别的性格。

又如，章诒和在《可萌绿，亦可枯黄》中的《如意，也不如意》的章节里，也有类似的评议：

在这桩如意又不如意的婚姻里，言慧珠是主动的。她一到戏校，就渐渐有了这个念头。一方面，她想得到一个博学多才的男人为晚年伴侣；一方面，她是借重俞振飞的艺术地位，提升自己的艺术身价。这是爱情与功利的双重考虑与相互作用的结果，它直接来自言慧珠独特又复杂的性格。她对俞振飞百依百顺，俞振飞觉得她娇艳可爱。

从以上三位作者的文字来看，有一点是共同的，俞、言的结合，蕴含着许多复杂因素。至于说到言慧珠"对俞振飞百依百顺"，那要看是在什么时间、什么地点、什么条件下，具体地说，要看言慧珠是在"围城"外，还是"围城"内：在"围城"外，她柔情似水；在"围城"内，她霸气十足。要说"俞振飞觉得她娇艳可爱"，也是事实。但俞振飞在丧偶之后，是否把择偶的目光投向娇艳可爱的言慧珠，却有探究的必要。

据俞振飞的大弟子薛正康告知，俞振飞在前夫人黄蔓耘死后的第二年，有

俞振飞和言慧珠

过续弦的念头。在这段日子里，俞振飞和一位正在美国攻读电影导演学的夏小姐鱼雁频通。这位夏小姐虽然工的是新文艺，但她非常热爱祖国的传统文化，尤其迷恋俞振飞的昆剧表演艺术。惜乎俞和她年岁悬殊不当，未被对方的父母接纳，这段忘年恋终未成功。

俞和夏的交往，言慧珠的心里一清二楚。为此她还要了一些可以理解的小伎俩。比如，偷偷私拆夏从美国寄给俞的书信，把信藏起来，甚至写信谴责夏小姐破坏她和俞振飞的感情，等等。由此可见，言对俞的主动进攻是不择手段的。而俞对这位"狼主"却是敢爱不敢碰。否则，言慧珠随许寅追到南昌，俞振飞何必躲进洗手间呢！

写到这里，笔者感到有必要提醒读者，万勿疏忽许寅文章中的遣字造句。他写到"俞老却是忧心忡忡，有些事情欲言又止，好像有点尴尬"。又写到"如果假戏真做，决没有好下场"。联系笔者的调查采访，俞、言婚恋的真相终于显山露水。

第一，在1958年的访欧归途上，由于言的大胆进攻，俞、言已经缔结了一段罗曼蒂克的爱情。爱情的攻势是言慧珠发动的，这是早已曝光的事实。这恐怕就是俞振飞"忧心忡忡"、"欲言又止"的原因。1959年，《墙头马上》的成功，是俞、言艺术上合作最愉快的一年。但到了1961年，俞振飞却打消了和言慧珠结婚的念头。因为俞振飞自己也明白，"如果假戏真做，决没有好下场"。谓予不信，许寅的文章做了如下记载。

1961年初的一天深夜，许寅正在夜班编报，俞振飞来电话请许寅第二天去吃他与言慧珠的订婚酒。而两天之前，这位老先生还恨恨不绝："这个人太岂有此理！"原来，俞振飞知道言慧珠有失眠痼疾，买了一种新药"五味子糖浆"送去。不料隔天再去言家，却见言床头另有一瓶五味子糖浆，俞送的一瓶，原封未动。俞怪而问之："为啥这瓶勿吃，另买一瓶？"回答出人意料："我晓得你里面装的是什么东西？"俞振飞一气几乎喷血，赌咒发誓从此不到华园。此刻却通知许寅去参加订婚仪式。许寅瞠目结舌，一个"啊"字刚出口，忙改口"恭喜，恭喜！"这实在是"在错误的时间、错误的地方"找错了对象的一次错误的婚姻（许寅语）。

俞振飞为何不愿结婚，原因恐怕未必仅此一件。当时在俞耳边劝他不要和言结合的人，也不止许寅一人，都说这位"狼主"你惹不起。包括上海戏校党支部书记、副校长周玑璋，对俞、言结合也是持保留意见的。（在"文革"中，周对俞说，你最大的错误，就是不该和言慧珠结婚。）

第二，俞振飞不愿结婚，言慧珠一封信写到中共上海市委。信的内容无法查证。笔者在"文革"中听老校长周玑璋说起，信的内容不堪入目。最后是市委书记石西民调停，请俞、言吃了一顿饭，劝他们不要把影响闹得太大。于是，才有了这场百年"不"合。

第三，孰料结婚当晚，言慧珠竟大哭一场，哭得个昏天黑地，哭得俞振飞一头雾水。

言慧珠为何大哭？笔者绞尽脑汁，冥思苦索，也走不进这个女人的心里。若说言慧珠没有爱过俞振飞，恐怕也不符事实。2009年春节，笔者给越剧演员王文娟拜年，她还告诉笔者，言慧珠曾对她说过："俞振飞一双眼睛真漂亮！"很有点"情人眼里出西施"的味道。若说老夫少妻结合，担心日后生活不合；但却是言慧珠自己一纸"御状"求来的这场勉强的婚姻。若说言慧珠爱俞振飞爱得太深，而俞振飞的不愿结合刺伤了她的自尊心；可言慧珠在婚后并未珍惜这段来之不易的婚姻，恰恰相反，就在他们结合的第二年，言慧珠为治神经衰弱去青岛求医，遇上了四川峨眉电影制片厂的电影明星冯某，二人一见钟情，热恋起来，回到上海后还鱼雁频通，直至"文革"二人相继自尽。

另据许寅《俞振飞的三次婚恋》提到：1965年记者从南汇搞"四清"回来，一次偶然碰到俞老，问他近况如何，他告诉我一个并不意外的消息，"我和她决定离婚了！"同时又告诉记者一个故事："今年过年前头，她从奉贤回来（也在搞"四清"），踏进房门，就大吵大闹，说我开了她的橱门，吵得我莫名其妙。原来她下乡前在钥匙孔上贴了一张小纸头，年前又叫泥水匠来粉刷房子，七揩八揩，把小纸头揩掉了，就硬说我开了她橱门……"也从这个风波开始，他们夫妇开始分居两室，各不越门槛一步。如没有"文革"，这对夫妇早就"劳燕分飞"了。

从轰轰烈烈的追逐，到哭哭闹闹的结合；从同床异梦的生活，到"'文革'结束就离婚"的君子协定。这就是俞、言婚恋的全过程。虽然本书在叙述这个过程时的线条很粗很粗，少了许多细微末节；终因笔者也是"为尊者讳"中的一个，还是学习曹雪芹把"真事隐"去为好。但有一条是确凿无疑的，正如古希腊哲人赫拉克利特所说："一个人的性格就是他的命运。"言慧珠和俞振飞的不同性格决定了他们是不可能走到一起的。

第七篇　山雨欲来
风满楼

一、梦断"言家班"

历史就像一座迷宫，人们常常要受它的捉弄：明明你想走进这个房间，它偏偏把你引到另一个房间。

1962年，言慧珠又迷路了。

事情恐怕还得从1956年说起。这一年，在社会主义改造的高潮中，言慧珠下决心割掉身上的"资本主义尾巴"，进了国家剧团。翌年接任上海市戏曲学校副校长。言慧珠也曾企盼在桃李芬芳的校园里重塑自己的人生。但没想到继1957年的"反右运动"之后，从1959年开始的三年"天灾人祸"，给祖国人民带来了灾难性的巨创。更没想到，1961年1月14日至18日在北京举行的中国共产党八届九中全会上，党中央正式批准对国民经济实行"调整、巩固、充实、提高"八字方针；在刘少奇、周恩来、邓小平、陈云、薄一波等党中央领导的努力下，枯萎龟裂的大地又泛起了绿色的波浪。当时对农村经济"调整"的内容之一，就是允许农民"三自一包"。而八字方针对戏剧界的影响，就是允许演员重新组班。

言慧珠的组班梦又复苏了。只要有自己的舞台，自己的戏班，自己的剧目，言慧珠就会活得很滋润，活出真性情。它不仅仅关系到金钱和名声之类的功利取向。虽然她的一生为了

京剧《穆桂英挂帅》，言慧珠饰穆桂英

金钱、名声也曾机关算尽。但此时（四十三岁）的言慧珠更看重自己的艺术个性和内在的精神价值。她曾对华香琳说："我的戏剧史总是要完成的。"

1962年，她和俞振飞等从北京演出回沪，就草拟了一份《组织演出小组计划草案》。

> 这次中央文化部艺术局邀约我们来京作短期演出，主要目的，要以少数人组织成演出小队，而能公演较高水平的传统剧目。凡有京剧团的地区，随时可以参加演出。每年巡回演出场次，不少于六十场，不多于九十场。尽量利用暑、寒两个假期，春秋两季也可。在上海本地演出，工资应当由演出收入支付。不论任何地区邀约，应负管接送、吃住、付工资的责任。
>
> ……

"草案"中还提到，主要演员有四人：俞振飞、言慧珠、言少朋、张少楼。共分五大流派，即：言慧珠的梅派，剧目有《贵妃醉酒》、《宇宙锋》、《生死恨》等；言少朋的言派和马派，剧目有《让徐州》、《卧龙吊孝》、《群英会》、《借东风》等；张少楼的余派兼言派，剧目有《四郎探母》、《文昭关》等；俞振飞的昆曲，剧目有《太白醉写》、《迎像哭像》等。

另外，二路老生有号称"戏篓子"的李宝魁。琴师是过去和言慧珠长期合作的黄天麟。笛师是朱传茗。

言慧珠在艺术上确实有独到的眼力。从这份"草案"来看，这样硬的阵容，在南边，敢与上海京剧院争锋；到北边，堪与中国京剧院和北京京剧院媲美。正如许寅所说："打遍天下无敌手。"

从发展的眼光来看，这样的演出机制不仅是搞活演出市场的有效途径，而且也是对打破"大锅饭"的初步尝试。

但是，言慧珠永远是个不安分的人。她不满足于她的组班计划仅仅规范于"草案"的范围，她的勃勃雄心是要重振"言家班"的雄风。而促使她产生这个念头的外因，则是1961年8月8日梅兰芳大师的溘然与世长辞。

梅兰芳逝世当天，言慧珠正在赴青岛疗养的旅途上。惊闻噩耗，她立即转道北京奔丧，并给《新民晚报》打去长途电话，口述《痛悼梅师》一文，于1961年8月9日见报。

> 梅师逝世，噩耗传来，不禁伏枕大恸——我，再次尝到了失去父亲的悲哀。

二十年前，正当我刚刚踏上舞台，在各方面还非常幼稚的时候，是梅师，是他老人家亲自把着我的手，像对待自己亲生的女儿一样，耐心地引导我一步一步向前走，终于把我引进了艺术的大门。

也是在二十年前，正当我刚刚闯进社会，在十字路口徘徊瞻顾的时候，也是梅师，也是他老人家，恳切而又坚决地亲自拉着我的手，正像拉着他自己亲生的女儿一样，一步一步地把我领上了光明大道。

没有梅师，我不会有今天。二十年前师生，情胜父母，一旦永诀，追念旧恩，岂能自己。

然而，我决心不为悲痛所压倒。

在这个终生难忘的时刻，我愿意向您，亲爱的梅师保证：我将永远不辜负您的期望和教导，永远以您作为自己的榜样，永远跟着共产党走，不断地学习您虚怀若谷、一丝不苟、精益求精的精神，学习您忠于国家、忠于人民、忠于艺术的品德，为继承和发扬您的优秀的表演艺术尽自己最大的努力。

永别了，亲爱的梅师。最后，我愿再一次向您保证：我将永远记住，我是中国人民的优秀艺术家、共产党员梅兰芳的学生。

如果笔者判断没有失误的话，就从这一刻起，言慧珠决定舍昆归京了。根据有二。第一，从1961年到1962年，笔者曾观摩了言慧珠的《西施》、《生死恨》、《花木兰》、《凤还巢》、《玉堂春》、《英台抗婚》、《坐宫》、《穆天王》等大量京剧，几乎很少见她和俞振飞再演昆剧（电影《墙头马上》除外）；第二，从上面"草案"所列的戏单来看，俞振飞的剧目《太白醉写》、《迎像哭像》，都属于小生单挑的戏。俞、言过去常演的《游园惊梦》、《惊变·埋玉》、《断桥》、《琴挑》等生旦戏，都没有列入"草案"。言慧珠认为现在时机成熟了。梅先生魂归道山，眼前能掌梅派大纛的，舍我其谁？

1962年，为纪念梅兰芳逝世一周年，言慧珠和俞振飞到北京连演十天京剧、十

京剧《西施》，言慧珠饰西施

天昆曲。她还为中央人民广播电台撰稿《梅派唱腔欣赏》和《梅兰芳〈穆桂英挂帅〉之唱腔分析》。1984年，文化部举办高规格的纪念梅兰芳诞辰九十周年学术研讨会，会上，播放了她关于《穆桂英挂帅》（梅兰芳晚年排演的最后一出戏）的录音讲话，播放完毕，全场沉寂。言慧珠讲话内容之深刻精辟，语言表达之准确流畅，令在场所有从事戏曲理论研究的人感到羞愧。她不愧为梅门第一高徒！（见章诒和《伶人往事》）

言慧珠决定大张旗鼓地组团了。据薛正康先生告诉笔者，言慧珠和俞振飞曾请他到文化俱乐部用餐，共商组团方案。俞振飞私下还叫薛正康准备《宇宙锋》里秦二世的角色。因为，俞振飞演秦二世，金殿的〔引子〕不是一般的"凤阁龙楼，万古千秋"，而是"先帝创基业，灭六国，筑起长城"。过去的角儿，不论大小角色，都有自己的私房玩意儿。

京剧《西施》，言慧珠饰西施，俞振飞饰范蠡

至于俞振飞为何自己不应这个角色，原因很复杂。是否因为全部《宇宙锋》里有两个小生，俞振飞有可能饰匡扶一角呢？是否因为言慧珠舍昆归京，把俞振飞降到为她抬轿子的地位，因而引起俞振飞的不快呢？个中原因，笔者不敢妄加猜测。但有一个现象我是亲眼所见。1961年，言慧珠在大众剧场演《西施》，是朱文虎（老生演员）的范蠡，后来俞振飞是"赶着鸭子上架的"。1962年，言慧珠在中国大戏院演《生死恨》，是陆柏平的程鹏举，但大量的《生死恨》剧照，是俞振飞的程鹏举。以"三小"（小生、小旦、小丑）为

京剧《生死恨》，言慧珠饰韩玉娘，俞振飞饰程鹏举

主体结构的昆剧表演艺术，小生的地位举足轻重；而京剧近二百年的发展史，基本奠定了以老生、青衣挑大梁的架构，小生的定位和作用是各不相同的。只要一演京剧，昆剧泰斗就落到了傍角儿的地位。

许寅的话说中了："简单得很：你要他，无非要他替你当配角、抬轿子……"

俞、言之间曾经有过两根红线：一根是昆剧，这根线被言慧珠掐断了；一根是爱情，在俞、言婚前就已经岌岌乎始矣，婚后这根线也断了。

梦是美的。言慧珠的组班梦虽美却未成真。首先它遭到上海戏校党支部

京剧《玉堂春》，言慧珠饰苏三，俞振飞饰王金龙

书记、副校长周玑璋的反对。其背后，主要是市文教书记石西民和市文化局长李太成都表示不支持。理由很简单：你言慧珠要唱戏，我们大力支持。但你要把人马拉出戏校组团，不允许！"言家班"胎死腹中。

如今看来，石西民、李太成和周玑璋在无意之中帮了言慧珠一个大忙。变化往往在瞬息间发生。中共八届九中全会提出的八字方针，刚使中国的

经济有所好转，1962年9月24日的中共八届十中全会却提出了"千万不要忘记阶级斗争"的口号。如果言慧珠在这个大环境下把人马拉出戏校组建"言家班"，这条路绝对是走不通的。而在接下来发生的"文革"中，她将增加一条大"罪状"。

二、越割越长的"资产阶级尾巴"

人生最大的悲剧莫过于厄运来临时看到了海市蜃楼。言慧珠看到了。虽然这不过是在大自然特殊条件下产生的一种幻影，但言慧珠宁愿相信这是真的。因为她还企盼拥有生命中应有的灿烂。

从1959年开始的天灾人祸，到1966年的"文革"前夜，这是个瞬息万变的年代。我们今天在对这段历史做理性回眸的时候，怎不深感中国知识分子在那

段岁月里的步履维艰,同时,也不得不为他们的"殉道"精神扼腕不已。

言慧珠没有看到危机。1963年,她又要登上银幕了。这是她艺术生命中的最后一个高峰。

这一年8月,由周玑璋校长亲自率领,上海戏校《墙头马上》剧组开赴长春。该剧原本打算在北京拍摄,由于北影没有大摄影棚,故决定由长春电影制片厂承拍。

第一阶段,主要解决从舞台演出本到电影本的转换。由于戏曲和电影是两门不同的艺术,在转换过程一定会产生一些矛盾,甚至有激烈的争论,这是常情。言慧珠有拍电影的经验,对剧本的再创造提了许多建设性的意见。加上

电影《墙头马上》,俞振飞饰裴少俊,言慧珠饰李倩君,华传浩饰裴福,梁谷音饰梅香

电影《墙头马上》,俞振飞饰裴少俊,言慧珠饰李倩君,王传淞饰裴行俭

周玑璋校长的亲自协调,在一个月内顺利完成了电影本的移植。最后,文化部长夏衍坐了飞机到长春一锤定音,并指示该片要用德国进口胶卷,拍出一流水平。

从10月到翌年1月,是长春最寒冷的季节,零下40度,《墙头马上》开机了。言慧珠对艺术精益求精的态度,以及思路之敏捷,创意之新颖,博得了电影专家和圈内同仁的一致肯定。光说化装,她每次都比其他演员早到两三小时,再一次希冀把美推向推致。言慧珠的镜头感极强。我们可以这样说,电影中的李倩君,甚至比她在舞台上更成功。有谁相信,这样艳光四射的相国千金,已经是四十四岁的中年妇女。

电影《墙头马上》，言慧珠饰李倩君，王传淞饰裴行俭，华传浩饰裴福，梁谷音饰梅香

拍电影是一件很累人的差使。但言慧珠再累也不忘练功。她和俞振飞住在长影安排的"交际处"。那里没有练功场所。言慧珠专挑夜深人静的时候，在微弱的灯光下练功，在雪地里跑圆场。

1月，影片圆满成功。征求长影党委意见，回答是：非常满意。厂方特地为《墙头马上》演职人员开了一个欢送会，宣读了夏衍的贺电。

但在拍电影期间，言慧珠"以我为中心"的表现欲有增无减，摄影机的镜头必须围着她转，稍不如意就歇斯底里。所以，我们今天看到的电影《墙头马上》，言慧珠的正面镜头远远多于俞振飞。

电影拍完，打道回沪。路过北京，田汉和夏衍看了样片，也给予高度评价。这是继《十五贯》、《游园惊梦》之后，昆剧史上又一部扛鼎之作。

然而，历史为我们留下了遗憾。莫非正应了昆剧《弹词》中的两句唱词："不提防余年值乱离，逼拶得歧路遭穷败。"1963年，就在六十一岁的俞振飞和四十四岁的言慧珠在长春拍摄电影《墙头马上》的时候，经济刚刚复苏的中国

电影《墙头马上》，俞振飞饰裴少俊，言慧珠饰李倩君

大地，已经开始显露了山雨欲来风满楼的预兆。电影问世，即遭封杀。仅隔三年，一场暴风骤雨覆盖全国大地。在这场浩劫中，无数艺术家被迫害致死。言慧珠也未能幸免，一代红伶，香销玉殒。那些闪闪发光的头面和色彩缤纷的戏装行头，也被文化广场的一场祝融之灾化为灰烬。好似苍天有眼，故意把它焚化给了一生爱美的言慧珠！

1964年在北京举行了全国京剧现代戏观摩演出，言慧珠开始坐冷板凳了。言慧珠不是政治家。但这个道理她懂：要演革命现代戏必须要求进步，必须深入生活，必须自觉改造自己的大小姐作风和明星意识。

至此，我们可以带点总结性的目光，审视言慧珠生命中的最后一段路程。

自1959年起，寥廓的中国大地进入了天灾人祸的历史时期，当时冠名为"三年自然灾害"。一天，言慧珠打开装猪爪的罐头，见里面没有一点油水，气得掷在地上，说："这种东西我从小到现在没有吃过。"

大小姐说的是实话。当时全国人民都在勒紧裤带度过这段创伤性的灾难。

可是，到了1961年，言慧珠听说毛泽东主席带头减工资，吃饭不吃肉；她就在学校召开的一次干部、教师会议上，第一个站起来，要求减掉二百元工资，并表示了要求入党的心愿。她私底下也曾对人说："像我们这些人，光吃存款的利息，也可过日子了。国家有困难，我们应该急国家所急。"在她的感召下，许多教师都积极响应，有的减一百元，有的减五六十，体现了中国知识分子的忧患意识。

按理历史应该为言慧珠的进步记上一笔。不料"文革"中，言慧珠主动要求减薪的行为，以及要求加入中国共产党的心愿，被大批判者拎到"向党讨价还价，企图混入党内"的"纲"上。

文字可以杀人，信哉斯言！

1964年9月，言慧珠从北京观摩回来，决心响应中共中央和上海市委的号召，报名参加"社会主义'四清'工作队"，放弃华园优裕的生活，奔赴农村。

提到"四清"这个词汇，现在的青年人（包括中年人），会感到很陌生。所谓"四清"，即社会主义教育运动。是指1963年到1966年的社会主义教育运动。运动的内容，一开始在农村中是"清工分、清账目、清仓库和清财物"，后期在城乡中表现为"清思想、清政治、清组织和清经济"。 运动期间中央领导亲自挂帅，数百万干部下乡下厂，开展革命；广大工人和农民参与其中，积极响应。

1966年1月，中共中央制定了《农村社会主义教育运动中目前提出的一些问题》，共二十三条。这个文件虽然对前一阶段"四清"运动中某些"左"的偏向作了纠正，但第一次提出了这次社会主义教育运动的重点是整所谓"党内走资本主义道路的当权派"。实际上，"二十三条"后的"四清"，已

言慧珠在农村劳动

经是"文革"的连体婴儿。中国已经卷入以"左"纠"左"的怪圈。

关于中共中央内部的斗争，言慧珠哪里知晓，哪里明白。她只希望自己不被时代抛弃，能够重登舞台。她穿上了最朴素的衣服，脚下是一双解放牌跑鞋，来到奉贤肖塘镇第三生产队，和农民共同生活了近八个月。由于她是国家二级演员（并非现在的二级），上级有精神，在吃、住上由生产队单独安排，但她照样下地干农活。她尤其注意农村各种妇女的一举一动，要为自己的艺术创造寻找素材。笔者曾见到过一张言慧珠和一农村妇女的合影，二人一样的装束，一样的朴实，亲密无间地并肩相携。可以说，这也许是言慧珠有生以来的第一张洗尽铅华、企求脱胎换骨地改变自己的照片。它给后人探索言慧珠的心路轨迹提供了一个重要的佐证。

一次，同在奉贤"四清"的上海京剧院的王家熙走在田埂上，只见前面一个农村妇女，衣着朴素，有点像生产队长的模样。由于田埂狭窄，只能一先一后。凑巧二人不约而同地进了小卖部。王家熙只听见一个熟悉的略带点舞台腔的声音，等他扭头一看，发现身旁的农村妇女竟是京剧界的绝代佳人言慧珠，惊得目瞪口呆，微启的嘴唇半晌没有合拢："是，是……言校长啊！"

至此，我们是否可以作这样的评议，1965年的言慧珠，她是希望把自己融入工农兵的。

一个星期六，"四清"工作队人员回沪休假。言慧珠获悉第四生产队的青年教师方家骧因阑尾炎住进了闵行区中心医院。车至闵行，言慧珠执意要下车到医院去探望方家骧。她希望改变自己过去的高高在上的形象。

从带头减薪，到下农村八个月，至少说明中国共产党的改造知识分子的政策，在言慧珠身上是取得了显著成效的。笔者经常在想，那年月我们天天在喊"割资本主义尾巴"，难道割了十几年，还没有把"小资产阶级知识分子的尾巴"割掉，反而越割越长，越割越粗，到了"文革"中，"小资产阶级知识分子的"小尾巴，反而变成"资产阶级反动学术权威"的大尾巴了呢？

我们游戏了历史；历史嘲弄了我们。

三、山穷水尽

这是一个"乱云飞渡"的年代。

绝
代
风

华

言慧珠在练功

在瞬息万变的政治风浪中，处在漩涡中心的文艺界，必将首当其冲地成为跳梁小丑们注视的焦点。

1963年底，"文艺旗手"江青说："现在的舞台和电影都是资本主义的破烂货，要扫地出门！"她坐镇上海，亲手策划一系列阴谋活动。在一次座谈会上，"旗手"向一批京昆演员发起了攻击：

"演传统戏演惯了，满脑子帝王将相，演现代戏总不像，工人阶级哪有这么多水袖和台步呀！"

就在这个大环境下，中共上海市委某领导提出了"大写十三年，大演十三年"。上海和全国一样掀起了现代戏的热潮。

言慧珠是个不甘寂寞的人。她不能没有舞台。她也想轧闹猛，去凑这份热闹。她根本没有想到，野心家已经公开了宣战的檄文，他们要将一切对手、包括言慧珠这类"三名三高"统统置于死地而后快。

1964年六七月间，全国京剧现代戏观摩演出在北京举行。上海参加的剧目有大戏《智取威虎山》；小戏有李玉茹的《审椅子》，童芷苓的《送肥记》等。言慧珠的兄、嫂言少朋和张少楼也演了《柜台》。惟独言慧珠没有戏，她以观摩者的身份，参加大会。一次，观摩唐山京剧团演出的《节振国》，剧中的日本宪兵队长有句唱词："节振国节振国专打游击。"台下的言慧珠出口成章接了下句："观摩团观摩团专观专摩。"言外之意，我言慧珠只有看戏的资格，没有演戏的权利了。

祸从口出。言慧珠又忘记了这句流传在人们口头已经千百年的名言。

她还在日记里写道：

> 高玉倩问我：言姐姐什么时候再来北京？我呀，没有新戏再也不进北京城了。

"旗手"手长，把上海的《智取威虎山》、《芦荡火种》、《自有后来人》（改名

258

《红灯记》)统统捞进了自己的口袋,一转眼变成了她的"样板"。以花旦应工的高玉倩,在《红灯记》里塑造了李奶奶的艺术形象。童芷苓大、小嗓俱佳,也"翻版"演了《红灯记》的李奶奶。于是,有人劝言慧珠也改了老旦吧!气得言慧珠在日记里又写下这样一段话:

> 怎么样,还不老吧?有人劝我改老旦?哼!为时尚早!
> ……
>
> 人们啊,多么想看到我晚年的失意而幸灾乐祸。我要挣扎,顽强的挣扎,但不是横冲直撞,而是有节奏的海浪。

复杂的人生,复杂的灵魂。读着这样的文字,使人想起曹禺笔下的陈白露。

言慧珠毕竟不是陈白露。她要演戏,她要舞台。已有两三年没演戏了,只要看见舞台,她的心就痒痒的。她特地到淮海路上的一家照相馆,拍了一张现代戏剧照:上身穿的是蓝底碎花大襟袄,腰里系着短围裙,一条洁白的毛巾挂在脖子上,双手攒着毛巾的两端,那眼神,那笑容,依然是活脱脱的好莱坞明星相。照片陈列在橱窗上端最醒目的位置,恰好和驻足观看的行人面对面。那神态分明在问:怎么样,我言慧珠还不老吧?

言慧珠下决心搞自己的戏。她想起在奉贤搞"四清"期间,接触了不少女生产队长和农村姑娘,从她们身上看到许多动人的事迹,何不请学校编研室的创作人员度身制作呢?她和编导一起创作了《金鸡报晓》、《火大嫂》等小戏。但终因当时大家对京剧如何表现现代题材还缺乏经验,这些剧目都没有成功。

1965年,言慧珠听说纪玉良从东北演出回来,带了一盘描写朝鲜女英雄的《松骨峰》录音带,心里便估算着:"现代戏也没什么了不起。自己过去演过朝鲜姑娘春香,不是很受欢迎吗?"于是,她向纪玉良要来了录音带。

一天,她把《柜台》的导演薛正康请到家里,先说了一番客套话:"我听少朋和少楼说,你的《柜台》导得不错。你老师(俞振飞)也说你有这方面的才华。我现在有两出戏,一出是《黛诺》,一出是《松骨峰》。你看先搞哪一出?"说罢,她先唱了一段《黛诺》里的[南梆子]"山风吹来一阵阵",接着又唱了一段《松骨峰》里的[反二黄]"金达莱开在烽火中",要薛正康拿主意。

薛正康说:"《黛诺》是一出描写云南景颇族生活的大戏,没见过,搞这出戏,恐怕要到云南走一次。《松骨峰》虽然也没见过,但是一出小戏,人物也不

京剧《松骨峰》，言慧珠饰阿妈妮

多，主角就您一个，咱们齐心协力捏一捏，戏就出来了。再说，您演过《春香传》，朝鲜妇女的装束有利您发挥特长。"

言慧珠听了，大喜过望："咱们想到一块儿了，就是它了。"却又再三关照薛正康："戏就在华园排，对外不露风声，成熟了再拿出去。"

四十六岁的言慧珠，还企盼在人生历程上再溅起几朵晶莹的浪花。

《松骨峰》的剧情并不复杂。主要情节是：中国人民志愿军和朝鲜人民军对侵略者的总反攻即将开始，就在这关键时刻，电话线断了，接线员负伤晕倒了。一位朝鲜妇女用双手抓住电线两端，让电流从身上通过，迎来了总反攻的炮声。

一切都在悄悄地进行。

言慧珠约薛正康每隔一天去一次华园。薛正康白天要给学生上课，排练都是在晚饭后进行的。有时候在饭桌上就开始工作。言慧珠对演现代戏非常认真，也有点心怵。一般传统戏功底尤其深厚的演员，碰到演现代戏，都会发生类似问题。

一次，言慧珠问薛正康："现代戏有些什么特征？"这可把薛正康问住了。当时大家对京剧如何演现代戏还处在摸索阶段，这样大的一个题目，可以写一篇论文了。薛正康稍加思索，说道：

"依我看，主要注意两点。第一要有激情。传统戏表演讲求含蓄美，人物的心理外化的幅度也比较小。如果用这种表演方法塑造现代角色，就不够了。第二是加强写实成分。京剧传统戏主要是写意的。但表现现代人物，如果不注意现实主义的表现方式，人物就会显得不真实。譬如，朝鲜妇女跑圆场，走累了您就得喘气。这和传统戏是不同的。"

言慧珠若有所悟，高兴地说："你这两点总结得很好。我还要再读几遍剧本,把人物吃透,然后咱们一起设计身段动作。"

俞振飞在一旁插话了:"演现代戏是不是什么都要设计好? 演员到了台上还允许即兴表演吗?"

俞振飞举了两个例子。一个是他和梅兰芳演《断桥》。一次,俞振飞扮演的许仙,跪的地位靠白娘子太近了,梅兰芳用手指一戳,俞振飞不觉往后一仰,梅兰芳忙用手去扶,继而一想,你这样负心之人,我搀你何来,又把许仙推开。这一指、一戳、一扶、一推,引得台下阵阵掌声。一个是俞振飞在梅剧团演过一回《贵妃醉酒》的裴力士。由于梅兰芳年事已高,下腰的动作不过略仰脑袋点到为止。俞振飞扮演的裴力士担心梅兰芳会有什么闪失,一会儿托着盘子颤抖双手去接杯子,一会儿放下盘子去扶娘娘,一副担惊受怕、手忙脚乱的模样,竟也引得台下一阵掌声。此刻俞振飞重提往事,说明他对古老的京昆艺术如何表现现代人物,也在做深沉的思索。如果不是因为"文革",俞振飞还打算塑造一个昆剧王若飞呢! 据说《王若飞在狱中》的剧本已经定稿。

从严谨中争得自由,从规范中求得变化,永远是一对相辅相成的矛盾。

第一次务虚就这样结束了。

接下来进入二度创作,行话叫"搭架子"。言慧珠对于她所扮演的朝鲜妇女,已经有了基本框架。譬如,舞台分割为几个表演区;角色如何撩着裙子走路;表现人物滑倒时,借鉴了传统戏《御碑亭》中孟月华的身段。薛正康也帮助她设计特定情境中的特定身段。提示她在表现人物走夜路、与狂风搏斗时,走一串小撤步,然后用双手抱住一棵大树。言慧珠眼珠一转,有了主意,在小撤步后双手反抱大树,来了一个正面造型,果然更美。

经过反复推敲和排练,《松骨峰》成型了。言慧珠却耍了个小计谋。她让俞

京剧《沙家浜》,言慧珠饰阿庆嫂

京剧《沙家浜》，言慧珠饰阿庆嫂

振飞出面对薛正康说："《松骨峰》彩排、演出的报告已获得校部批准，你的任务完成得很好，对外就不必说了。"

薛正康自然明白言慧珠的用意。如果不是笔者撰书，尊重事实，追根究底，薛正康是不会提起四十年前的这段艺事的。

言慧珠在演出《松骨峰》的同时，还和上海戏校京二班的学生在"天蟾舞台"合演了两场《沙家浜》。

令人始料不及的是，江青在听说言慧珠演《松骨峰》的消息后，狠狠地说："叫言慧珠别演了，好好闭门思过，休想到我这里沾边。"

金达莱在烈火中获得了永生，言慧珠却被"四人帮"赶下了舞台。言慧珠崩溃了。她在日记中写道：

我感到累了，力气也没有了，舞台不属于我的了。

……

我要拼命的花钱，花完了，我就进殡仪馆。

山穷水尽，无路可投。生命的挽歌已隐约可闻。

第八篇　哗啦啦似大厦倾

一、覆巢之下 焉有完卵

言慧珠是怎样死的,坊间传闻甚多。有的说她是头戴凤冠、身穿宫装、化装成杨贵妃死的;有的说她是一袭白色的连衣裙、画眉点唇自尽的。这两种猜测都有道理。言慧珠在京昆舞台上塑造的杨贵妃,娇媚可爱,众口皆碑,她的死使人想起了昆剧《长生殿》中的《惊变·埋玉》;言慧珠在夏秋季节,尤其爱穿白色的连衣裙。据名净李长春告诉我,20世纪60年代初,他和中国戏校的一些毕业生,参加在中南海举办的慰问中央首长的联谊活动,当身穿白色连衣裙的言慧珠出现在大家面前时,人们无不把惊艳的目光投向风情万种的一代尤物。总之,言慧珠留在人们心目中的,就是一个"美"。

言慧珠究竟是怎么死的,恐怕还得从那场惨绝人寰的浩劫说起。虽然我们今天可以带点理性思辨的目光去透视这一段历史,但思之依然叫人不寒而栗。

1965年11月10日,江青一伙在上海炮制的第一支冷箭——姚文元的《评新编历史剧〈海瑞罢官〉》在《文汇报》发表,在学术界引起巨大反响。中国广大的知识分子尽管已如惊弓之鸟,但对姚文元阉割历史、断章取义的做法依然极为反感,纷纷执笔仗言,奋起反驳:历史上真的没有清官吗?清官难道比贪官更坏吗?如果连清官也不能歌颂,难道要去歌颂明代最腐败的一个现象——多如牛毛的贪官?

只知"学术良心"的学人哪里知道,这道檄文的原意并非要把对海瑞的评议引向学术讨论的范畴,而是在为翌年发动的"文化大革命"做舆论准备。唉!中国的知识分子,一到历史的关头,总是忘记了自身本已危如累卵的处境。

从某种意义上说,"文革"也是首先在京剧界发起的。《海瑞罢官》的主演是马连良。而上海京剧院创作的《海瑞上疏》,其主演是周信芳。运动一开始,"南麒北马"即在人民战争的汪洋大海中遭到灭顶之灾,直至在"文革"的中、后期相继迫害致死。

同是1965年11月,张春桥在上海音乐厅召开了上海文艺界只有青年人才有权利参加的千人大会。在会上,他极尽煽风点火之能事,公开点了周信芳、贺绿汀、俞振飞等人的名。把上海文艺界说成是封、资、修的大染缸。张春桥的讲话是以"希望寄托在你们身上"为结语的。作为一个阴谋家,他深知毛泽东主席素来欣赏"猴气"。张春桥要把这股"猴气"移植到青年人身上,演变为无法无天的"造反有理"。

综观中国历史,有个屡见不鲜的现象:某些时段的社会嬗变,经常要受到某些造神者的愚弄。

1966年5月4日至26日,中共中央政治局扩大会议在北京召开。16日,会议通过了由毛泽东主持制定的中共中央通知(又称《五一六通知》)。通知指出:"高举无产阶级文化革命的大旗,彻底揭露那批反党反社会主义的所谓'学术权威'的资产阶级反动立场,彻底批判学术界、教育界、新闻界、文艺界、出版界的资产阶级反动思想,夺取在这些文化领域中的领导权。"5月25日,北京大学贴出了一张轰动一时的大字报。同一天,《人民日报》发表《横扫一切牛鬼蛇神》的社论。

言慧珠在劫难逃了。

1966年6月,上海戏校成立了"文化革命小组"。7月,校园内已贴满各式各样的大字报。"文化革命小组"下设"俞、言专案组",专案组的任务之一,是把俞振飞、言慧珠的文章、书信和言行集中起来,摘其"反动"要点,为全校师生提供大批判的靶子。排炮之猛烈,周期之紧凑,言慧珠首当其冲万箭攒身。

言慧珠的第一条"罪状",就是顽固地站在资产阶级反动立场上,利用副校长的地位和职权,拉拢腐蚀青年学生,要培养满台的"小言慧珠",而且把学生的名字改为"言慧女",分明是和无产阶级争夺接班人。这条"罪状"一成立,言慧珠和她昔日深爱着的学生立即成为两个阵营的人,而一些不知内情的学生已成为异军突起的庞大的批判队伍的主力。

昔日的功劳,今日的罪状。历史就这样颠来倒去。

言慧珠的第二条"罪状",是对资本主义社会无限向往,去国外出访时丑态百出,竭力美化西方资本主义。《访欧散记》中的每一个字,都是射向言慧珠的子弹。至于她在香港的表现,足够把她打倒一百次了。

言慧珠的第三条"罪状",是配合刘少奇的"三自一包"单干风,千方百计搜罗一批牛鬼蛇神,阴谋组织"言家班",其问题的性质是属于反党反社会主义的资产阶级代表人物一类(见《言慧珠畏罪自杀报告》)。

……

一天早晨，言慧珠照例来学校"牛鬼蛇神签到处"报到，抬眼一看，一幅巨型的大字报从电梯顶端直垂到地面，标题是："言慧珠你这个老狐狸！"每个大字还淌着湿漉漉的墨汁。一群学生围着言慧珠，命令她念大字报。言慧珠冷冷地看着墨汁未干的大字报，一脸凛然。在人群的一次次威逼下，言慧珠只得无可奈何地念道："言慧珠你这个老狐狸！"不想人群一声怒吼："不对，重念！"言慧珠提高嗓门又念了一遍。人群重复着："不对，重念！"言慧珠反复念了几遍，依然不能过关。言慧珠懵了，她不知道自己错在哪里。后来有人提示她，要把"你"字念成"我"。言慧珠强忍泪水，在众目睽睽之下，漠然念道："言慧珠我这个老狐狸！"人群才渐渐散去。

今天，我们重提这个故事，不仅感受到言慧珠在当时遭受到怎样的人格侮辱，同时也看到了在那个特殊的年代里，即使是善良的青年人，也会释放人类最丑陋的"兽性"的一面。

当时，文化局为每个基层单位派了工作组，配合学校的"文化革命小组"领导运动。上海戏校的四人工作组里，有一位特殊身份的人，这位同志姓贝，是市公安局派来的公安干部，专门负责言慧珠的专案，这就使戏校的群众更加感到言慧珠问题的严重性。

笔者经过多方调查，翻阅宗卷，方知内中隐情。

1953年8月13日，原国民党陆军中将、长期服务于国民党军统局、深得军统特务头子戴笠信任的沈醉检举："言慧珠在抗战胜利后愿为军统工作，成为匪首戴笠之直接运用工作人员。"可是，1956年和1968年，沈醉又两次推翻原检举，并说他过去的检举是不负责任的主观判断，言和戴仅仅是生活上的关系。

一次检举，两次否定，稍有分析能力的人，都能读出沈醉在不同环境下的不同心态。何况在"肃反"时，对言慧珠的有关问题进行过审查，曾向其他匪特人员查证，均证明言未参加匪特组织，有过组织结论。可到了"怀疑一切"笼罩神州大地时，言慧珠还须为"莫须有"付出代价。

偏偏在这节骨眼上，东北长春又赶来了催命无常。那里有个姓张的女演员，拜过梅兰芳为师。"文革"开始，造反派为了要揪出个无影无踪的"梅兰芳反革命特务集团"，就把她往死里整。这个女演员身怀六甲，为了肚里的孩子，就哭哭啼啼瞎编交代，说梅兰芳确实有个特务集团，中心是在上海和香港。更说言慧珠到香港去，的确带有"特务使命"。胡言一片，使造反派觉得战果辉煌，身怀勾魂符，手执狼牙棒，赶来上海。于是，言慧珠的罪行又升级了，对她的批斗随之不断升温（见秦鲁沂《一代名伶言慧珠》）。

言慧珠在体肤上没有受到摧残，但她的精神崩溃了。人性的迷失和扭曲，使她预感到自己的命运已经到了无法预测的关头。

言慧珠豁出去了。她参加京剧院，是总理批准的；出访欧洲，是总理同意的；《百花赠剑》《墙头马上》也都是总理提出的；所谓"特嫌"，"肃反"时早有结论；而资产阶级个人主义，在1957年已作了深刻检查，并得到中央首长的首肯。她承认自己有错误，有缺点，但她决不反党反社会主义。

一次，她和俞振飞清晨到学校劳动。当时的戏校在文化广场，从马路边的校大门，到校内的传达室，有一条数十米长的小路，路边有民居。几个小孩看见言慧珠居然昂着头从门前走过，一齐骂道："反革命！反革命！"俞振飞不吭声，照例走他的路。言慧珠却瞪了孩子一眼，反击道："小××，我勿是反革命！"

言慧珠不是和孩子赌气，她要用生命捍卫自己的尊严。

俞、言由于性格不同，所以在"文革"中的遭遇也就不同。俞振飞平时人缘好，人称"好好先生"，群众对他的看管就睁一眼、闭一眼。言慧珠一生孤傲，待人刻薄，轮到她扫广场、清厕所，只要稍微伸伸懒腰，就会立刻引来大声责骂。一天下来，她难免要拖着沉重的脚步回华园。

从6月15日开始，戏校的运动是在"文化革命小组"领导下进行的，对言慧珠进行了四次小型批判会和一次大型批判会。言慧珠也在会上对自己的灵魂做了无情的"拷问"，那才是名副其实的"刺刀见红"。到了8月18日，大规模的红卫兵运动从北京向全国蔓延，使无数灵魂背弃了固有的本质，朝着"越'左'越革命"的方向扭曲。"拷问"灵魂的方式也层出不穷。从最初的所谓"文斗"，发展为后来的"武斗"，直至"抄家"、"破四旧"。

言慧珠终于陷入了万劫不复的深渊。

8月下旬，整个社会已进入被扭曲的无序状态。北京红卫兵一次又一次地冲击中共上海市委。马路上到处可见红卫兵拿着剪刀在"破四旧"。头上戴的，身上穿的，足下蹬的，一切不符合无产阶级"标准"的东西，都在扫荡之列。文明被踩在脚下。盲从代替了良知。"造反"不需要真理,只需要不断升温的更加猛烈的火力与声势,甚至棍棒和拳头。

学校的气氛也一天比一天紧张。"牛鬼蛇神"的队伍在不断扩大。铺天盖地的大字报,俞振飞和言慧珠的名字都打上了红色的××。尽管在那个岁月里,造反派、红卫兵拥有着手握朱笔的生杀大权,名字被打上××也是司空见惯的现象。但对言慧珠敏感的神经来说,她已经预感到自己就像舞台上的窦娥被判了死刑。

华园也不再是避风的港湾。红卫兵的一次次抄家,华园成了造反派任意出入、胡作非为的地方。言慧珠经常要在一片狼藉的环境里,无休无止地写着没完没了的"交代"。写着,写着,泪水顺着面颊流到纸上。

把言慧珠推向深渊的致命一击,是戏校红卫兵出手的。9月初,一次毁灭性的抄家,把华园洗劫一空。言慧珠藏在花盆底下、日光灯管上、抽水马桶水箱里的金条,统统被红卫兵抄了出来。演员卸装用的瓶装凡士林,看上去平平整整,里面藏的钻戒、翡翠,也逃不过红卫兵的火眼金睛。言慧珠在银行里的保险箱,必须有她和银行的两把钥匙同时使用,才能打开。保险箱里放着黄金、美元、名表等大量贵重物品,也早被红卫兵贴上了封条。言慧珠一生爱财、敛财、惜财如命,红卫兵偏要掘了你的命根子。不过几天,红卫兵又在华园门口贴了一张通告,大意是:华园是敌产,敌产就是国家财产,房子由原主暂时保管,总有一天要把你们赶到乡下去……

一张北京西城区指挥部四号通令"限期黑六类离开北京劳动改造"的大字报,成了言慧珠的催命无常。

结局来临。悲剧总要结束……

二、俞振飞的叙述

1966年9月11日上午十时左右,保姆王菊英发现言慧珠在洗手间的横杆上自缢身亡。几天后的一个夜晚,笔者曾经在华园和俞振飞有过一次长谈,谈话的重点自然离不开言慧珠之死。

屋内灯火幽暗。除了一张小床和俞振飞写检讨用的写字台,再也找不出值钱的东西。气氛有点尴尬。俞振飞和言慧珠婚后不和，笔者早有耳闻。此刻要他谈一个自己已经不爱却又是含冤而死的妻子，他将会是什么心情？

俞振飞的叙述如下：

"这一天（9月10日）是星期六，我和她一起到单位劳动。出门的时候，她对保姆讲，今天多买点菜。一个星期劳动下来，都很累了，晚上轻松一下。上午，我们劳动了半天。下午去华东医院看病。我们是自管自去的。看完病，两人在医院的草地上散步。她告诉我，她在市委门口看到一张北京西城区指挥部的通令，上面写着'限期黑六类离开北京劳动改造'。她问我，现在不是黑四类、黑五类，而是黑六类。我是属于黑几类？恐怕也要离开上海劳动去。

"她又对我说，她对照过'十六条'了①，说我是三类，她是四类，这次运动恐怕很难过关。我对她说，1957年你检讨得好，不也过关了吗？她说不一样，上次有人保我，这次有人要整我。她说的是孟波同志。1961年在香港演出时，孟波是团长，对她很有意见，所以，她认为孟波是宣传部长兼文化局长，不会轻易放她过关。她这个人，一辈子就是疑心病重。我劝了她几句，就先回家了。她说她要到理发店去洗个头……

"她回到家后，对着学校红卫兵贴在门上的布告对我说，'住房由原主暂时保管？'一天是暂时，两天也是暂时，我们这房子，不知道还能住多久。我就对她说，离开总是要离开的，领导还是会根据实际情况处理的。但我发现她的情绪很不平静。"

笔者插话："你对她的自杀意图一点没有察觉吗？"

俞振飞继续说道：

"8月底，北京红卫兵来抄过两次家，她就想自杀。她说金素雯夫妻双双上吊了，我们一起死吧，一了百了。她居然还要我跟她和冯喆一起死。我对她说，好端端的一个人，为啥要寻死呢？我不死。我劝你也不要死。那时候，我们夫妻已经分居多年，几天说不上一句话。我只能把她的情况向学校领导反映，希望领导找她做些思想工作，后来市公安局的贝春元找她谈了两次，她的情绪就

---

① 1966年8月8日通过的《中国共产党中央委员会关于无产阶级文化大革命的决定》，简称"十六条"。其中第八条，干部问题大致可以分为以下四种：（一）好的；（二）比较好的；（三）有严重错误，但还不是反党反社会主义的右派分子；（四）少数的反党反社会主义的右派分子。

稳定了。好在北京红卫兵两次抄家，没有抄走什么东西。（注：笔者查阅到上海市文化广播影视管理局的"死亡档案"，对于言慧珠的自杀倾向，俞振飞确实多次向学校党支部作了汇报，经过组织上多次谈话，言的情绪有所稳定。）

"不过，有两个人对这次运动的话，她倒是很要听的。一个是她在华东医院养病时，认识了海运局的一个党委书记，和她住一个病房。一个是四川峨眉电影制片厂的冯喆。那个党委书记写给她的信，对'文化大革命'是一肚子牢骚。冯喆写给她的信，倒是叫她要认真检讨，想办法过关。没想到冯喆今天（9日）自杀，她第二天也自杀了。"

笔者沉吟片刻，寻思这是巧合还是有约在先？但言慧珠在新中国成立前的社会关系很复杂，市公安局特地派人来负责她的专案，会不会内中另有隐情。笔者说出了笔者的疑问。

俞振飞的回答却是出乎笔者的意料：

"那天晚饭吃到一半，她突然对我说，我知道你心里在想什么。我想，我心里想什么，你怎么会知道呢！她说，你在防我走那条路，对吗？我心里咯噔一跳，心想，倒给她猜着了，她的一生不知道寻过多少次死了。从运动一开始，我就防她走这条路。她问我，你知道我一生最喜欢什么？我心想，你这一生不就最喜欢几个铜钿嘛！她摸着儿子的脑袋对我说，你知道我最喜欢这个儿子了，我如果走了那条路，清卿不就成了反革命家属了吗？我一听有道理。她对这个宝贝儿子是最喜欢了。她不为别人想，也要为儿子想想。我听她说这话有道理，于是就不往那方面多想了。

"她那天心情特别好，还不断和我碰杯。她对我说，她这个人脾气不好，婚后有许多地方对不起我，也花了我不少钱。我从香港回来时，虽然欠了一些债务，但善于理财的黄蔓耘（俞振飞前妻）还是带回来四根金条，共40两。我在上海订房子等一应开销，用去两根。和她结婚时，我给了一根金条，让她添些结婚用品。没想到几天以后，她到我五原路旧居翻箱倒柜搜了个遍，把我的另一根金条也拿走了。我那时月薪650元，工资全部上交，她每个月给我留50元钱，什么洗澡、剃头、抽烟、坐车，都在这50元里。但事到今天这种地步，我还是对她说，这些钱都是我愿意给你花的，现在还提这些干什么？

"吃完晚饭，她对我和保姆说，最近几天我们东西乱得很，衣服分散在许多箱子里，我们是否整理一下，万一要下乡即可随时带走。她的这番话，使我更加以为她认为自己问题严重，准备坐牢和隔离。因为她新中国成立前的社会关系很复杂。她整理好儿子的衣服后，又说累了，闭着眼睛躺在沙发上。我说，还是早点睡觉吧！她在回卧室去的时候对我说，一个星期劳动下来，大家都累了。明天是星期天，多睡会，我如果起来晚了，你们不要叫醒我。

"自从她认识冯喆以后，我们夫妻分居已有多年。两间卧室虽然是通的，她不过来，我也不过去。有时候，她还要特地关照我夜里不要过去。我想：你就是叫我过去，我还不想过去呢！她不放心，经常把通她卧室的门反锁起来。夜里楼梯上有人上楼，我都听见的。最可气的是，冯喆到上海时，她还背着我偷偷把他带到我五原路的旧居幽会，后来干脆住进了华园。我们夫妻早就没有感情了，已经约好，运动今天结束，我们明天就离婚。"

笔者虽然早就听说俞、言婚后不和，但当时笔者还是个学生，对他们夫妻之间的详细情况，不像笔者的几位师兄了解透彻。这个细节，笔者还是在那晚第一次听俞振飞诉说。于是，笔者想到了一个问题，第二天俞振飞发现言慧珠悬梁自尽，将会是一种何等复杂的心情？

俞振飞神色黯然，说话的节奏也沉重了：

"第二天（9月11日）上午，大约十点左右，只听见保姆大叫大喊，敲我房门。我赶紧起来，才看见她已经悬在盥洗室浴缸的横杆上，一只脚上穿着拖鞋，还有一只掉在地上。她房间里的桌子上有一只水合氯醛的空瓶，还有半瓶橘子水。瓶子旁边放着三封遗书，还有一叠钱，五千元是抚养儿子成人的生活费，还有七千元是给我的。遗书写些什么，我没有看；等组织上来处理。不一会儿，学校'文化革命小组'的几位领导来了，检查过现场，拿走了遗书和钱。我的七千元我也不要，上交给了组织。遗体从楼上抬下去的时候，我看到她还光着双脚，就叫抬尸的工人稍微停一停。我跑到楼上，拿了一双玻璃丝袜，给她穿上。总算夫妻一场吧！"

三、言清卿的叙述

言清卿说道："如果不是'文革'，我妈妈不会死，我后来走的也不是那条颠

言慧珠和儿子言清卿(5岁)

沛流离之路。"

这是笔者在互联网上看到的言清卿和记者陆幸生谈话的开场白。

笔者知道言慧珠的宝贝儿子言清卿，但从来没有和他对过话。20世纪60年代，他还是个能把调皮捣蛋发挥到极致的小孩。"文革"后他去深圳谋生，一去二十余年。前年秋冬，在纪念他妈妈的研讨会上，再见到他已经是个一脸沧桑的中年人了。

今年元旦刚过，他突然来沪，通过上海电视台纪实频道的一位同志和笔者联系，约笔者和他见面。作为深爱着死去的妈妈的儿子，他当然非常希望知道作者将如何勾勒他母亲的一生。

笔者和他是在建国西路的德和茶楼见面的，还有电视台的那位同志在座。初次见面，双方显然都有些戒心。特别是提到"俞振飞"三字，他会突然缄默。笔者对他说，你有什么心里话，尽管大胆地讲。你没想到吧，坐在你面前的，就是俞振飞的学生。我一定会写一个真实的立体的言慧珠。

没想到话匣子一打开，我们竟也谈得很投机。他在上海住了近两个月。我们几乎每隔三四天就要见一次面。我们还一起走访了他母亲生前的好友。特别令笔者感动的是，他还赶到合肥见了数十年未见的生父薛浩伟，为笔者的采访打前站。笔者把已经写就的文字念给他听。他惊异笔者掌握他母亲的材料之翔实，令他这个做儿子的也不敢想象。笔者也从他嘴里得到许多笔者闻所未闻而迫切需要的素材，知道了他在妈妈死后的遭遇和走过的道路。

言清卿的叙述如下：

"我真是非常感谢上海戏剧学院的领导，感激妈妈的老朋友们，感激妈妈的好学生们，为我妈妈举办了表演艺术教学成果研讨展演活动，还要为我妈妈出书，这就把我妈妈的历史定位定准了，也把我妈妈的人格定位定准了。

"妈妈死的那年，我只有十岁。当时只知道坐在地上哭，脑子里一片空白，好像天也塌下来了。至于后来尝到的人间辛酸，世态炎凉，简直就像一场噩梦。

"妈妈下决心死的时候，曾经四处托孤。我记得最清楚的一次，是妈妈用帆布做成一条很宽的腰带，就像她练功用的绑带，围在我的腰上，叫我到淮海路雁荡路去找赵妈妈，把这条腰带交给她。后来我才知道，腰带里藏着三千元钱。赵妈妈担心稻草人救火，两败俱伤。第二天就把钱交给了学校'文化革命小组'。"

笔者插话："你说的赵妈妈，是不是你妈妈在'春明女中'的校友李惠荣？"

言清卿抬起惊诧的眼光。我读懂了他眼睛里的内容。李惠荣是言慧珠的闺中知己，一度也当了交际花。在人人自危的"文革"中，她怎么敢收言慧珠的钱，接受扶孤的重托呢！

言清卿继续说道：

"妈妈给北京的外婆也寄了三千元钱，没想到外婆也把钱上交给了学校。

"后来我知道，妈妈还把她的私人秘书、我的家庭教师傅阿姨约在戏曲学校附近的上海电影院见面。傅阿姨提心吊胆，责怪妈妈不该约在学校附近碰头。妈妈却用了一句'搜远不搜近'的台词。妈妈给了傅阿姨两千元钱，还说再设法把银行的存款给她，要她无论如何把我培养到初中。妈妈像在大海里捞到了救命稻草，傅阿姨拿了这两千元钱却坐立不安，迫于形势，也把钱交了出去。

"这次回来，我还去看了傅阿姨，多么希望从她那里多知道一点妈妈的经历，可她一点也说不出什么了。当初妈妈走南闯北，包括到朝鲜慰问中国人民志愿军，她都是和妈妈形影不离的呀！我还去见过施丹萍（舞女，周佛海之媳），由于她在'文革'中受到惊吓，已经苍老木讷得叫人不敢认了。（一星期后，笔者和言清卿一起去拜访了这位傅（玉英）阿姨。真像言清卿所说，她对往事的叙述已如残雪木屑。）

"妈妈生前早就为我谋划好锦绣未来。我还在上小学四年级的时候，她就与上海外国语学院附中联系妥当，等儿子在五年制的学校毕业，就去附中读书，附中、大学，一路读上去，将来做个外交官。妈妈为我请了上海最好的钢琴老师，让我在境外语系和西式旋律里设计人生。当初妈妈在华园的空地里练功，我有时要模仿，她就说：儿子，不要再演戏了，那太苦了。妈妈这么爱我，这么疼我，她怎么会抛下我走了呢！

"妈妈虽然不懂得政治，一辈子只知道演戏、赚钱，但她经过这么多运动，是要求进步的。我记得'文革'一开始，她就做了一件有四个大贴袋的列宁装驼毛棉袄，随时准备到农村去劳动。她还打了入党报告。没想到这场运动不仅使她失去了一切，而且还要经受无休无止的批斗。一顶顶'帽子'朝她头上戴，她想到有可能隔离、坐牢、戴高帽子、挂牌子、游街，浑身都会发抖。妈妈是蒙古族人，一生敢爱敢恨，性格中有宁死不屈的一面，她最终选择了死。

"1966年9月10日，我永远忘不了这个夜晚。妈妈先把我叫到她的房间，说她要到很远很远的地方去，以后你要听'好爸'（即俞振飞）的话。然后拉着我的手走进俞振飞的房间，叫我跪下。我不肯，我生下来到现在给谁跪过呀！妈妈却先跪下了，拉着我的手要我一起下跪。她要我对着俞振飞叫一声'好爸'，我叫了。妈妈对俞振飞说，请你一定把他抚养成人。俞振飞当场回答，只要我有饭吃，他就有饭吃；我喝粥，他就喝粥。托付完毕，妈妈拉着我又回到她的房间，给了我五十元钱，还有一块练习写字的石板和四支笔，对我说，明天是星期天，好好到公园玩一玩吧！

（言慧珠托孤一事，最早见于报端，是许寅在1990年9月7日刊登在《上海文化艺术报》上的《俞振飞的三次婚恋》一文。摘录如下：

9月10日，她先把十一岁的儿子——她最亲爱的人，叫到自己房内，再三叮嘱："以后，你一定要听好爸的话。好好读书，好好上进……"

与孩子谈不到一个小时，她又强要孩子一起到俞老房里。在此以前，他们夫妇早已分居了。此时，已近十点。俞老突然看见他们母子一起进来，不觉一个愕然——因为他们早已不多说话，孩子也极少进自己房间，极少同自己招呼，今天这个举动，非比寻常。

慧珠先是自己扑身跪倒，又拉着孩子一起跪下。

"俞老，从今以后，请你就像对待自己的孩子对待他吧！儿子，快叫好爸！"

本来倔强得难以想象的孩子，此刻仿佛感到大难临头，居然顺从地喊了一声"好爸"。

俞老不知所措了！差点跟着跪下，口里只说了两句话："你放心！以后我吃饭他也吃饭,我吃粥他也吃粥!"

声音里明显带着呜咽。然而,同样,在台上生龙活虎的这位杰出的表演艺术家,在台下有时也懵懂得厉害——他早感到今天妻子的表现异乎寻常,只以为顾虑自己会进监狱,怕孩子同他从来没有什么感情,从而怕他对孩子不好。这也是这对夫妻的悲剧。婚姻本身就是"强扭的瓜",即使最甜蜜的时候,也不曾互相打开自己的心扉。"你不讲,我也不问。"——这似乎是这对夫妻的"君子协定",也是五年来的老习惯。

将近十一时,母亲又来到孩子的床边,再一次呆呆地注视着这张几乎已经凝视了十一年的脸!

近十二点,她离开孩子,回到自己房里,已是午夜。她超乎寻常地镇定,一连写了三封遗书——一封给丈夫,一封给孩子,一封给组织。

写完三封遗书,又将早已准备好的五千元现钞包上,写了一张条子:"谁扶养这孩子,这钱就交给谁……"

经过一番生前最后的操心,大概夜已三更。此时,她走进浴室,干干净净洗了个澡,最后,大概是在听到了最后一次鸡叫的时候,才镇定地用一根带子缚在浴缸上面的横杆上……

许寅发表这篇文章的时候,俞振飞还未谢世。从文章的内容来看,一部分显然来自俞振飞,一部分来自保姆王菊英。因为,半夜里言慧珠进儿子房内的脚步声,是保姆听见的。)

"我妈妈的死,有她的道理,主要是她的两大支柱倒塌了。一是舞台的支柱,我妈妈是个演员,是个角儿,不能登台,她不演戏了,你让她活着还干啥?等着挨斗?这是职业的原因。二是,我家里所有的财产,被抄得彻底干净,有些首饰、金条什么的,是我与妈妈一起藏的。我现在还清楚地记得,我和妈妈是分几个凌晨,大约五点半的时候——这时候,保姆去买菜了,俞振飞还在睡觉,我望风,妈妈把金条、首饰埋在花盆里,放在水井下的……后来全部被抄得精光。我妈妈不能演戏了,那就抚养自家儿子好好长大吧,但是,现在一点钱也没有了,我这个儿子让她怎么来养?几十年的辛劳付与流水,这是家庭的原因。舞台,已经看得见却上不去了;儿子的前途,是怎么看也看不见的了。依我妈妈的性格,她怎么活得下去?

"妈妈死后，我成了弃儿。学校罢课闹革命，我没有书读，更没有资格参加红卫兵。家里破败不堪，里里外外简直就是一堆垃圾。睡觉的一张钢丝床，就摆放在堆满杂物的角落里。吃的是籼米饭，还吃不饱。我那时正在长身体，经常饿得嗷嗷叫。袜子又脏又厚像鞋底，鞋底却脆得裂了洞。记得一次在农村劳动，肚子饿得实在受不了了，就偷了田里一个地瓜吃，后来被发现了，就被造反派用一串地瓜挂在脖子上在大庭广众面前挨斗。

"有一年，我姨（言慧兰）看我实在可怜，从兰州到上海，住在华园，就睡在妈妈的卧室。没想到住了一夜，第二天就吓得逃回兰州。那时的华园，楼梯的木质已经腐朽，踩上去发出咯吱咯吱的声音，有时还要踩坏木板，一脚踏空。电线裸露在外面，电灯在风中摇摇晃晃，灯光时明时灭，就像鬼火。我睡在楼下，上面就是妈妈的卧室，经常在深夜听到楼板上好像有人在走动。我那时虽然小，胆子挺大，一个人会跑到楼上妈妈的卧室。我想见妈妈，不管活的死的，我都要见。

"妈妈死后，华园里只剩下三个人。三个人，两个阶级。俞振飞是资产阶级反动学术权威；我是畏罪自杀的反动学术权威的孝子贤孙。只有保姆王菊英，地地道道的无产阶级。阶级斗争在这小小的华园里也会发生。

"1972年，我十六岁，下决心要寻找妈妈的骨灰。我把我的意图对俞振飞说了。他说，你也不看看现在的形势，出了麻烦怎么办？这时候王菊英也在旁边，把我的话听得一清二楚。结果，我第二天就被街道造反派传话，接着又遭到学校红卫兵的隔离（两星期）、批斗，挂牌子游街。后来，我为了讨好这些红卫兵，就把家里凡是能变卖的东西都偷出来，换成香烟'孝敬'他们。"

听到这里，笔者若有所悟。想起当时戏校京音班有个小同学，就住在华园附近，他告诉笔者，言清卿经常会把家里值钱的东西、包括俞振飞的衣服偷出来卖掉。有一次，俞振飞的学生蔡正仁看到俞振飞身上没有一件像样的衣服，就为他买了一件的确良衬衫，没想到第二天就被言清卿剥下来卖了。笔者不止一次听蔡正仁和俞振飞的另一位学生岳美缇谈起，那年月，俞振飞只要听见这个"野蛮"儿子的踹门声，就会惊怕得发出类似神经质的抽搐。

我提及此事，言清卿没有否认。脆弱的灵魂挣扎在变态的时代里，人性在这个特定的环境中来了一次大展现。

唉！这一老一小，是什么原因使他们在风雨如磐的日子里不能共度时艰呢……

言清卿继续说道：

"我决心不露声色地秘密行动。我听妈妈的干女儿咪咪姐（电影导演徐昌霖的女儿徐长青）说，妈妈的骨灰盒有可能在万国公墓，那里是专门存放无人认领的骨灰的。万国公墓在哪里，对我来说，简直遥不可及。后来听说在徐家汇附近，等我到了徐家汇，才打听到是在闵行，要乘徐闵线长途汽车。到郊区去，要四角钱车钱。那时候上海市内的公交车，也只有三分五分的车票，最多一角五；我到哪里去要这个四角钱？我就只有混了。终点站不能上车，容易暴露。走几站，趁车上人多了，就挤在人群里上车，看到哪个车站下站的人多，就挤在人群里下车。反正不要被售票员发现，否则要罚两张的。这样上上下下好几次，太阳下山的辰光，我到了万国公墓。

"万国公墓是个圆顶的房子，有点像体育馆的样子。墓区里一片荒凉，除了一位看守公墓的老伯伯，里面空无一人。我跟那位五十多岁的老伯伯解释，我是来寻骨灰的。老伯伯讲，这里一般的骨灰，只存放三年，过了期限，作无主处理，埋掉算数。我说，我妈妈是1966年去世的。老伯伯回答，现在都1972年了，过去五六年了，恐怕是处理掉了。老伯伯问我，你妈妈叫什么？我回答，叫言慧珠。老伯伯说，此地没有叫言慧珠的，另外姓言的倒是有一个，罪过啊，从来没有人来看过。老伯伯到一处搁板上，取下一个骨灰盒，用手抹去相框处厚厚的灰尘，里面一张纸，上面写的姓名是'言吾生'。我一见言吾生三个字，大哭一声，拜倒在地：老伯伯，那就是我的妈妈，她本名就叫言吾生，我家里户口本上就是这个名字。真是一位好心的老人。都怪我一时激动，忘了问老人的姓名。几十年来，每想到这事，都要懊恼万分。

"我怀抱母亲的骨灰盒，混在人群里上车，返回市区。来到华园，先将骨灰盒放在门外的青松背后，敲门进屋（那时的华园大门钥匙掌握在保姆手中），若无其事地'探察'一番，再出门将骨灰盒偷偷抱回自己睡觉的房间。我的钢丝床当中，早被我睡塌下去了一大块，我就把妈妈的骨灰盒放在塌下去的地方，上面再铺上我睡觉的被褥。以后的几年，我就一直这样陪伴着妈妈，孤独地'保卫'着母亲的骨灰，一直到浩劫结束。"

言清卿的直白，让人唏嘘。虽然我们之间还有观点上的分歧，但并不影响我们共同的目的：写一个真实的言慧珠。

言清卿终于盼来了云开日出的时光。"文革"结束，他将"埋藏"在自己钢丝床下的母亲的骨灰盒，抱将出来，始见天日。1979年2月，上海文艺界举行了一个为在"文革"中受难的五位名人一起平反昭雪的追悼会，言慧珠名列其中。五个骨灰盒并排眼前，这是今天人们极少会见到的凄凉情景。令人庆幸的是，作为儿子，言清卿取回了母亲的骨灰盒，那个小盒子里是他"真的妈妈"。而在电影界举行的上官云珠的平反追悼会上，她的骨灰盒里只是她生前曾经用过的一条丝巾。

四、仅存的一封遗书

历史发展到21世纪的第九个年头，言慧珠的遗书之秘的冰山一角终于浮出水面，而大量的冰山主体依然沉埋在历史的海底。

前文我们提到，言慧珠自缢后，红卫兵从她房间里的桌子上发现一只水合氯醛的空瓶，还有半瓶橘子水。瓶子旁边放着一沓钱，还有三封遗书。

第一封是给儿子的："清卿儿，你不要再记着你的妈妈了，她走了，但你要好好做人！……"

第二封是留给俞振飞的："……我一直很任性，请你不要记恨我。就照我们说的办，运动如果结束，就算我们离婚了吧！……"

第三封是写给"文化革命小组"的："领导，感谢红卫兵小将对我的帮助。我一生做了许多错事，我不愿再继续麻烦领导，我走了。我向领导留下最后藏着的五千元现金，给我儿子清卿做抚养费。请领导作主，谁带领我的儿子，谁就将钱取去……"

真所谓：人之将死，其言也善；鸟之将死，其鸣也哀。言慧珠心里放不下的还是儿子。当时城市职工的月工资只有三十六元，言慧珠为儿子留下五千元现钞，可以说是个天文数字了。

这三封遗书的内容曾见于秦鲁沂等人撰写的各种文章，和笔者在"文革"期间看到的贴在墙上供人批判的遗书摘录大意大致相同。惜乎除了当时的戏校"文化革命小组"的成员之外,谁也没有读过遗书的全部内容。

其实,言慧珠总共写了六封遗书。一封是写给在北京的母亲高逸安的。因为信已寄出,故无他人窥见过信的内容。另一封是写给市公安局派到戏校的那位姓贝的同志的,信的内容秘而不宣。这两封遗书的内容都没有在坊间流传。笔者曾经走遍各单位部门,查阅宗卷,试图找到六封遗书,但至今没有发现言慧珠留下的最后的文字。

2009年4月初,上海电视台纪实频道约言清卿和徐长青(电影导演徐昌霖的女儿)做了两期回忆言慧珠的访谈节目。言慧珠的第六封遗书终于露出水面。这是迄今为止,我们可以读到的言慧珠唯一的一封完整的遗书。

徐长青是言慧珠的义女,和言清卿姐弟相称。言慧珠在走投无路的情况下,想起了这个比儿子大十四岁的姐姐。她企求把托孤的重任寄托在当时才二十五岁的徐长青身上,含泪写下了这封落笔千斤、字斟句酌的信。

> 亲爱的妹妹:
>
> 　这一阵知你念我,我也念你。因为身体不好,怕写出来情绪不高,不能鼓舞你的斗志。你们运动一定很紧张吧!

这时候的言慧珠,已如惊弓之鸟。即使写一封信,也是如走钢丝,如履薄冰,必须格外小心地遣字造句,才能既不危及自己,也不累及他人。因为,1966年的徐长青,还是个属于家庭出身有问题的青年。徐昌霖在电影厂也受到冲击,言慧珠必须保护这个干女儿。

> 　我的身体很糟,越治越治不好,近来紧张得不吃不睡,看样子像是不治之症。我一定尽最大努力去医治,和病作自我斗争,希望能转为良性,但是不能不存万一之想,倘使是不想开刀也是枉然。

据我们所知,言慧珠除了经年累月受神经衰弱困扰之外,并无不治之症。在这里,言慧珠是否在踏上不归之路之前,向干女儿作某种暗示呢?骤雨打风荷。"都因昨夜一场霜,寂寞在秋江上。"在那个年月里,寂寞人和寂寞人对话,也需要艺术。

> 　我想人生有重于泰山,有轻于鸿毛,谁又愿意作鸿毛呢?可是如果得了绝症,就不能再为人民服务,这是遗憾的。

言慧珠真是费尽了心机,再一次暗示干女儿自己已得了"绝症"。她是在做上路前的筹划，却时时不忘借用伟人的豪言壮语。用"革命化"的语言来诉说心底的隐痛和哀伤，也算是文化沙漠里的一种"文化"吧！

> 你接到这封信不要紧张激动，我所说的不是假设，如果我的病治不好，把这封信遇机会面交叔叔；病情若好，请一定告诉你，这封信你就妥为收存，不要转他，将来还我。

即使到了这个节骨眼上，言慧珠依然抱着一丝侥幸，依然心存求生的欲望。她期盼"文化大革命"能早一天结束。她希望能像1957年的"反右"那样，以自己的深刻检查而取得群众的谅解。她愿意像"四清"那样，到农村去改造自己的人生观。因为，她舍不得儿子，放不下小清卿。她知道扔下十岁的孩子是一件多么残忍的事。但又有谁知道此刻的言慧珠已濒临崩溃的边缘。

> 清弟如同你的手足，待如亲弟。我原答应送你一块手表，等你就业的时候给你，怕你经不得考验作逃兵。现在可以给你了。我还打算给光光、阿姊一个表，当然不是舍不得，而是为了影响。

一块手表，在今天看来，也许是一件平常的礼物。可是，在那个扭曲人们灵魂的年代里，谁如果接受言慧珠的一块表，那就是认敌为友的弥天大罪啊！何况言慧珠赠表，有着深长的含意。据言清卿告诉笔者，他的妈妈尤其喜欢名表。家里的保险箱内，藏有许多罗莱克斯、劳力士、英纳格手表。这些价格不菲的名表，言慧珠分赠给咪咪（徐长青的呢称）、光光和阿姊各一块，是否对将要承担起照顾儿子清卿的徐长青等人的一份心意或一种酬谢呢！

> 叔叔的半导体不知怎么处理？此是后就暂且不提。我应该鼓励你别受家庭影响，重在表现。全家情况如何？念念。

此时此刻，言慧珠仍然惦念着老朋友，惦念着徐昌霖的全家，并鼓励干女儿别受家庭影响，重在表现。那只半导体可能是徐昌霖的心爱之物。数十年的友情，竟在三言两语之中。

> 前面所说的话，都不是肯定的，你千万别紧张！！！让别人瞧出来反而坏事。这封信也别留着！我尽力去治，咱们还能再在一起开开心心地作大小马哈！一定能的！

祝进步

海上

"是非犹自来著莫。"言慧珠四处托孤,濒于绝境,只能把最后一丝希望寄托在干女儿徐长青的身上。可是,在那个"莫须有"满天飞的年月里,她又不能不含着眼泪故作轻松地暗递弦外之音。这才是,复杂的人生,复杂的心态;扭曲的时代,扭曲的灵魂。二十五岁的徐长青接到这封信后,也曾把它撕成碎片。可她最后还是把信从地上捡起,用胶水粘合起来,这才为我们解读言慧珠留下了最后一份依据。

今天我们追寻这一切,对于那些无辜的灵魂来说,也许只是"借了文字悼亡伤逝罢了",而对于创建新的华夏文明来说,不失为一种珍贵的教益。因为,我们要谨防对这段悲惨的历史产生民族的失忆。

尾 声

思索永远不会结束。我们需要去理解言慧珠。

言慧珠一生的轨迹，可以从两方面追寻。一方面，她确立了终身不渝的艺术取向，即使在传统文化面临断层的最危险的时刻，她也不曾改变坚守阵地的意志。一方面，她一次又一次地被各种社会思潮裹挟：旧社会的污泥浊水曾经使她沉沦；新中国成立后的极左思潮又使她在政治风浪中历经忧患。四十七年短暂的一生，她始终没有找到中国知识分子应该确立的文化价值和道德价值的参照系。

她是美女，也是才女。美女加才女，她的一生就不会太平，她的生命也就不长久了。

她能在舞台的小天地里塑造活灵活现的艺术形象，却未能在人生的大舞台上完善自己的人格。她的优点和缺点，长处和短处，常常是你中有我，我中有你，此消彼长，互为因果。所以，在演艺圈的花花世界里，她无可避免地要在潮起潮落的时候迷失方向。尽管在时代的裂变中，她有过追求，有过抱负，有过理想，有过探索，但终究没有躲过"性格决定命运"的人生悲剧。

莫非天命所归？莫非天妒英才？一个本可以在艺术上取得更大成就的艺术家，没有坚持到人生的终点。我经常在想：如果她能和童芷苓、李玉茹、赵燕侠这许多艺术家一样，熬过风雨如磐的岁月，迎来云开日出的这一天，不就可以为人类、为自己点缀第二个春天吗！

"凤凰鸣矣，于彼高冈。梧桐生矣，于彼朝阳。"凤凰飞走了，谁也不知道她栖息在哪株梧桐上。

哀哉言慧珠！

后记

在为这本书画上最后一个句号的时刻，我的心不仅没有如释重负的感觉，反而被一种茫然和沉重挤压得几乎透不过气来。八个月来，我走过了一段艰难的旅程。解读言慧珠不易，走进言慧珠的心里更不易，企图在纸面上写出一个立体的言慧珠尤其不易。

在京剧界，言慧珠是个有争议的人物。20世纪50年代末，在我将要跨入上海戏校大门的时候，就听说戏校有个漂亮的女校长，与此同时，有关她的微词却也时有所闻。进校后，随着年龄的增长，关于她的种种非议更是不绝于耳。这是个艺术和人格极不统一的女人。正如她自己所说："那时我的生活方面、思想方面是极其紊乱，可谓集矛盾之大成于一身。"

治史要严，立传要实；说说容易，做做繁难。面对这样一个有艺术成就和人格缺陷的女人，我该如何勾勒她的一生呢？

当人类认识世界的要求，被凝固到创作方法上时，这就产生了现实主义。现实主义的创作方法教会我，人是环境的产物。要解读言慧珠，不可忽视三个要素，即：言慧珠生存的社会环境、家庭环境和个人处境。惟如此，才有可能了解她的个性、作风、品格形成的原因和她今后的行为逻辑。传记文学原本就是现实主义发展中的庞大支流，因为它比较地强调如实地描绘现实世界中的人和事。虽然作者的主观作用不可避免地要在认识过程中被糅合进去，但"写真实"的创作要求必然制约着作者把自己的主观因素降低到最低限度，而把目光投向被描写者的生存环境，以及由此产生的心理逻辑和行为逻辑。我在本书里不时穿插自己对言慧珠心理逻辑和行为逻辑的评议，正是源于这一原则。

写一个真实的言慧珠，遇到的第一个难题是：素材必须真实。言慧珠撒手人寰已四十三年，带走了她一生中的许多隐秘。她的直系亲属，如哥哥言少朋、弟弟言小朋、妹妹言慧兰等都已相继去世。嫂嫂张少楼在美国治病。她唯一的儿子言清卿，对母亲的往事只有儿时的记忆。言慧珠生前的闺中知己，如"春明女中"的学友李惠荣等，也都相继离世。目前健在的施丹萍、傅玉英等，对往事已然模糊不清。唯思路清晰的许美玲老师，给了我极大的帮助，至今仍使我感怀不已。

经过一段时间的内查外调，虽然掌握了一些素材，依然难以明珠成琲。感谢校友王诗昌，把他多年前为写言慧珠电视剧的素材奉献出来，其中尤为可贵的是言慧珠写于20世纪50年代的档案"自传"。它促使我下决心寻找言慧珠的死亡档案。经上海市文化广播影视管理局组织人事处的倾力协助，我终于翻阅了言慧珠的卷宗，看到了"自传"原本。但可惜的是，言慧珠的日记和五封遗书，已经下落不明。一场"文革"，天下大乱。大量资料的遗失，为后人的修史立传，造成了无可弥补的缺憾。

俗话说："尽信书不如无书。"莫说是现存的有关言慧珠的各种文章，即使是言慧珠亲手书写的"自传"，也难免记忆失误。比如，她在"自传"里提到："四三年春季，东北约了我去演戏……"明显与事实有误。言菊朋卒于1942年，《辞海》有关言菊朋条目记载也是1890—1942。言菊朋魂归道山，言氏兄妹从东北回北平奔丧，这是人所皆知的事实。"自传"又说："四二年冬和李宗义到过青岛"；"四三年岁末，应上海黄金大戏院之约，随李盛藻来沪"；"四四年春节，到南京去演唱……由南京回沪拍'逃婚'电影……"。简直是一笔糊涂账。经笔者查阅《申报》，1942年12月24日至1943年元月31日，言慧珠正在"黄金"和"皇后"的童芷苓对擂。1943年7月2日，电影《逃婚》在大光明电影院首场公映。另据吴迎先生提供，言慧珠拜梅先生为师应为1942年10月下旬。言慧珠把所有的事都宕后了一年。红坤伶写"自传"，出错的笑话屡见不鲜。因为她们的一生经历复杂，社会交际广泛。据说有的红坤伶有时会糊涂到连自己的年龄也记不清呢！

关于《和白云的"闪婚"、"闪离"》和《迷上了徐讦》两个章节，完全得益于剧作家沈寂的帮助。演艺界是个热闹所在，如果不把言慧珠和白云放在当时特定的背景下解读，就很难走进他们的心里；如果不走进他们的心里，就无法解释他们的闪婚、闪离。生活需要娱乐。近观当代，后测未来，演艺界的风花雪月将会永远存在，不过换些花样而已。读这些章节，能帮助我们对当前演艺界的种种现象有个正确的认识，并从中品味出一些有价值的人生感悟。至于徐讦其人，我还是通过写言慧珠，才知道20世纪40年代，大陆曾经有过一个风头盖过张爱玲的作家。2008年12月9日，在上海鲁迅纪念馆举办的"纪念徐讦百年诞辰研讨会"上，我认识了徐讦先生的女儿葛原，聆听了十余位学者和教授的发言，对这位学者型的爱国作家有了初步认识。同时，也从另一个侧面解读了言慧珠丰富而又复杂的内心世界。

己丑年清明的第二天（4月5日），我赴合肥拜访了薛浩伟先生，在他的倾力帮助下，我才完成了《红装素裹七十天》等章节。遗憾的是，作为言慧珠曾经的丈夫，薛浩伟不愿披露更多的细节，笔者又怎能强人所难。不然，这本书的史料一定会更加翔实。

在本书的写作过程中，我还得到上海艺术研究所的王家熙同志、上海文学研究所的陈梦熊同志、出版界前辈欧阳文彬同志和周天同志、作家秦鲁沂女士、电影史料收藏家赵士荟同志、上海戏剧学院戏曲学院的张伟品同志、徐讦先生的女儿葛原女士、言慧珠的学生华华老师的帮助，在此一并表示感谢！

2009年8月

附言

本书 2010 年版《俞振飞的叙述》一节中，记录了俞振飞这样两句话："没想到冯喆今天（9 日）自杀，她第二天也自杀了。"笔者据此实话实录。直至同年 6 月，经《新民晚报》资深记者翁思再先生提醒，说网上载冯喆死于 1969 年 6 月 2 日，笔者方知冯喆的具体死亡日期。俞老这样说想必有他的言论根据，但笔者未作深入调查和严密考证，是有失一个传记作者应有的严谨态度的，特在此说明并向致歉。

2010 年上海市戏曲学校为整理出版俞振飞书信集，搜集到俞老 1966 年 5 月 5 日写给徐希博先生的一封信，其中写道："在一个月前，'言子'问我，他娘寄骨灰的公墓里有否来信？我说没有（寄骨灰的一张证，他要，我已给他）。今天上午，娘娘（保姆——笔者注）见他踏了车子回来，捧了一只'匣子'，放在他睡的地方一只小手提箱里，估计是骨灰匣子。"对照这段文字，不难发现，在本书《言清卿的叙述》一节中，言清卿关于取骨灰的大段描述有虚构成分。此次再版，笔者依然保留俞、言原话，未作删改，读者可据此"附言"思考并作出自己的判断。

2014 年 4 月

图书在版编目（CIP）数据

绝代风华:言慧珠/费三金著.—上海:上海人
民出版社,2014
　（菊坛名家丛书）
　ISBN 978 - 7 - 208 - 12406 - 6

　Ⅰ.①绝… Ⅱ.①费… Ⅲ.①言慧珠(1919～1966)
-传记 Ⅳ.①K825.78

中国版本图书馆 CIP 数据核字(2014)第 141385 号

责任编辑　马瑞瑞
封面设计　傅惟本

· 菊坛名家丛书 ·
绝代风华:言慧珠
费三金　著
世 纪 出 版 集 团
上海人民出版社出版
(200001　上海福建中路193号　www.ewen.cc)
世纪出版集团发行中心发行
上海商务联西印刷有限公司印刷
开本720×1000　1/16　印张18.25　插页8　字数276,000
2014 年 9 月第 1 版　2014 年 9 月第 1 次印刷
ISBN 978 - 7 - 208 - 12406 - 6/K · 2250
定价 42.00 元